es 1116

edition suhrkamp

Neue Folge Band 116

Es ist bekannt, daß Bürger allerorten ihre Probleme mit dem Geschlecht haben. Die Studie von Jean-Paul Aron und Roger Kempf zeigt, daß es selbst in dem Land, das mit Recht als das Musterland bourgeoiser Entfaltung angesehen werden darf, niemals anders war. Die Bourgeoisie wurde auch in Frankreich schon bald nach ihrem Machtantritt von einer Sorge geplagt: Sie hatte Angst vor ihrer Entartung, sie fürchtete den sittlichen Verfall. Hätte dieser doch ihrer gerade erst angetretenen Herrschaft ein frühes und schmähliches Ende gesetzt. Dem galt es zu wehren, und wie das geschah, wird von den Autoren reich belegt: Gerichtsprotokolle und medizinische Abhandlungen geben Einblick aus erster Hand. Die Bourgeoisie betrachtet die Sexualität von ihrem spezifischen Standpunkt: der Penis als Energiequelle, dessen Kräfte sinnvoller und maßvoller Nutzung bedürfen. Zuviel, das wäre nicht nur zuviel des Guten, sondern tödlich. Ausschweifung ist Verschwendung. Und wenn die bürgerlichen Ideologen sich daranmachen, die Sexualität im Sinne ihrer Klasse zu regeln, fällt den Medizinern die Schlüsselrolle zu. Die Ärzte arbeiten an der Normalisierung. Als indirektes Zeugnis der Dauerschlacht der Bourgeois gegen die sexuell Mißratenen darf auch der literarische Diskurs nicht fehlen. Sein Fazit läßt dem Optimismus wenig Raum: Obwohl gerade in jüngster Zeit viele Zensuren fortgefallen sind, die Feder einen mehrfachen Funktionswandel erlebte und die Erotik zu universeller Würde befördert wurde, befinden die Autoren: »Was die Feder unternimmt, ist dem Leben gestohlen.« Der Bourgeois und sein Penis – ein Paar mit gestörtem Verhältnis, das das Martyrium kennt.

Jean-Paul Aron ist Directeur d'Études an der École pratique des hautes études en sciences sociales. Roger Kempf ist Professor an der ETH in Zürich.

Jean-Paul Aron
Roger Kempf

Der sittliche Verfall
Bourgeoisie und Sexualität in Frankreich

Aus dem Französischen von Agnes Bucaille-Euler, Birgit Spielmann und Gerhard Mahlberg

Suhrkamp

Titel der Originalausgabe:
Le pénis et la démoralisation de l'occident

edition suhrkamp 1116
Neue Folge Band 116

Satz: A. Utesch GmbH, Hamburg
Druck: Nomos Verlagsgesellschaft, Baden-Baden
Umschlagentwurf: Willy Fleckhaus
Printed in Germany

Inhalt

Für Jean Borie

Vorrede

Der Diskurs der triumphierenden Bourgeoisie über das Geschlecht im 19. Jahrhundert leitet sich nicht von der Gegenreformation und dem Konzil von Trient her. Seit einigen Jahrzehnten hat die Vorliebe für die langen Zeiträume die Historiker verdorben. Im Glockenschlag der Verhältnisse soll die Zeit der Menschen langsam und monoton im Gleichklang der Welt verstreichen. Sie soll kärglich ein Scheinbild der Neuerung hervorbringen, die von archaischen Schwerkräften erdrückt wird und innerhalb von fast unveränderlichen Konfigurationen mit der Vergangenheit verschmolzen ist. Läßt man außer acht, daß das Werden der Gesellschaften sich nicht in klarer Sprache ausdrückt; daß der Laut dort ein Abenteuer mit vielfältigen Sequenzen erlebt? Der, den wir in seinem großen Schall wahrnehmen, ist die Entfaltung einer Stimme, die die Zeitgenossen nicht zu hören wußten. Satanisch spricht sie in Andeutungen, während jene nicht dazu gerüstet sind, sie aufzunehmen. Ihre nicht aufgefangenen Botschaften sind die vielsagendsten für den, der sich auf ihrer Bahn befände.

Zu Beginn des 18. Jahrhunderts richtet sich im Abendland mit unbekannten Worten ein Flüstern an den Leib. Es erfaßt in ihm nicht mehr die Verankerung der Sünde oder die Triebfeder eines Fluchs, jenes nach Gregor dem Großen »abscheuliche Kleid der Seele«, sondern ein Objekt, das ihm durch die Wechselfälle eines Erdenschicksals hindurch vereint ist. Es geht nicht mehr ums Heil, nur noch um Anstand. Ergreift die Badenden, die ihre Geschlechtsteile vor den Waschfrauen entblößen! Ergreift die jungen Toren, die sich auf den Aborten befummeln! Die einen beeinträchtigen die mühevolle Arbeit, indem sie die Blicke beleidigen. Die anderen steigen ins Grab hinab und entziehen sich in verbrecherischer Weise der Gemeinschaft der ehrlichen Leute. Nach der Revolution übernimmt diese munter die Verantwortung für die Körperbeschaffenheiten: »Die starken Glieder, der breite Rücken, die großen Füße, alles verriet (...) den Dörfler, den es nach Paris verpflanzt hat. Seine breiten und behaarten Hände, die groben Glieder seiner faltigen Finger, seine großen viereckigen Nägel hätten seine Herkunft bezeugt, wenn nicht in seinem ganzen

Wesen Überreste davon geblieben wären.«[1]

Getrennt von der Seele konnte sich der Leib den Luxus der Entgleisungen erlauben: waren sie nicht in seinem Maß an Befleckung enthalten? Da er jetzt eine unverbrüchliche Verbindung mit ihr eingeht, behandelt man ihn schonend, umgibt man ihn mit Rücksichten und entzieht man ihn den erniedrigenden Strafen. Umgekehrt trägt er die Kosten seiner Rehabilitierung; da sein Äußeres verborgen ist, wird er im Licht seiner Verdienste wahrgenommen: wäscht sich die Hure dreimal täglich, erklärt man sie für schmutzig; beflecken sich Athleten im Schlaf, treibt man sie in die Schwindsucht.

Glücklicherweise wendet sich die Gesellschaft diesem zarten Neugeborenen zu. Im Jahre 1668 beruft der umsichtige Verwalter La Reynie eine ärztliche Versammlung ein, um über die Brotzubereitung in Paris zu beraten. Im 18. Jahrhundert entwickelt sich die Gesundheitsüberwachung, die, immer weiter um sich greifend, die häusliche Intimität, das kollektive Leben und die Struktur der Umwelt erfaßt. Die Verdorbenheit der Luft begünstigt die städtische Morbidität; die Freiheit der käuflichen Frauen die Geschlechtskrankheiten. Bald entgeht nichts mehr ihrer argwöhnischen Aufsicht: die gesundheitsschädlichen Berufe, die ungesunden Industrien, die Luftverpestung der Abtrittsgruben, die Ausdünstungen der Abflußkanäle, der Zustand der Schindanger und der Friedhöfe, die Endemien, die Epidemien, die Viehseuchen, die Qualität der Nahrungsmittel, die Kindererziehung. Unterstützt von der Polizei, ihrer Arbeitskraft, und der Justiz, ihrem Bürgen, arbeitet die Gesundheitspflege an der Normalisierung.

Gewiß konnte die bestehende Ordnung früher nicht ohne Schaden erschüttert werden: »Alles, was die öffentliche Harmonie stört, ist eine Unmäßigkeit des Menschen und nicht eine Regel und Vollkommenheit der Tugend. Die Religion verwirft die heiligsten Werke, die man an die Stelle der Pflichten setzt; und vor Gott ist man nichts, wenn man nicht ist, was man zu sein hat.«[2] Doch von dem Augenblick an, wo die Gesellschaft ihre Grundlagen aus sich selbst bezieht, wird ihre Wachsamkeit im Namen des allgemeinen Interesses ausgeübt. Sie verstärkt sich in Hinsicht auf die sexuell Perversen, die es darauf anlegen, sie unter ehrenhaftem Aufputz zu täuschen. Da sie nicht davor zurückschrecken, für ihre Niedertracht in der Tiefe des Ehebetts Zuflucht zu suchen, morden sie das Vaterland: »Ohne Sitten ist kein Reich wohl eingerichtet, das ist eine anerkannte Wahrheit: doch ohne Sitten kann man keine zahlreiche Bevölkerung erhoffen, das ist eine andere Behauptung, die nicht weniger wahr ist.«[3] Die französische Demographie steht insgesamt gar nicht so schlecht da. Zwar sinkt sie zu Beginn des 18. Jahrhunderts, belebt sich auf halber Strecke aber wieder. Dennoch schlägt man hartnäckig Alarm. Das Bild eines verödeten Frankreichs quält jene, die sich anschicken und sich dann darum bemühen, das Land zu verwalten. Mitten im 19. Jahrhundert bringt die düstere Statistik der außerehelichen Geburten ihre belastenden Dokumente in die Akte des sittlichen Verfalls ein.

Die Wollust beleidigt die zum Richtmaß erhobene Natur. Die industrielle Revolution preist die Energie, die ein jeder gleich der natürlichen Welt im Überfluß besitzt, vorausgesetzt, er opfert sie nicht der Lüsternheit. Bevor die Thermodynamik das erschrekkende Phänomen der Entropie darlegt, berichtet die Epoche vom Niedergang des Triebes, von seinem guten, zeugungsbezogenen Gebrauch zur Verschwendung, die seine Ausschweifungen herbeiführen.

Eltern und Lehrern steht es zu, die Versuchungen des Kindesalters abzuwenden. Doch sie werden bald abgelöst. Die Behandlung der Mißstände obliegt nicht ihrer Fürsorge, sondern einer zuständigen Behörde. Die Mediziner gehen um 1750 in Stellung und spielen eine große Rolle im Kampf, den man gegen die Masturbanten aufnimmt. Unter Ludwig XVI. bezeugen sie ungewöhnlichen Ehrgeiz und antworten stürmisch auf die von Vicq d'Azyr eingeleitete Umfrage, wie die Gesundheitslage des Königreichs zu verbessern sei.[4] Zwischen 1795 und 1810 nehmen die Verwaltungs- und Krankenhausreformen einen raschen Aufschwung. Dreißig Jahre später erreicht ihre Selbstgefälligkeit den Gipfel. Im öffentlichen Bewußtsein verbinden sie als Stellvertreter des Priesters die Rolle des Beichtvaters und des Notars. An ihnen ist es, über die Rechtmäßigkeit der Ehen und die Verirrungen der Liebe zu entscheiden.

Man muß alles vorhersehen. Früher schienen die dem göttlichen Gesetz unterworfenen Geschöpfe paradoxerweise der Verlassenheit ausgeliefert. Niemand hätte gewagt, in den Plänen der Vorsehung die Wunderlichkeit der Einzelheiten hervorzuheben. Daß sie so viele Ungerechtigkeiten erlaubte und ihre Barmherzigkeit hundertmal fehlging, sollte unserer Unwissenheit oder dem bösen Geist, der in uns den Unglauben hervorbringt, zuzuschreiben sein. So bestand unter übernatürlichem Schutz unsere Niedergedrücktheit fort. Wenn die Bürger jetzt nur auf ihre Vernunft hören, weisen sie den Zufall zurück. Ebenso wie sie ihre Tage durch einen Kalender der Pflichten programmieren, weben sie ein Netz von Zielpunkten ins öffentliche Leben, um seinen Ablauf zu disziplinieren. Je nach den Zielen, gestalten sie ihre Unternehmungen. Den Geschäften widmen sie ihre produktiven Handlungen und den Sitten weitschweifige Worte. Man betrachte nur das Turnen, das durch ein einstimmiges Klagelied aufgerufen ist, die Körper zu kräftigen und deren bösen Neigungen auszutreiben. In den Erziehungsanstalten sind die Leibesübungen nicht vertreten. Im Jahre 1817 eröffnet in Paris ein Spanier, Oberst Amoros, einen Saal, wo man springt und rennt und singend tanzt: die Auslegung dieses Wunders hält bis zum Ende des Zweiten Kaiserreichs an.[5] Doch die Ideologie ist weder Notbehelf noch Ausflucht. Den Neuankömmlingen ersetzt sie das Feldzeichen: sie schulden ihr ihre Identität.

Die siegreiche Bourgeoisie steht in Frankreich bedürftiger als ein Säugling da. Voll bitterer Erfahrungen lächelt ihr ihre Vergangenheit nur ab und an bei den Krisen der Monarchie zu, die sie in einer Tragikomödie ausnutzt: im 14. und 15. Jahrhundert unter der englischen Bedrohung; im 16. beim Glaubenskrieg, im 17., als sie sich mit den Freiherren verbündet, die der Feudalzeit nachhängen. Doch die königliche Macht, die sich stets wieder fängt, fordert ihr die Huldigung ab. Die Bourgeoisie dient ihren Herren in dem Maße, wie diese sie hochmütig behandeln und sich ihren Eifer durch die Begehrlichkeiten, die sie erwecken, sichern. Ludwig XIV. ist ihr gegenüber mit Ämtern freigebig und nährt doch ihren Groll. Die Kluft zwischen ihrem Status und ihrer Würde vertieft sich, statt sich zu verringern. Letztere bleibt das Erbe der Adeligen, die ihrer Privilegien gegen eine Entschädigung an Herrlichkeit beraubt werden. Law sagte eines Tages zum Marquis d'Argenson, daß dreißig Männer, dreißig Intendanten ohne Titel noch adelige Abkunft, Frankreich führen, dreißig Machthaber, bei denen Wohl und Wehe der Provinzen liegen, ihr Überfluß und ihr Mangel. Diese Beamten und ihre Pariser Nacheiferer, denen es unter Ludwig XV. schließlich gelingt, die Kommandoposten zu besetzen, werden jedoch von einer residuellen Aristokratie in den Schatten gestellt: »In der Gesellschaft«, schreibt Tocqueville,

»hatten die Adeligen ihnen den Rang, die Pracht und das Ansehen voraus, die sich stets an die alten Dinge heften. In der Regierung umgab der Adel den Prinzen und bildete seinen Hof; er befehligte die Flotten, führte die Armeen (...). Man hätte einen Standesherren beleidigt, wenn man ihm vorgeschlagen hätte, ihn zum Intendanten zu ernennen; der ärmste Edelmann von Geblüt hätte zumeist, es zu sein, verschmäht.«[6]

Ganz anders in den Nachbarländern: die Bourgeois werden dort mit Vorrechten überhäuft. In Deutschland und Italien blühen im Mittelalter Städte, die mit patrizischen und sogar herrschaftlichen Freiheiten ausgestattet sind. In England nimmt im 18. Jahrhundert der Bürgerstand wirkungsvoll an der Leitung der Geschäfte teil. Es spielt kaum eine Rolle, daß der Landadel aus Sussex oder Yorkshire die Fabrikanten aus Manchester oder die Finanzleute aus London von oben herab ansieht; er trifft sie an der Börse oder am Hafen wieder, um den Geschäften nachzugehen: »Sicherlich war die englische Aristokratie hochmütigeren Wesens als die französische und weniger bereit, sich mit all dem, was unter ihr lebte, einzulassen, aber die Erfordernisse ihrer Lage zwangen sie dazu.«[7]

In Frankreich hebt der Reichtum den Abstand nicht auf. Seit der Renaissance hört die Bourgeoisie nicht auf, ihn zu erwerben zum Nachteil der adeligen Ländereien und Häuser, die sie am Vorabend der Revolution endgültig ausplündert. Doch als sie zur politischen Souveränität gelangt, bringt sie dazu alle Mittel mit, ausgenommen das Ansehen. Sie ist auf die Aristokraten eifersüchtig, die das Erbteil des Blutes und der Ehre hochmütig bis in den Abgrund verteidigen. Auf ihrer Spur jagt sie dem Ruhm nach. Dreiundzwanzig Jahre lang maßt sie sich einen ritterlichen Tod an. Ermuntert durch diese wundervolle Einführung, rivalisiert sie mit ihren Vorbildern in Umgangsformen, Haushaltung und Luxus der Tafel.[8] Da sie sich auf solche Weise mit Gespenstern identifiziert, läuft sie Gefahr, ihnen die Legitimität, nach der sie trachtet, zu überlassen. Um sich abzusetzen, verlegt sie sich auf die Auseinandersetzung. Bezeichnet sie in der Dämmerung des Ancien Régime angesichts der Auflösung der außer Atem geratenen Kaste, die sie immer noch unbillig unterdrückt, nicht das Schlachtfeld, auf dem sie weniger als hundert Jahre später ihre Andersheit und ihr Zeichen einschreiben soll? »Die Zügellosigkeit des 18. Jahrhunderts ließ eine medizinische und wissenschaftliche Literatur entstehen, die zu ihrer Bekämpfung bestimmt und allen Lesern zugänglich war, die sie sittlich zu heben beanspruchte.«[9]

Unter der Restauration veranlaßt das Scheitern ihrer heldischen Bestrebungen die neue Gesellschaft in der Tat, ihre vorrangigen Zwecke zu überdenken. Sie vertraut der Moral die Sorge an, sie zu adeln. Die ansteckende Wirkung der Schamhaftigkeit löst dieses erhabene Vorhaben nicht in eine puritanische Internationale auf. Da sie überall nach der Hauptrolle trachten, mühen sich die Bourgeois gleichmäßig um Achtbarkeit; sie geben ihre besonderen Vorstellungen nicht auf. Die englischen Kaufleute wetteifern in Konformismus mit ihren Herausforderern, den arroganten *Gentlemen;* die französischen, die ohne Konkurrenten sind, übertreiben die Schicklichkeit, um sich vor sich selbst zu rechtfertigen. In England bestätigt die Herrschaft das öffentliche Urteil. In Frankreich stellt sie gleichzeitig sein Abbild und seine Legitimationsinstanz dar. Der Staatsapparat delegiert seinen belehrenden Auftrag keineswegs an unabhängige Mikroexekutiven – Krippe, Schule, Irrenanstalt, Krankenhaus.* Von den Ministern bis zum einschreitenden Personal, Staatsanwälten, Grundschulinspektoren oder Gefängniswärtern ist er bestrebt, den kollektiven Bereich von seinen Krebsschäden zu reinigen: dem Volk, dem Geschlecht, dem Kind. Um diesen Preis lädt der Stolz Herrn Prudhomme zum Stelldichein. Wehe den Lästerern, die mit diesem Talisman scherzen! Ein verdorbener Mensch führt gegenüber einem jungen Fremden aus alter Familie abfällige Reden; büßt er seine Unverschämtheit mit einer Tracht Prügel, so gelobt er, am nächsten Tag von sich hören zu lassen. Und am nächsten Tag »schickt er Sekundanten, um Genugtuung mit der Waffe von dem zu fordern, der unwürdig sein Spiel mit seiner ... Ehre getrieben habe. Was soll man von einer solchen sittlichen Perversion halten!«[10]

Dieses Buch gibt der Sexualität ein seit zwanzig Jahren von kodierten Sprachen beschlagnahmtes Wort zurück. In den Metaphern des *Phallus* haben unsere Gelehrten Erleichterung und Frieden gefunden. Ins Symbol verwandelt läßt sich das Organ unschuldig handhaben. Seine Irrtümer sind des *Erlebten* entledigt: an diesen verbannten Bereich knüpft der *Penis* fröhlich wieder an. Die Wahrheit des Geschlechts tritt nicht aus dem Wissen – wie Michel Foucault fälschlicherweise behauptet – hervor, auch nicht

* So eine derzeit angesehene These.

aus dem gemeinen, dunklen oder subalternen, dem die Kulturen ihr Licht mit Vorliebe mitteilen sollen. Semiotisch herausgeputzt durchspukt der Hegelianismus trotz bissiger Verleugnungen weiterhin die zeitgenössische Philosophie. Die Idee einer Adäquation der Logik und des Realen geht mehr denn je um. Als anonymer Gastgeber einer Geschichte ohne Subjekt erscheint der Geist in der Einheit des Rationalen und des Textuellen wieder.

Dem Leib obliegt es, diese schöne Anordnung zu stören. Er schleicht sich ins Stammeln ein, ins diffuse, formlose und unsichere Wort, dem er, bevor er sich in Gedankensystemen vermittelt, seine ungeduldigsten Spannungen eingibt. Beladen mit Phantasien verwirrt er die theoretischen Schriften, in denen unter der Maske der Objektivität Mediziner, Hygieniker, Statistiker, Richter, Militärs und Pädagogen ihre Erkenntnisse festhalten. Wohl gibt es einen guten Leib, einen harmlosen Leib, den die Biologie gelassen erforscht. Doch was zum Beispiel bei der Ernährung und was bei Vererbung und Fortpflanzung auf dem Spiel steht, ist nicht mit gleichem Maße meßbar. Hier fischen wir in trübem Gewässer. Schon lange vor der Veröffentlichung von *Über die Entstehung der Arten* äußert die abendländische Bourgeoisie die Sorge um ihre Entartung. Und sie fürchtet die Liebe, die sie doppelt bedroht: wenn sie sich in die Wollüste verirrt, lebendige Kräfte, die für die Industrie verlorengehen, und wenn sie für Familie und Völker schuftet: denn weiß man, ob sie ihrem Samen nicht die Gifte des Zerfalls überträgt?

Ausgehöhlt von den Klischees der allgemeinen Empfindung öffnen sich die Begriffe denen, die sie zu Fall bringen, nämlich den Ideologien. Diese sättigen das ganze 19. Jahrhundert über die wissenschaftlichen Diskurse und entsprechen damit dem Wunsch der herrschenden Gruppe, die sie für ihre Himmelfahrt bestimmt. Sie verkünden die Verkommenheit der Onanisten, das tierische Wesen der Invertierten, die lasterhaften Körperanlagen. Doch auch die Hoffnung der Kolonialisierung und der regenerierten Rassen. Beim Anblick des schmutzigen Orients, des verschwendeten Spermas, der durchbohrten After und der schimpflichen Krankheiten wird es uns leichter ums Herz: das Gespenst der Dekadenz vergeht.

Wie sollte sich der Penis wohlfühlen? Die gedruckten Bücher bewohnt er, vertrieben aus den Archiven, seinem gelobten Land, nur als Schuldiger. Da trödelt er herum, macht er sich breit, ejakuliert er vor der Nase der Bourgeois und entlockt ihnen Entsetzensschreie; manchmal fasziniert er sie auch als ihr verfemtes Teil, dessen Frevel sie fürchten. Seine Märtyrer sterben um die fünfzig herum nach zehnjähriger Agonie, weil sie im Dunkel der Umarmungen die Grenze zwischen Lust und Profit nicht erkannt haben.

Über die Empörung

Während die Adeligen auf ihre Schönheit stolz sind; während der in Fragen der herrschaftlichen Würde unnachgiebige Saint-Simon der Herzogin von Burgund Beifall spendet, die vor den Prinzen die Röcke schürzt und sich unter ihren Augen erleichtert, kommt die Polizei im Jahre 1703 auf den Gedanken, die Nacktheit der Badenden zu bedecken.[1] Jean-Paul Desaive hebt dieses Ereignis hervor.[2] Es steht in keinem Zusammenhang mit der Unanständigkeit, gegen die die Priester schon seit langem wettern. Es geht nicht allein zu Lasten der Frauen; man handelt nicht mehr von Erlösung, sondern von Lebensart. Im Jahre 1727 präzisiert und verschärft eine Verordnung das Verbot. Durch das Bündnis von Richtern, Polizisten und Kaufleuten feiert sie die Verbundenheit von Anstand und Arbeit: »An alle, die vorliegendes Schreiben erhalten, sei von Nicolas Lambert, Ritter und Ratgeber im Rate des Königs, Vorsitzender des Parlaments und der zweiten vorbereitenden Kammer des Gerichts, Vorsteher der Kaufmannschaft und der Schöffen der Stadt Paris der Gruß entrichtet und Mitteilung gemacht. Daß, gemäß dem, was uns vom Staatsanwalt des Königs und der Stadt dargelegt worden ist, daß manche Personen des einen und des anderen Geschlechts während der heißen Sommerszeit gezwungen sind, ein Bad im Fluß zu nehmen, und weil die Bäder nicht in ausreichender Entfernung von denen der Frauen sich befinden, um jeden Verkehr zwischen den einen und den anderen zu verhindern, ihm angezeigt worden ist, daß Männer ohne Scham und Achtung nackt die Bäder der Frauen betreten und sie so zwingen, sie zu verlassen und sich in Verwirrung zurückzuziehen, und daß eine große Zahl von Tagedieben, Vagabunden und Gesindel und anderen den größten Teil des Tages, sogar die Sonn- und Feiertage während des Gottesdienstes, an den Ufern des Flusses am Sandstrand am Fuße des Pont-Neuf und den anderen Kiesstränden verbringen, wo sie nackt spielen und umhergehen und sich in diesem Zustand den Frauen und Mädchen zeigen, die kommen, um in die Bäder zu gehen, und den Waschfrauen, die auf den Booten arbeiten und Wäsche waschen, und ihnen liederliche und gegen die Ehrbarkeit verstoßende Reden halten, was den einen die Freiheit nimmt, sich den Bädern zu nähern, und die anderen zu arbeiten hindert, ein sehr großes Ärgernis hervorruft und gegen die Verordnungen und Vorschriften ist. (...) Wir haben angeordnet, daß die die Flußbäder betreffenden Vorschriften und Verordnungen gemäß ihrer Form und ihrem Wortlaut ausgeführt werden; und daß folglich die Boote für die Bäder der Männer von denen der Frauen in einen ausreichenden Abstand gebracht werden, um jeden Verkehr zwischen den einen und den anderen zu verhindern.«[3]

Gewiß nehmen im Jahre 1822 an verschiedenen Stellen der Seine Anstalten zu vier Sous, die mit einer Plane überdeckt sind, die Geschlechter getrennt auf. Es ist der Abschaum der Pariser Bevölkerung: »Dort sieht man bunt durcheinander Frauen und Mädchen jeden Alters; völlige Nacktheit bietet sich sorglos den gegenseitigen Blicken dar: Verbrennungen, Narben, abstoßende Wunden, da schämt man sich gar nichts... (...) Das Bad der Männer, ebenfalls zu vier Sous, bietet in etwa den gleichen Anblick...«[4]

Am 2. Juli 1828 betritt in der Nähe von Charenton ein ausgekühlter und entkräfteter Schwimmer, der nur mit einer einfachen Badehose bekleidet ist, ein kleines Café und verlangt einen Schnaps. Vor der Strafkammer verklagt, wird er zu vierundzwanzig Stunden Haft und einhundert Francs Geldstrafe verurteilt.[5]

Der Schrei

Das Ersticken

Den verbotenen Bildern setzt die Sprache eine verwirrte Zurückhaltung entgegen. Die Kehle schnürt sich zu, als ob sich der Körper mitfühlend auf die verletzte Scham einstellte. Das Versagen der Stimme spiegelt das Fiasko des Dialogs wider, wenn die bürgerliche Ordnung den Saboteuren ausgeliefert ist, die gekommen sind, um ihre empfindliche Mechanik zu blockieren. Angesteckt erzittert die Feder. Die der Ärzte entschließt sich nur um den Preis schmerzlicher Mühen zur Aussage: »Die allgemeinen Prinzipien, die wir für die Erforschung von Vergewaltigungsspuren aufgestellt haben, erleiden recht leicht begreifliche Modifikationen, wenn das Opfer ein Mann an Stelle einer Frau ist. Doch sagen wir es gleich, um die Abscheu zu mildern, die ein solches Thema eingeben muß, diese besondere Modifikation der Vergewaltigungsverbrechen ist sehr selten. Die Individuen, die zum analen Koitus neigen, haben im allgemeinen einen verweichlichten Charakter, der sie eher auf Verführung als auf Gewalt zurückgreifen läßt.«[6] Manchmal gibt der Fachmann auf: »Ich vermag Ihnen die Ungeheuerlichkeiten, deren Schauplatz die prachtvollen Häuser sind, in deren Tiefe sich die Akrobaten der Lüsternheit treffen, gar nicht zu sagen. Meine Feder weigert sich, sie zu beschreiben, und mir steigt Übelkeit allein bei dem Gedanken an diese schändlichen Ausschweifungen auf. Tiberius und Nero waren neben diesen Männern bloß Kinder.«[7] Sogar die in ihren Arbeitszimmern verschanzten Staatsanwälte fühlen sich von Aphasie befallen, wenn es gilt, gewisse Niederträchtigkeiten bekannt zu machen: »...es geht aus dem Verfahren hervor, daß die Kinder, die der Fürsorge und Aufsicht Arnauds anvertraut waren, durch diesen Menschen selbst in die schmutzigen und schändlichen Praktiken der Ausschweifung und Verderbtheit eingeführt wurden: er ließ sie einen nach dem anderen in sein Zimmer kommen und entblößte dort ihre Geschlechtsteile und brachte sich in den gleichen Zustand«; er führte an ihren Körpern Berührungen aus, »deren schamloses und widerwärtiges Bild die Feder nicht wiedergeben kann«.[8]

Die Justiz zieht die Konsequenzen aus diesem allgemeinen Schaudern, indem sie den Schleier über die Sittenprozesse wirft: von der Perversität sprechen, heißt das nicht, sie legitimieren?

Die Verwünschung

Dies Einhalten der Empörung sollte nicht lange andauern können. Auf den stockenden Atem folgen die Ausbrüche: »›Lieben Sie die Frauen?‹ – ›Warum nicht, wenn sie einen lieben und wir uns lieben und es uns Spaß macht, uns zu lieben; was soll schlecht daran sein? Sie sind doch nicht etwa...?‹ Daraufhin sagt er zu mir: ›Nein, ganz und gar nicht, das ist es nicht, aber...‹ Seine Augen blitzen auf wie Sterne. Er nähert sich. ›Oh, wie abscheulich‹, rufe ich und sage zu ihm: ›Sie werden mir auf die Wache folgen.‹ Daraufhin wirft er seine Tasche fort und macht sich davon, ich sehe ihn also nicht mehr.«[9] Der Soldat Vénot schlägt seinen Verführer nieder, bevor er ihn beraubt; so überträgt die Emotion den Muskeln die Sorge, klar auszudrücken, was sie nur verworren wiedergibt. Die bürgerliche Ideologie findet sich mit den austeilenden Gewalttätigkeiten ab. Zum Beispiel in Paris, wo skrupellose Männer ehrliche Frauen mit ihren Nachstellungen belästigen: »Das Viertel der Champs-Élysées war gestern Schauplatz einer äußerst skandalösen Szene. Eine sehr gut gekleidete Dame, die ein Herr begleitete, der ihr Ehemann zu sein schien, stieß plötzlich gellende Schreie aus, die von der Roheit hervorgerufen wurden, mit welcher ein Mensch, der ihr eit einigen Augenblicken folgte, sich ihr gegenüber die verwerflichsten Berührungen erlaubte. Dieser Mann, dessen Schamlosigkeit bereits aufgefallen war und der in dem Augenblick, als die Aufmerksamkeit auf ihn gelenkt wurde, *die öffentliche Moral in der unzweideutigsten Weise beleidigte*, war bald von mehreren hundert, über sein Verhalten entrüsteten Personen umgeben, und ohne das Eingreifen der Schutzmänner und der Wache, die viel Mühe hatten, ihn dem gerechten Zorn der Öffentlichkeit zu entziehen, wäre er ernsthaft mißhandelt worden.«[10]

Sind die Schuldigen Päderasten*, setzen sie ihr Leben aufs Spiel: »Lyon, 19. Oktober. – Vorgestern abend ist ein ungefähr sechzigjähriger Mann, den man beschuldigte, sich an der Person eines Kindes vergangen zu haben, von der Menge von der rue de la Barre bis zur rue Saint-Dominique verfolgt worden, wo er vergeblich versuchte, in einem Haus Zuflucht zu finden. Er wurde herausgezerrt und ist unter den Verwünschungen von über dreihundert Personen zum Rathaus geführt worden, die ihm das Geleit gaben und die zu Gewalttaten übergegangen wären, wenn die Ordnungsmacht ihn nicht beschützt hätte.«[11]

Doch kommt es auch vor, daß die Wut reift, bevor sie ausbricht. Nehmen Sie zum Beispiel diesen Studenten der Rechtswissen-

* Sogar im Zuchthaus, das die ganze Brut der menschlichen Verhältnisse versammelt, gibt es Leidenschaften, die der Mehrheit unerträglich sind: »Wie auf einer Bühne, auf der sich die Laster auf breiterem Raum bewegen, ist es hier recht schwierig, ein infames Laster, das sich vor Zeugen entehrt, weiter treiben zu können. Man wird (...) fast auf die gleiche Weise bestraft: die Spötter zeigen mit dem Finger auf die Schuldigen und rufen ihnen das Wort Korvette zu (das ist der Name eines Munitionstransportschiffs). Der Eifersüchtige denunziert den Rivalen beim Aufseher...; ein Leichtsinniger verrät ihn, und schließlich setzt ihn ein Kommissar dem aus, was einem Mann am peinlichsten ist, nämlich einem Schauspiel, das das Hohngeschrei erregt...« (Dr. H. Lauvergne, *Les Forçats* (Die Sträflinge), Paris, J.-B. Baillière, 1841, S. 287 f.).

schaften, der mitten im Luxembourg von einem Geistlichen unter dem absurden Vorwand angesprochen wurde, ihm bei der Übersetzung eines lateinischen Werkes zu helfen. Unfähig, beim Anblick der obszönen Stiche und des Textes zu reagieren, besitzt er dennoch die Geistesgegenwart, eine Verabredung bei sich zu Hause auszumachen: »Der Priester war sehr pünktlich (...), aber er vermutete kaum, daß mehrere der Kameraden des Studenten, die über das Abenteuer unterrichtet waren, in einem Nebenzimmer versteckt waren, um ihm eine Züchtigung zu erteilen, die er nur zu gut verdient hatte. Der Priester schreit, ruft um Hilfe; doch statt ihn zu beschützen, stacheln die Beistehenden die Studenten an, die Züchtigung zu verstärken; diese verfolgen ihn bis in die rue de la Harpe, wo die öffentliche Gewalt gezwungen ist einzugreifen, um ihn noch härteren Geißelungen zu entziehen, die die jungen Leute ihm immer weiter verabreichten und an denen auch die Neugierigen teilzunehmen begannen.«[12]

Im Laufe der journalistischen und polizeilichen Chronik wiederholt sich das Szenario: das Gekreisch der Menge übertönt die Schreckensschreie der Schurken; die Truppe schützt deren Leib vor der Angriffslust der rächenden Scharen. Es sei denn, sie nimmt selbst daran teil: so beging Custine, Marquis, Schriftsteller und Dandy, den Fehler, einem Unteroffizier der Kavallerie den Hof zu machen und unvorsichtigerweise zu äußern, was er von ihm erwartete. Der Soldat und seine Komplizen lockten ihn in einen Hinterhalt, entkleideten ihn und peitschten ihn grausam aus. Auf der Straße von Saint-Denis wird der Edelmann von einem Droschkenkutscher aufgelesen, der ihn notdürftig mit einem Kleidungsstück versieht und ihn zum Kommissariat mitnimmt, um eine gewundene Anzeige zu erheben.

Das Orakel

Die bürgerliche Moral erschöpft sich nicht in dieser gebrechlichen Sprache. Abwechselnd stammelt und poltert sie, um in feierliche Aussagen einzumünden. Das große Spiel der Redensweisen, das die Frau mit dem offenen Mund aus *La Liberté guidant le peuple* (Die Freiheit führt das Volk) von Eugène Delacroix zur Mythologie erhebt.

Das 19. Jahrhundert führt die Information ein. Die Presse vervielfacht ihre Auflagen. Im Jahre 1827, als der Tageslohn eines Hilfsarbeiters sich um die 2,50 F bewegt, enthüllt Casimir Périer den Reingewinn des *Constitutionnel:* 375 000 F im Jahre 1826, das sind 25 000 F pro Aktionär. Die Bedeutung der Gesellschaftsnotiz: die Zeitung, die sie verbreitet, tritt an die Stelle des Breviers. Das Gerücht, das sich der Neuigkeiten bemächtigt, dient ihnen nicht als Echo, sondern als Rechtsprechung. Sie sanktioniert sie im gleichen Augenblick, in dem sie sie weiterträgt.* Das Vorbild dieser ausgezeichneten Waffe finden die Franzosen in den Vereinigten Staaten: die öffentliche Meinung, deren Diktatur von Chateaubriand bis Tocqueville alle Reisenden beschreiben. Jedoch hatte England schon vor langer Zeit den Weg gebahnt. Dieses hierarchisierte Volk, das zwischen den Benehmensweisen und den Ständen undurchlässige Trennwände errichtet, tadelt in einstimmigem Chor den Lord genauso wie den Kaufmann. Am 19. Juli 1824 wird Percy Jocelyn, Bischof von Cloghes und Suffraganbischof der Metropolitankirche von Armagh in Ulster-Irland in einem Hotel von Westminster in Begleitung eines jungen Soldaten überrascht: *Shocking!*

Der reisende Custine verläßt London entmutigt: »Wem kann etwas unbekannt bleiben in einem Land, in dem die geringsten Umstände des Lebens veröffentlicht werden; wo eine Frau sich nicht schlecht benehmen kann, ohne daß das ganze Volk das Geheimnis ihrer Verirrungen erfährt (...); wo die guten wie die schlechten Taten von den Menschen fast aller Klassen beurteilt, erklärt und kommentiert werden; wo schließlich Vergehen, deren Sonderbarkeit allein die Geheimhaltung sichern sollte, ohne

* »Ich weiß wohl, daß man den Freispruch nur fordern wird, indem man Ihnen empfiehlt, das Buch in einigen wohlempfundenen Erwägungen zu tadeln. Sie werden, meine Herren, dieses unbesonnene Entgegenkommen nicht besitzen. Sie werden nicht vergessen, daß die Öffentlichkeit nur das Endergebnis sieht. Gibt es einen Freispruch, glaubt die Öffentlichkeit dem Buch alle Strafe nachgegeben; sie vergißt schnell die *Belange,* und wenn sie sich daran erinnerte, hielte sie sie für durch das letzte Wort des Urteilsspruchs dementiert. Der Richter hätte niemanden vor dem Werk gewarnt und er zöge sich einen Vorwurf zu, den er bei weitem nicht voraussah und den er nicht zu verdienen glaubte, nämlich sich widersprochen zu haben.« (Anklagerede des Kaiserlichen Staatsanwalts gegen die *Fleurs du mal* vom 20. August 1857).

Rücksicht auf reine und zartfühlende Seelen beschrieben und veröffentlicht werden?«[13] Er ahnte nicht, wie recht er hatte. Nach der Affäre von Saint-Denis kehrt ihm ein jeder den Rücken, einschließlich derer der eigenen Kaste, die, ohne es zu wissen, von der Bourgeoisie, die sie verachten, vereinnahmt worden sind: »Niemals habe ich einen allgemeineren Aufruhr erlebt (...); die Gesellschaft als Ganze ist wütend, wie man es bei einer persönlichen Treulosigkeit wäre. Man fordert von ihm vor allem Rechenschaft für die Achtung, die man für ihn hatte, und der Ärger darüber, betrogen worden zu sein, trägt nicht wenig zu der Ehre bei, die man der Moral erweist«, schreibt Mme Swetchine an Edouard de la Grange.

Gegen die Schändung kommt es zu Vergeltungsmaßnahmen am hellichten Tage: »Die Polizei, deren Sorglosigkeit, wenn nicht gar Toleranz angesichts eines schimpflichen Lasters man viel zu oft zu rügen hatte, erbrachte gerade gestern einen Beweis, der, indem er der Justiz Männer in die Hände spielte, die bis dahin eine ehrenhafte Stellung in der Gesellschaft innehatten, dazu geeignet sein wird, die Freunde der Moral und der Rechtschaffenheit zu beruhigen (...). Einer der Beamten der Staatsanwaltschaft ist bereits mit der Untersuchung dieser scheußlichen Angelegenheit befaßt. Sicherlich wird die Schamhaftigkeit einer Sitzung unter Ausschluß der Öffentlichkeit die Beschuldigten vor der Strafe schützen, die die Presse erteilt.«[14] Früher errichtete man Scheiterhaufen. Eine übertriebene Strenge: »Die Haft und die Verachtung reichen aus, um die Natur und die Gesellschaft für die Beleidigungen zu rächen, die ihnen die Sodomiter zufügen.«[15] Wer zweifelte daran, daß die Schande die Gefängnishaft an Demütigung bei weitem übertrifft. »Was wird aus diesem Unglücklichen werden? Von den Richtern freigesprochen, ist er es doch nicht von der öffentlichen Meinung.«[16] Die Größe eines Landes bemißt sich an seiner Fähigkeit zum Ekel: »In der Tat kann man, welcher Art auch immer eine schlechte Handlung sein mag, sobald sie Gegenstand des öffentlichen Abscheus wird, aus ihr nicht schließen, daß bei einem solchen Volk ein tiefer Zustand sittlichen Verfalls besteht.«[17] Betrachten Sie dagegen China, das die Perversen nicht nur mit Sympathie, sondern auch mit dienstfertigem Beistand bedenkt: »Viele dieser Prostitutionshäuser sind gemischt. Man findet dort Knaben zwischen zehn und zwölf Jahren und kleine oft jüngere Mädchen vor, an denen sich die Chinesen allerlei gemeinen Handlungen hingeben. Die öffentliche Meinung scheint sich kaum darüber aufzuregen, und die Nähe eines solchen Etablissements stört die Nachbarn nicht, die einem diesbezüglich gern Hinweise geben. Ich erinnere mich, daß, als ich im Laufe des Tages mit M. L., einem guten Freund von mir, ausgegangen bin, um unter der Führung eines chinesischen Offiziers ein ›tang-ming-eul‹ in Tien-Tsin zu besichtigen, wir an einer Kreuzung zögernd stehengeblieben sind, weil wir nicht wußten, welche Richtung wir einschlagen sollten. Ein Herr, der unsere Unschlüssigkeit sah, näherte sich höflich und sagte zu uns: ›Diese edlen Greise suchen sicherlich das Haus der kleinen Jungen? Mögen Sie die erste Straße links nehmen‹.«[18]

In derartige Niederträchtigkeiten wird man nicht verfallen. Gegen die Störenfriede, die hartnäckig darauf bestehen, die anerkannten Werte zu schänden, tritt in Frankreich das tötend Lächerliche auf: »Sparen wir nicht mit Schlägen; das wird den Polizisten einen Dienst erweisen.«[19]

Die Herrschaft der Worte

Die Bourgeois machen aus dem Geschlecht keine theoretische Angelegenheit. Die medizinischen Argumente berühren sie nur als Alibis für Objektivität. Diese widerstehen nur selten dem Ansturm der Empörung. Man spürt sie unter den Begriffen brodeln; schließlich werden sie überflutet: »Die rein soziologische Neugierde hat mich zweimal in die Prostitutionshäuser geführt, in denen man kleine Jungen antrifft, zuerst tags, dann nachts, weil ich dachte, daß ich weniger angewidert wäre, und nach jeder Darbietung kam ich zutiefst abgestoßen von dem, was ich gesehen hatte, wieder heraus (...). Die Etablissements befinden sich in Tien-Tsin, und Europäer haben dort ohne weiteres Zutritt, denn viele, so hat man mir bestätigt – etwas, was ich kaum glauben konnte! –, sind regelmäßige Kunden dieser Spelunken, die tausendmal schändlicher sind als unsere Seehäfen. Peking ist ebenfalls gut mit diesen ›tang-ming-eul‹ ausgestattet, aber es ist für Europäer schwierig, dort hineinzugelangen. Die männlichen Etablissements unterscheiden sich von den Frauenhäusern vor allem durch die Form der Türlaterne, die aus Glas und nicht aus Papier ist und auf der sich eine allegorische ..., aber verständliche

Inschrift befindet.« Dann registriert der Arzt die Symptome: »Die Kinder, die man dort antrifft, wenigstens diejenigen, die ich gesehen habe, sind schmutzig und ungepflegt. Beim Eintreffen der Kunden singen sie mit einer ganz und gar unangenehmen Fistelstimme irgendeinen modischen Kehrreim, bieten einem eine Pfeife mit Tabak oder Opium an, kommen sich sogar einem auf den Schoß setzen und warten darauf, daß man ihre Bereitwilligkeit in Anspruch nehmen mag. In einem Haus in Tien-Tsin hatten zwei von fünf Kindern, die uns vorgestellt wurden, einen prächtigen nässenden Ausschlag an den Mundwinkeln, der deutlich sichtbar war. Es ist möglich, daß, wenn ich die drei anderen einer etwas ernsthafteren Untersuchung unterzogen hätte, ich gute Aussichten gehabt hätte, an ihnen ebenfalls Spuren der Syphilis zu finden.«[20]

Wenn Phantasmen und Wissen gemeinsam den Diskurs bewohnen, so deshalb, weil er seine kognitiven Inhalte dem Rausch seines Funktionierens opfert. Mit der Revolution ergreift blitzartig eine geschwätzige Klasse das Wort, die in ihrem Hunger nach Ausdruck jahrhundertelang frustriert worden ist. Man denke an den *Neveu de Rameau* (Rameaus Neffe), diese grausame Beschwörungsrede der Demütigung, wo unter der Armut, der Einsamkeit und dem Mißerfolg die Forderung nach dem Wort aufsprüht, dem verzaubernden und leidenden Boten, der die Welt bestrickt, anstatt sie zu verändern. Sicher gehen die Aristokraten in der Not in periodischen Abständen mit den Plebejern eine unstandesgemäße Verbindung ein. So etwa während des Hundertjährigen Krieges Prinz Charles mit Etienne Marcel oder Herzog Johann ohne Furcht mit Caboche und den Metzgern von la Halle. Doch zwischen 1789 und 1795 entdeckt die gärende Gesellschaft, geblendet auf den Versammlungen, in den Clubs und vor Gericht, daß die Souveränität sich über brandende Reden herstellt: »Ludwig war ein anderer Catilina; der Mörder meinte wie der römische Konsul, daß er das Vaterland gerettet hat. Ludwig hat gegen das Volk gekämpft, er ist besiegt. Er ist ein Barbar, er ist ein fremder, ein Kriegsgefangener. Ihr habt seine heimtückischen Absichten gesehen; ihr habt sein Heer gesehen; der Verräter war nicht der König der Franzosen, er war der König einiger Verschwörer. Er machte geheime Truppenaushebungen und hatte besondere Justizbeamte; er sah die Bürger als Sklaven an; er hatte heimlich alle guten und mutigen Leute geächtet. Er ist der Mörder der Bastille, von Nancy, des Champ-de-Mars, der Tuilerien;

welcher Feind, welcher Fremde hat uns mehr Schlechtes angetan? Er muß unverzüglich verurteilt werden: so lautet der Rat der Weisheit und der gesunden Politik; er ist eine Art Geisel, die die Schurken bewahren. Man sucht Mitleid zu erregen; bald wird man Tränen kaufen.«[21] Die Weltverbesserer des 19. Jahrhunderts handhaben diese Rhetorik des Bannfluchs mit ähnlichem Feuer. Jetzt haben sie es mit dem Geschlecht, mag es kaiserlich oder römisch sein: »Das Bild, das uns Sueton vom Leben der zwölf Cäsaren hinterlassen hat, erlaubt uns einzuschätzen, bis zu welchem beispiellosen Grad von Zügellosigkeit die bis zu ihren äußersten Grenzen getriebene und eine wirkliche Krankheitserscheinung gewordene körperliche und sittliche Ausschweifung die Hauptstadt der Welt erobert hatte. Das von oben ausgegangene Beispiel hatte in den unteren Klassen leicht Nachahmer gefunden. Die Herren des Weltreichs gaben sich, überzeugt davon, daß die Schamhaftigkeit nicht einmal ein Gesetz menschlicher Übereinkunft war, mit Ungestüm den ungeheuerlichsten Exzessen hin und suchten neue Lüste, nicht um sie zu kosten, sondern um deren Instrumente zu entehren. Ist es hier nicht angebracht auszurufen: ›Aber man muß doch verrückt gewesen sein, um derartige Ungeheuerlichkeiten zu begehen!‹, und diesen Schrei des entrüsteten Gewissens finden wir durch die Krankheitsstudie gerechtfertigt. In der Tat sind die Prinzen, über welche wir genaue Auskünfte einholen konnten, in der Mehrzahl Erbprinzen, entweder von Wahnsinn oder von konvulsivischer Nervenkrankheit befallen worden.«[22]

Die Beredsamkeit wütet gegen die Entgleisungen. Beschließt ein Verschwender, seinen Fehler durch den Tod reinzuwaschen, sind Protagonist und Erzähler gemeinsam erschüttert: »Seit einigen Tagen war auf den Fliesen des Leichenschauhauses die Leiche eines jungen Mannes von recht vornehmem Aussehen zur Schau gestellt, dessen Kleidung einen wohlhabenden Stand verriet. Gestern nachmittag stürzten zwei Personen in diese Totenruhestätte, und die eine von ihnen rief, nachdem sie den Leichnam betrachtet hatte, mit einem schmerzlichen Ausdruck des Kummers aus: Der Unglückliche! Er ist es!

Dieser Ausruf wurde von den anwesenden Neugierigen vernommen, und die zwei Personen, die ihre Aufmerksamkeit erregten, traten in die Kanzlei ein.

Hier sind die Einzelheiten, die wir über den jungen Mann, dessen

Leiche sie einfordern kamen, erfahren haben.

Er heißt B. und arbeitet als Gehilfe in einem Tuchwarengeschäft in der rue Thibautodé. B. verschwand vor einiger Zeit und schrieb an seine Freunde einen Brief, in dem er die Motive erklärte, die ihn dazu veranlaßten, sich das Leben zu nehmen.

›Ich habe unglücklicherweise eine Neigung zur Verschwendung; dieser Fehler, den ich nicht bezwingen kann, verleitet mich zu Ausgaben, die über meine Verhältnisse gehen. Ich könnte mich später (...) zu irgendeiner Tat verleiten lassen, die für meine Familie unehrenhaft wäre; ich will lieber Schluß machen, und wenn ihr diesen Brief erhaltet, werde ich nicht mehr sein.‹

B. hat sich in die Seine gestürzt, um seinen fatalen Entschluß auszuführen; sein Körper wurde nahe des Pont de Iena gefunden.«[23]

Es ist unnötig, wie Frédéric Soulié über die Mythologie der Gerichtschronik zu spötteln: »Es liegt nicht in der Absicht dieses Berichts«, so bemerkt er, »einen dramatisierten Artikel der *Gazette des Tribunaux* (Gerichtsblatt) abzugeben.«[24] Diese richtet sich nach der Sensibilität des Umfeldes, das an die Herrschaft der Worte glaubt; nach ihrer Strafexpedition brüsten sich die Henker Custines damit gegenüber ihren beipflichtenden Offizieren.

Bevollmächtigt

Konfrontiert mit dieser Schlagkraft, erscheint die Wirklichkeit armselig. Durchdrungen von ihren beschwörerischen Tugenden flickt die Sprache sie zurecht und wertet sie nach Belieben auf. Wenn Monsieur Prudhomme sich ausdrückt, zeichnet er eine Jubellandschaft; alles trägt in ihr zu Ökonomie und Ordnung bei, alles erweist sich dort als Umsicht und Regelmäßigkeit. Die französische politische *Rede* vom Ende des 19. Jahrhunderts erbt diese Berufung zur Metamorphose. Die deklamatorische Formel dient ihr nicht zum Überzeugen, sondern zum Erzeugen. Denn die Technik, an die sich die neue Gesellschaft klammert, kommt ihren Ansprüchen nicht nach. Unbefriedigt von den Ausflüchten der Wissenschaft und der Trägheit der Manufakturen träumt sie von einer allmächtigen Maschine, die die Vollkommenheit, die rückschrittliche Glaubensauffassungen Gott zusprechen, auf die Erscheinungen überträgt. Kurze Zeit nach der Ankunft der

Bovarys in Yonville nimmt Herr Homais sie zur Besichtigung einer Leinenspinnerei mit: »Nichts indessen war weniger sehenswürdig als diese Sehenswürdigkeit. Ein großes Stück aufgewühltes Gelände inmitten der Äcker, auf dem durcheinander, zwischen Sand- und Steinhaufen, ein paar bereits verrostete Zahnräder lagen, umgab ein langes rechteckiges Gebäude mit einer Menge kleiner Fenster (...). Es war noch nicht ganz fertig gebaut, und durch die Dachsparren sah man den Himmel. Ganz oben am Giebelbalken hing ein Richtkranz aus Stroh und Ähren und ließ im kalten Wind seine blauweißroten Bänder klatschen. (...)

Homais redete. Er erklärte der *Gesellschaft* die künftige Bedeutung dieser Anlage (...), schätzte die Stärke der Bohlen, die Dicke der Mauern ab und bedauerte sehr, kein Metermaß dabeizuhaben, wie Binet eines für seinen persönlichen Gebrauch besaß.«[25]

Die Bourgeoisie erfindet eine analogische Sprache, ein geschlossenes System, das neben den Dingen verläuft. Durch die Weitschweifigkeit ihrer Kommentare gelangt sie zur Enthaltsamkeit. Wenn die Franzosen des Fernen Ostens sich über die örtlichen Schandtaten auslassen, ergötzen sie sich an schlüpfrigen Darstellungen. Glauben Sie, sie leben in Sodom? Oder daß diejenigen, die ins Garn gehen, sich darauf etwas einzubilden wagten? Die Einheimischen, die dieser Schande regelmäßig anhängen, sind von erprobter Diskretion. »Ich habe einen alten Chinesen sehr gut gekannt – Herrn Océan! –, dem ich den größten Teil der Auskünfte verdanke, die ich mir über diese interessante Frage verschaffen konnte. Als ich ihn das erste Mal fragte, ob er sich hin und wieder vergnügt hatte, gemäß dem Worte des Petronius, ›bei seinesgleichen dem Mittagsmahl des Vortages entgegenzugehen‹, verwahrte er sich zuerst entrüstet dagegen, dann ließ seine Verteidigung allmählich nach, und schließlich gestand er lächelnd seine Schwäche ein, wobei er bitter bedauerte, daß sein Alter, seine körperlichen und vor allen Dingen geldlichen Möglichkeiten ihm nicht mehr erlaubten, diese Art von Zerstreuungen fortzusetzen.«[26]

Von der Sexualität zu sprechen, das ist umgekehrt auch eine Art, ihren Spannungsüberschuß freizusetzen und ihre Ausübung zu begünstigen; doch da sie explosiv ist, belegt man sie gleichzeitig mit Verbot. Sollten denn unsere verkommenen Landsleute ein gutes Gewissen haben, die den Bericht mit der Tat verbinden und im Sumpf des Orients waten? »Es gibt (...) Freudenhäuser, wohin

Beamte nach dem Abendessen gehen, um pornographischen Darbietungen zwischen kleinen Jungen und kleinen Mädchen beizuwohnen. In Hanoi ist es nicht selten, daß man abends auf der Hauptpromenade um den See herum von Bengeln angehalten wird, die französisch sprechen – und was für ein Französisch, mein Gott! ›Herr Käptn, kommen zu mir, ich, ein schön schweinischer Straßenjunge!‹ –, das ist der Einleitungssatz.«[27] Es besteht kein Zweifel, daß diese Männer, wenn sie sich wieder nach Frankreich einschiffen, unter dem scheelen Blick moralisierender Philanthropen nur die Wahl zwischen der Frustration und der Heuchelei haben:

»... Trublot, der auf einem Kanapee neben Octave saß, beugte sich zu diesem hinüber.

– Übrigens, fragte er, soll ich Ihnen eine Einladung zu einer Dame verschaffen, bei der man sich amüsiert?

Und als sein Gefährte zu wissen wünschte, was für eine Art Dame das sei, setzte er auf den Gerichtsrat deutend hinzu:

– Seine Geliebte.

– Nicht möglich, sagte Octave bestürzt.

Langsam öffnete und schloß Trublot die Augenlider wieder. So war das eben. Wenn man eine ungefällige Frau heiratete, die von den Wehwehchen angewidert war, die man haben konnte, und die auf ihrem Flügel herumhämmerte, daß alle Hunde des Viertels krank wurden, dann ging man eben in die Stadt und scherte sich den Teufel um alles.

– Geben wir der Ehe eine sittliche Grundlage, meine Herren, geben wir der Ehe eine sittliche Grundlage, wiederholte Duveyrier mit seiner starren Miene und seinem entflammten Gesicht, in dem Octave jetzt das heiße Blut der geheimen Laster sah.«[28]

Die Lästerung

Stellen Sie sich einen kleinen Drecksbengel vor, der die Hand seiner Mutter losläßt, um seine Kameraden ins Gebüsch zu ziehen. Das ist der Anfang einer fatalen Verkettung. Man zeigt seinen Hintern, man spricht davon, man hält sich etwas darauf zugute. Beklagen wir die Nachtwächter, die jeden Tag das Laster und sein widerlichstes Produkt am Kragen packen, einen Diskurs, der dem entspricht, der sich entrüstet, ihn jedoch zur Sittenlosigkeit umlenkt.

Überall, auf dem Kommissariat und vor Gericht, gelingt es Raubmördern, die schöne Reden führen, bösartigen Tieren, Sie zu betören: »Der letzte Fall, der in dieser Sitzung verhandelt worden ist, hatte eine außergewöhnliche Menschenmenge angezogen; jeder wollte den verwegenen Dieb sehen, dessen Geschicklichkeit unsere ganze Stadt entsetzt hatte und dessen unerschütterliche Selbstsicherheit die Strenge langer Verhandlungen mildern sollte. Man kann sich von der wunderlichen Eloquenz, mit der er auf die Fragen des Vorsitzenden geantwortet hat, keine Vorstellung machen: es ist die ganze Schamlosigkeit der *Memoiren von Vidocq*, die ganze Unverschämtheit der Gefängnisse und Zuchthäuser.«[29]

Die Halunken begnügen sich nicht mit einer solchen Wirkung. Sie verbinden das Hassenswerte mit der Ehrfurchtslosigkeit und parodieren die innere Ruhe und erhabene Überzeugung der Unschuld. Adèle B., von hübscher Erscheinung, wälzt sich frühzeitig in der Gosse. In dem Alter, in dem man für Puppen schwärmt, zieht sie mit einem fünfzehnjährigen Arbeiter zusammen, den sie verdirbt. Man entdeckt sie, nimmt sie fest und befördert sie in die Anstalt. Sie erzählt ihre Abenteuer ohne die geringste Verlegenheit: »Es war sehr vergnüglich und sehr angenehm, und es ist schade, daß es so früh zu Ende gegangen ist.«[30] Ebenso legt der Priester Guigoz, als er wegen einer unzüchtigen Handlung verurteilt wird, gegenüber dem Spruch der Geschworenen absolute Gleichgültigkeit an den Tag.[31] Doch kommt es vor, daß soviel Dreistigkeit auf einer Autoritätsanmaßung beruht, die eine falsche Wissenschaft oder ein unbegründetes Ansehen einsetzt: »Vor allem ein Umstand hat die Entrüstung der Zuhörerschaft hervorgerufen: aus der Verhandlung ging hervor, daß er zu der jungen Rosalie, um zu erreichen, daß sie sich seinen infamen Begierden hingab, sagte: *Du beklagst Dich, krank zu sein, das wird Dich heilen;* und der Angeklagte ist nach eigenem Eingeständnis von einer der allergefährlichsten, verborgenen Krankheiten befallen.«[32] Einige Monate zuvor saß man über einen Volksschullehrer zu Gericht, der sein Amt dazu mißbrauchte, Schülerinnen zu verführen: »Welch entsetzliche Untat ... Die Verlesung dieser Anklageschrift hat im Gerichtssaal eine Entrüstung hervorgerufen, die allein die Achtung vor dem Gericht und das Mitleid, das man dem Unglück schuldet, haben in Schranken halten können.«[33]

Hohn

Mögen die Worte dem Gesetzesübertreter auch Widerstand leisten, er hat sie schnell umgangen. Sein Körper dient ihm als Ausdrucksmittel. Es gibt Aufsässige, die sich damit begnügen, die Gesetze und ihre Hüter durch Blicke zu verhöhnen: »Besagter Verdier, den man der Landstreicherei anklagt, trat heute vor der Strafkammer mit einer Schamlosigkeit ohnegleichen auf. Indem er seine Blicke unverschämt über das Gericht und die Zuhörerschaft schweifen ließ, schien er die Strenge der Richter und die Verachtung der Anwesenden herauszufordern.«[34] Aber es gibt auch Aufrührer, die alle Mittel der Physiognomie einsetzen. Dupuille, ein noch sehr junger Mann, der in einem Pferdekarren in Vincennes festgenommen wurde, entgegnete dem Richter, der ihn verhörte: »Ich stehle, das ist ein Gewerbe wie jedes andere.« »Das freche Lächeln, mit dem er der Macht seiner Richter zu trotzen und ihre Strenge herauszufordern schien, die verächtlichen Blicke, die er über die Zuhörerschaft schweifen ließ, bei welcher sein bloßer Anblick ein lebhaftes Gemurmel der Entrüstung hervorrief, der riesige Priem Kautabak, mit dem er sich absichtlich seinen Mund vollgestopft hatte, schließlich sein Verhalten während der Verhandlung, all dies zeigte an, daß dieser Wahnsinnige darauf bestand, sich sogar auf die Maßlosigkeit seiner Schande noch etwas einzubilden.«[35] Und das Maß ist voll, wenn der weit offenstehende Mund die Ordnung des Gerichtssaals erschüttert. Obgleich er gerade fünf Jahre eingesteckt hat, »bricht Dupuille in Gelächter aus und betritt mit einem Sprung das ans Gericht angrenzende Gefängnis«.

Subversion

Wir haben den Boden des Abgrunds noch nicht erreicht. Als man die junge Bertaut wegen Diebstahls zur Schau stellte, hat sie »die allerempörendste Frechheit an den Tag gelegt. Sie fuhr unablässig die Vorübergehenden mit den Worten an: *Bald werdet ihr euch zu mir gesellen.*«[36] So erklärt das die Oberhand zurückgewinnende Wort seine Absichten, spricht Recht an Stelle des Gesetzes und wendet die Ungeheuerlichkeit zur Norm. Die Alten hatten das Beispiel gegeben. Da sie die Neueren an Verkommenheit übertrafen, ließen sie sich nicht dazu herab, die Päderastie heimlich zu betreiben: »Die mit Recht und auf immer für ihre Aufgeklärtheit und Zivilisiertheit berühmten Griechen fielen durch ihre Ausschweifungen auf diesem Gebiet auf. Es gab unter diesem Volk nur wenige, die nicht von diesem schimpflichen Laster befleckt waren, aber, was noch bemerkenswerter ist, sie betrachteten diese Handlung kaum als eine verachtenswerte Sache, vielleicht könnte man sogar sagen, daß sie bei ihnen in Ehren stand.«[37] Sade trägt die Fackel weiter, während die dahinsterbende Aristokratie in der Ausschweifung eine Ablenkung von ihrer Dekadenz findet. Er stößt die Werte um, indem er das Böse mit der Natur und das Widernatürliche mit der Tugend verbindet. Die Bourgeoisie, die im Jahre 1801 sein Werk auf den Index setzt, kontrolliert nicht dessen Ausströmungen. Roch Ferré läßt sich zu Beginn des Jahres 1842 in Dampierre-sous-Brou, im Département Eure-et-Loir, als Volksschullehrer nieder. Bereits Ende April zwingt er an seiner Schule eingeschriebene Knaben, sich seiner Begierde zu beugen. Diese werden vom Untersuchungsrichter verhört. Der Angeklagte bestätigt ihre Aussagen voll und ganz und untermauert sie mit so fabelhaften Argumenten, daß seine Vergehen sozusagen dahinter zurücktreten: »Ich verstehe nicht, daß Sie mich wegen Vorfällen unter Anklage stellen, die mir völlig natürlich erscheinen. Die Vernunft kann billigen, was Philosophie und Moral verurteilen. Es stimmt, daß ich mich manchmal versteckt habe, um die Taten zu begehen, die Sie mir vorwerfen, doch geschah dies aus Furcht, daß man mein Verhalten schlecht auslegen könnte. Wenn ich diesen Austausch mit meinen Schülern nicht gehabt hätte, hätte ich mich von ihnen entfernt und mein Amt als Lehrer nicht mit dem gleichen Eifer verrichten können.« Alarmiert von soviel Überspanntheit fragt das Gericht um Rat an. Dr. Meunier aus Châteaudun drückt sich bestimmt aus: die Schamlosigkeit Ferrés bezeugt einen tiefen sittlichen Verfall und keineswegs Monomanie oder Idiotie.

Zu fünf Jahren Gefängnis verurteilt, legt der Lehrer Berufung ein. Die Richter von Chartres beantragen eine neue Untersuchung: Die Doktoren Lelong, Grellou und Mannoury geben alsbald ihre Ergebnisse bekannt: ein Mann, der so seine Schande rechtfertigt, ist geistig nicht gesund. Wie es Sade am Ende seines Lebens erfahren hat, ist das Schicksal des Lästerers die Irrenanstalt, aus der man niemals wieder herauskommt.

Ferré überschreitet entschieden das Maß. Die Pariser Ärzte Ferrus, Generalinspektor der Nervenheilanstalten, Forville, Chefarzt der königlichen Anstalt von Charenton, und Brierre de Boismont, Direktor einer privaten Anstalt für Geisteskranke, die damit beauftragt sind, den Streitfall zwischen Meunier und seinen Kollegen aus Chartres zu entscheiden, sprechen sich ohne Umschweife in deren Sinne aus. Enthüllen nicht die Aufseher der Conciergerie, die zuerst befragt wurden, daß Ferré, nachdem er sich der einsamen Lust hingegeben und sich bemüht hatte, seine Gefährten dafür zu gewinnen, die Meinung vertreten hatte, daß seine Machenschaften in keiner Weise tadelnswert wären? Als er daraufhin aufgefordert wurde, vor den drei Experten zu erscheinen, wiederholt er sein Bekenntnis:

»– Können Sie sagen, warum Sie verhaftet worden sind?

– Wegen Sittlichkeitsvergehen. Aber die, die mich haben festnehmen lassen, sind viel schlechter und schuldiger als ich. Was ich getan habe, ist nur eine Lappalie und war nicht der Mühe wert, daß man so viel Aufhebens machte.

– Sie übertreiben; man hätte sie sonst nicht verurteilt.

– Na gut! Ich legte die Hand auf ihr Geschlecht und betastete es.

– Geben Sie uns den Ort an, wo diese Handlungen stattgefunden haben.

– Am Fluß, wenn die Kinder baden gegangen sind.«

Will man noch mehr Beweise für den Wahnsinn Ferrés? Die Sachverständigen entdecken sie in seinen Vernehmungen in Chartres in Gegenwart des königlichen Staatsanwalts:

»Ich hatte Menschen glücklich gemacht. Das war es, was ich wollte. Indem ich diese geringfügigen Vergehen beging, nahm ich den Kindern einen bestimmten Gewissensdruck.« »Der Austausch, den ich mit meinen Schülern gehabt habe, ist von der Liebe herbeigeführt worden; aber diese Liebe hat sich auf so gegenseitige, so zarte, so feinfühlige Weise ausgedrückt, daß es zwischen uns weder zu Grobheiten noch zu Kränkungen oder Rohheiten gekommen ist.« Zudem überschreiten diese Spiele, dieses Drängen und diese Zärtlichkeiten in jedem Augenblick den beschränkten Raum der erotischen Beziehung. Sie stellen ein Zeugnis hervorragender Geistigkeit dar, »eine Erscheinung, die von der beiderseitigen Liebe zur Heimat und zur Ehre herbeigeführt worden ist«.[38]

Hier sind wir an einem Punkt, wo es keine Umkehr mehr gibt: die Bourgeois, die verbissen dem Ruhm nachjagen, betrachten sein

Abdriften in der Apokalypse der Phrasen. Wenn das Volk durch eine ausgesuchte Anmaßung es wagt, sich nach dem Geschlecht auch noch das erobernde Wort anzueignen, dann gilt es nicht mehr einzukerkern, sondern zu zerstören:

»Meine Herren Geschworenen (...). Ich bitte Sie nicht um Gnade, fuhr Julien mit fester Stimme fort (...). Mein Verbrechen ist abscheulich, und es wurde *mit Vorbedacht* verübt. Ich habe darum den Tod verdient... Aber auch wenn ich weniger schuldig wäre, so sehe ich mich doch Männern gegenüber, die ohne sich dabei aufzuhalten, was meine Jugend an Mitleid verdienen könnte, an mir jene Klasse von jungen Menschen strafen und für immer entmutigen wollen, die in einer niederen Klasse geboren und in gewisser Weise von der Armut unterdrückt, das Glück haben, sich eine gute Erziehung anzueignen, und die Verwegenheit besitzen, sich unter das zu mischen, was der Hochmut der reichen Leute die Gesellschaft nennt.

Das ist mein Verbrechen, meine Herren, und es wird um so strenger bestraft werden, als ich tatsächlich nicht von meinesgleichen gerichtet werde. Ich erblicke auf den Bänken der Geschworenen keinen wohlhabenden Bauern, sondern einzig entrüstete Bürger...«[39]

Canum More

»Die männlichen Prostituierten,
die man zuerst *Heilige* nannte,
wurden später in manchen Ländern
mit dem Namen *Hunde* belegt.«

P. Gordon, *L'Initiation sexuelle*

Im Jahre 1857 ist Ambroise Tardieu ein glücklicher Wissenschaftler. Als Krankenhausarzt, der dem Lariboisière-Hospital zugewiesen ist, als zugelassener Professor an der Medizinischen Fakultät von Paris, als Gerichtsexperte, als Autor geschätzter Werke und als hervorragender Mitarbeiter der *Revue d'hygiène publique et de médecine légale* (Zeitschrift für öffentliche Gesundheitspflege und Gerichtsmedizin) nimmt er mit Erfolg die doppelte Berufung der bürgerlichen Medizin wahr, indem er das eine Auge klinisch auf die Krankheit richtet, das andere rächend auf den Skandal: der unteilbare Blick des praktischen Arztes als Garant einer durch die miteinander verflochtenen Verirrungen, die Abweichungen der Natur und die Schlechtigkeit der Menschen bedrohten Ordnung.

Seit 1857 ist Dr. Tardieu ein überglücklicher Wissenschaftler: seine Bibliothek ist um ein Meisterwerk[1] bereichert, das ihm alle Weihen und im Jahre 1861 den Lehrstuhl für Gerichtsmedizin einträgt. Die *Étude médico-légale sur les attentats aux mœurs** (Gerichtsmedizinische Studie über die Sittlichkeitsvergehen) enthält zwei Hauptteile. Zuerst einmal eine dokumentierte Analyse, die übrigens wenig revolutionär ist, der unzüchtigen Handlungen an Frauen. Doch dann eine erschütternde Einführung in das, was der wissenschaftliche Diskurs der Zeit verwischt. Kein Gerichtsmediziner hatte sich wirklich für die sexuelle Inversion interessiert. Mehr noch: keine systematische, juristische, demographische oder historische Überlegung hatte sich mit dieser Materie befaßt. Man überrascht sie zu Anfang des Jahrhunderts in den medizinischen Enzyklopädien in einem Ton, der dem Bannfluch nahekommt.[2] Man begegnet ihr dort unter den verschiedenen Rubriken der Perversion: Befleckung, Onanie, Flagellation. Man

* Zwischen 1858 und 1878 sechsmal wieder aufgelegt, wurde sie ab 1859 beständig erweitert und wuchs von 176 Seiten auf 304 Seiten im Jahre 1873 an.

stößt vor 1855 in den Polizeiberichten hier und da auf eine Anspielung, manchmal auf ein kurzes Kapitel über »Erpresser«. Man hält in den großen gerichtsmedizinischen Zeitschriften einige Beobachtungen über die Päderastie fest, wie im Jahre 1844 anläßlich des Prozesses von Ferré. Man nimmt sie bei Balzac wahr, rätselhaft und hochmütig. Um sich zur Genüge zu äußern, verfügt sie nur über die geschlossenen Sitzungen der Gerichtsverhandlungen, und sie schmuggelt sich in die Kriminalarchive beinahe ein, wenn diese zufällig der Verbrennung oder der Plünderung entgehen. Sich in klarer Form über ein derartiges Thema auszusprechen, auf das Positive der Dinge, wie man damals sagte, abzuzielen, dies war eine Prüfung, die Ambroise Tardieu mit Tapferkeit bestand.

Es stimmt, daß die sozio-kulturelle Konfiguration nicht ungünstig war. Das Kaiserreich jagt unbarmherzig die Gesetzesübertreter aller Art. Im gleichen Jahr, nämlich 1857, zerrt es Baudelaire und Flaubert vors Strafgericht. Und hinsichtlich der Widernatürlichkeit setzt es der relativen Nachsicht der Julimonarchie ein Ende. »Von 1850 bis 1870«, schreibt François Carlier, der ab 1860 die Sittenpolizei leitete, »war die Repression so scharf, daß es Momente echter Panik gab.«[3] Im gleichen Jahre 1857 bringt Oberstaatsanwalt Barbier, als er gegen Richeux, den Geliebten und Mörder Bérards, dessen verstümmelte Leiche Tardieu untersucht hatte, Klage führt, die allerkühnste Vermutung vor: die Vorsehung wählt einen Henker, um das verbrecherische Opfer hinzuschlachten: »Doch sehen Sie, im Wesen dieses widerwärtigen Falles gibt es eine Lehre, die Sie nicht werden entkräften wollen. Gott erlaubt mitunter, daß die Bösen sich gegenseitig vernichten... Die einen erschlägt er durch die Hand eines Mörders inmitten der infamen Handlung, die die Gesetze der Natur beleidigt, ... und was das unreine Werkzeug dieses Opfers betrifft, so spart er es für eine exemplarische Bestrafung auf, er legt es zur höchsten Sühne in die Hände der menschlichen Gerechtigkeit. Sie werden das Werk Gottes und das Werk der Gerechtigkeit sich erfüllen lassen.«[4]

Dreck

Die Neugier der viktorianischen Gesellschaft geht nicht ohne Abscheu vonstatten, die sich beim Arzt, beim Fachmann und beim

Berichterstatter zur Tragödie wendet. Müssen sie nicht etwas von der Homosexualität wissen, um Polizei und Justiz zu helfen, die Ansteckung zu unterdrücken? Und müssen sie nicht gleichzeitig darüber schreiben, auf dem weißen Blatt einen Schmutz ausbreiten, dessen Greuel die weniger verantwortliche und labilere einfache Rede nur schwerlich erträgt? Die Feder, die sich aufrichtet, um das Dunkel zu durchsuchen, liefert den Schreiber dem Sumpf aus, zu dessen Bereinigung er angetreten war. Hier sitzt er nun angespannt und schaudernd und betreibt mit den Homosexuellen ein Spiel von Annäherungen und Ausweichmanövern, bei dem er Gefahr läuft, nicht unbeschadet daraus hervorzugehen. Man versteht, daß er sich wie ein Teufel windet: »... Unter denen, die sich zu Abscheulichkeiten haben hinreißen lassen, die sich meine Feder zu beschreiben weigert, wären hingegen nicht nur Bediente, sondern auch Leute der guten Gesellschaft, Eltern, Erzieher und Glaubensdiener zu erwähnen.«[5] Die Feder durchläuft aufeinanderfolgende Zustände von Schlaffheit und Versteifung, Schwankungen der Begierde hinsichtlich der verbotenen Frucht: sie läßt vor Schurken, die wie Mann und Frau in der Nacht der Gefängnisse verkehren, oder beim Anblick von Jünglingen, die dem Arzt einen übel zugerichteten Mastdarm enthüllen, an Spannung nach. Dann faßt sie sich wieder und wirft sich zur Streiterin für die Wahrheit auf. Wohl schwankt Dr. Reydellet im *Dictionnaire des sciences médicales* (Wörterbuch der medizinischen Wissenschaften) zwischen den Forderungen der Ethik und dem epistemologischen Eifer, »denn, wenn es auch unbedingt notwendig ist, das Laster zu entlarven und seine ganze Häßlichkeit fühlbar werden zu lassen, müssen doch die Mittel, die man verwendet, so beschaffen sein, daß sie die Schamhaftigkeit nicht verletzen«[6], aber Dr. Fournier-Pescay geht zwei Jahre darauf direkter zu Werke: »Ich habe eine Aufgabe erfüllt, die mir keineswegs angenehm ist, die jedoch in einem Werk wie diesem unumgänglich ist. Alle Tatsachen, die ich erwähnt habe, sind überall abgedruckt; bei ihrer Beschreibung ist meine Feder ebenso keusch geblieben wie die der Autoren der Genesis und der Bibel sowie die des heiligen Paulus, und wenn es jemand wagt, mir Anstößigkeit vorzuwerfen, so wird dieser Vorwurf nur seine Unwissenheit oder seine Unredlichkeit bezeugen.«[7] Der Aufklärungsprozeß beschleunigt sich mit der Gesellschaft des *Establishment,* die aus dem den Saint-Simonisten und Auguste Comte entnommenen technologischen Gebot Nutzen zieht, daß man wissen und voraussehen muß, um zu handeln, anders gesagt, um die anständigen Leute zu schützen: »In unserer Gefängnisordnung verdienen die Schlafsäle besondere Aufmerksamkeit: dort (...) besudeln sich verdorbene und abgestumpfte Wesen, die weder die göttlichen noch die menschlichen Gesetze geachtet haben, auch noch mit jenem scheußlichen Laster, das die Natur empört... Es soll uns jedoch erlaubt sein einzugestehen: wir veröffentlichen unsere Meinung zu diesem Thema nicht, ohne gezögert zu haben: ein Gefühl des Abscheus hielt uns zurück, und wir befürchteten das gleiche Gefühl bei unseren Lesern. Aber was denn! Ist die Öffentlichkeit nicht letztendlich aufgerufen, zu den Fragen, die die soziale Ordnung angehen, Stellung zu nehmen? Hat dann ein Schriftsteller, der sich mit diesen Fragen befaßt, eigentlich das Recht, ihr, selbst unter den edelsten Vorwänden, irgendeinen Teil der Wahrheit nachzulassen? Muß er im Gegenteil nicht nötigenfalls den persönlichen Widerwillen überwinden, um die ganze Wahrheit, wie sie auch aussieht, bekanntzumachen? (...) Diese Überlegungen haben mich entschieden.«[8]

Endlich kam Tardieu. Gewiß scheut er in einem Augenblick unendlicher Bestürzung zurück: »Könnte ich es doch vermeiden, meine Feder mit der niederträchtigen Verdorbenheit der Päderasten zu beschmutzen!« Indem er diese Klage Fodérés vorträgt, gibt Dr. Tardieu deutlich zu verstehen, daß es unmöglich ist, sauber über den Schmutz zu schreiben. Das ist sicherlich der Grund, warum sich keiner seiner Vorgänger ins Dunkel des Themas vorgewagt hatte: »Der Schatten, der diese Tatsachen einhüllt, die Scham und der Ekel, den sie einflößen, haben von jeher die Blicke der Beobachter davon ferngehalten.«[9] Ist dies das Scheitern? Nein, nicht im Jahre 1857, im Eisenzeitalter, als sich die Wohnungen der Bourgeois zum Ruhme der Schmiedemeister mit Balkonen verzieren. Man weicht nicht zurück, nun da sich die Zivilisation der Panzerung auftut; und dank den Fortschritten der Pharmakologie die der Anästhesie. Jetzt schießt Professor Tardieu im Namen der triumphierenden Wissenschaft los: »Ich habe lange gezögert, die abstoßende Schilderung der Päderastie in diese Studie aufzunehmen; aber ich konnte nicht umhin, zu bedenken, daß sie eine unentbehrliche Ergänzung und zugleich den am wenigsten bekannten Teil bildet. Ich habe mich also entschlossen, dieses traurige Thema nicht nur nicht mit Stillschweigen zu übergehen, sondern ihm sogar Ausführungen zu widmen, die ihm bisher noch kein Autor, sei es in Frankreich oder im Ausland, hat zukommen lassen.«[10]

Die mit treuherziger Wissenschaftlichkeit gewappnete Feder kann sich in den Sumpf wagen. Um ihn von innen kennenzulernen, schreckt der Arzt, der so tut, als sei er Ethnologe, nicht davor zurück, »sogar die Sprache der verkommenen Wesen«[11] zu entlehnen. Seinen ledigen Pseudo-Kollegen ausgenommen, der unausbleiblich subjektiv oder objektiv zum Komplizen der Päderasten wird, ist er der unbestechliche und unerbittliche Zuschauer ihrer Sittenlosigkeiten. Am 24. Januar 1885 erhält Dr. Garnier den Besuch eines jungen Mannes von vierundzwanzig Jahren (Fall 225), der fast bartlos ist und über Schmerzen am Gesäß klagt: »Ich untersuchte die Schleimhaut mit dem Zeigefinger, als eine spontane Ejakulation weithin *ohne jede Vorbereitung* ausgestoßen wurde.«[12] Diese letzten Worte beruhigen; bei Sade verbreiteten sie Schrecken. Am 6. Juni wundert sich ein Künstler (Fall 16), bei der Ausübung des Koitus unter günstigen Bedingungen keinerlei Lust verspürt zu haben: »Die Untersuchung war notwendig. Auf meine Anfrage erklärt er sich dazu nicht imstande: *Ich habe eine Erektion. – Umso besser, wir können dann noch umfassender urteilen.* Und er zeigt einen in jeglicher Hinsicht äußerst umfangreichen Penis vor. Keine bemerkenswerte Veränderung in diesem Zustand priapistischer Spannung, und gleich zu Beginn dieser Untersuchung findet eine reichliche Ejakulation statt, ohne die geringste sichtbare Konvulsion, *wie bei den unfreiwilligen Samenergüssen.*«[13]

Diese letzten Worte besänftigen. Dennoch ist, was die Schrift auf das unberührte Papier bringt, geeignet, selbst den abgehärtetsten Gemütern Übelkeit zu verursachen: Dreck, die Umhüllung des Leibes der Päderasten, eine nicht zu entfernende Schicht, die umso abscheulicher ist, da sie sich unter viel Schmuck und Putz, Gaze und Verkleidungen verbirgt: »Gelocktes Haar, ein geschminktes Gesicht, offener Kragen, eine Taille, die so geschnürt ist, daß die Formen hervortreten, Finger, Ohren und Brust mit Schmuck beladen, die ganze Person strömt den Geruch der aufdringlichsten Parfums aus und in der Hand ein Taschentuch, Blumen oder eine Nadelarbeit, so sieht die abstoßende und mit gutem Recht verdächtige Physiognomie aus, die die Päderasten verrät. Ein nicht weniger charakteristischer Zug, den ich hundert Mal beobachtet habe, ist der Kontrast dieser falschen Eleganz und dieses äußerlichen Kults der Person mit einer schmierigen Unsauberkeit, die allein genügen sollte, diese Elenden von einem fernzuhalten.«[14] Ein der bürgerlichen Empfindung widerlicher Dualismus. Diese ist für keinen Pfennig platonisch, sie weist die Dichotomie der Erscheinung und des Wesens zurück. Der Reichtum ist eine Substanz, aus der notwendig diese Attribute hervorgehen: die Tafel, die Kleidung, die Moral. Aber da die Realität mehr verspricht, als sie hält, würde die herrschende Klasse, die eher dem Gold als dem Bargeld, eher den Steinen als den beweglichen Gütern vertraut, gern die Form dem Inhalt opfern, wenn sie nicht ihr Ansehen zu bewahren hätte. Daher scheint ihr die Umkehrung der Werte – Sauberkeit zeichnet das Äußere aus, während das Innere in Niedertracht verkommt – auf dem allerbeleidigendsten Hohn zu beruhen. Um die Schmach abzuwaschen, greift sie nicht nur auf die Strenge der Gesetze, sondern auch auf die der Definitionen zurück; sie setzt die Invertierten mit der Materie gleich, Produkte des Zerfalls und der Zersetzung des Lebens, genauso wie der Schmutz, den sie ausschwitzen. Canler, ein feiner Kenner, der zwanzig Jahre lang die Tunten befragte und bedrängte, behauptet: »Der Körper, der unter den Kleidern verborgen wird, wird nie gebadet; die Hände, die weiß, zart und wohlgepflegt wirken, stechen von Armen ab, die schmutziger sind als die eines Schornsteinfegers. Diese Wesen lassen sich nur mit übertünchten Gräbern vergleichen, die außen zwar völlig sauber sind, jedoch nur Fäulnis in sich bergen.«[15] Durch die methodische Untersuchung der Päderasten schließt Dr. Tardieu auf die Verbindung der Künstelei, der Materie und des Schmutzes. Innerhalb dieser abstoßenden Trilogie verweist ein Begriff auf den anderen. Die Koketterie zeigt den Dreck an. Unter dem Dreck entfaltet sich das Hinterteil, als reines Objekt, als genommenes und besessenes Ding: »Besagter J. B., bei dem die heuchlerische Miene, das bartlose Gesicht, das frisierte Haar und die äußerste Schmutzigkeit etwas Charakteristisches haben, leugnete vor unserer Visite hartnäckig, daß er sich widernatürlichen Handlungen hingegeben habe. Er gab sogar vor, nicht zu begreifen, worin sie bestehen könnten. (...) Die Öffnung des Anus ist sichtlich erweitert, und es genügt, die Hinterbacken auseinanderzuspreizen, um zu sehen, inwieweit der Schließmuskel gelockert ist (...).

Nachdem unsere Untersuchung beendet war, gestand der Beschuldigte B., daß er die Annäherungen eines Mannes erduldet hatte.«[16]

Gleichwohl gibt es Päderasten und Päderasten, *Arbeiterinnen* oder *Anschafferinnen,* die, aus den untersten Volksklassen stammend, sich auf dem Trottoir verkaufen, und Herren der besten Gesellschaft, die, mit Kölnisch Wasser eingerieben, oben wie unten tadellos gekleidet sind. Kommissar François Carlier beschwört vergeblich die Einstimmigkeit des öffentlichen Urteils über die widernatürlichen Schandtaten[17], die Gleichheit der Schurken, ob Proletarier oder Eigentümer, vor der Justiz und der strafrechtlichen Verfolgung[18], das Klassenbewußtsein kommt doch durch, wenn sich Tardieu die Frage stellt: durch welche eigentümliche Perversion läßt man sich auf Verkehr mit Kreaturen[19] ein? Aber entscheidet er nicht selbst? Die Auflösung des Anstands deutet auf eine tieferliegende Zerrüttung der Sitten hin: »Ich behaupte nicht, begreiflich zu machen, was nicht zu begreifen ist, und die Ursachen der Päderastie zu durchdringen. Indessen ist es erlaubt, sich zu fragen, ob es in diesem Laster noch etwas anderes als eine moralische Perversion gibt (...). Allein die zügellose Ausschweifung, die übersättigte Sinnlichkeit können Gewohnheiten der Päderastie bei verheirateten Männern, bei Familienvätern erklären und diese widernatürlichen Verleitungen mit der Neigung für die Frauen versöhnen.«[20] Der Schmutz wäre also Angelegenheit der Seele; er verwiese auf ein Wertsystem, bevor er die Intimhygiene betrifft.

Außer für die Päderasten hat der Schmutz eine Vorliebe für die Gefängnisinsassen[21], die Masturbanten, die fellierenden Heterosexuellen und die Huren: »Eines der Hauptmerkmale der Prostituierten ist eine bemerkenswerte Nachlässigkeit in allem, was die Sauberkeitspflege angeht, sowohl des Körpers als auch der Kleidung; Ausnahmen von dieser Regel können als selten betrachtet werden: Man könnte meinen, daß diese Frauen sich in Schmutz und Dreck gefallen; sie achten nur auf das, was sie äußerlich schmückt und bedeckt, der Rest wird völlig vernachlässigt. Wenn sie mit der Öffentlichkeit nichts mehr zu tun haben und ihren Blicken nicht mehr ausgesetzt sind, macht es ihnen nichts aus, zerfetzte Kleider oder sogar überhaupt keine anzuhaben; sie bezeugen nicht den Wunsch, weiße Wäsche zu erhalten, und nur in der äußersten Not reinigen sie die, die sie besitzen. Diese bis zum

Exzeß getriebene Unsauberkeit bemerkt man besonders bei den Mädchen, die bei den Hausdamen sind und die oft, was Schmuck und Eleganz anbelangt, mit dem wetteifern, was die Gesellschaft an Erlesenstem bietet. Soll man sich darüber wundern? Es sind die ärmsten Prostituierten und auch die mittellosesten.«[22] Bei den Frauen von schlechtem Lebenswandel gleicht sich die Kleidung dem Körper an, sie nimmt dessen Schande an, weil sie Tand und Notbehelfe voneinander scheidet wie das, was man besitzt, von dem, was man entleiht. Doch das Eigentum ist im 19. Jahrhundert gegen Flecken unempfindlich. Was nahelegt, daß weder der Körper noch die Kleidung der Hure in Frage stehen, daß sie andernorts dreckig ist, dort nämlich, wo das Bewußtsein wohnt. Und tatsächlich wissen wir, daß diese Unglücklichen im Jahre 1830 sauberer sind als die allerfeinsten der ehrenhaften Damen, daß sie sich mit Leidenschaft waschen und sogar so weit gehen, jeden Tag ein Bad zu nehmen: »Das gesunde Äußere vieler Prostituierten und ihr ausgezeichneter Gesundheitszustand fallen all denen auf, die sie in der Masse betrachten und sie in recht großer Zahl an irgendeinem Ort versammelt sehen (...). Dieses recht auffällige gesunde Äußere ist auf die große Anzahl von Bädern zurückzuführen, die die meisten von ihnen nehmen.«[23] Dr. J. Jeannel, ein Epigone aus Bordeaux von Parent-Duchatelet, bemerkt, als er den Tagesablauf der Mädchen* genauer darlegt, daß ihre Körperpflege »unablässig und sorgfältig« ist: »Sie baden sich sehr häufig, fast immer daheim.«[24] Trotzdem vergißt Dr. Jeannel bei der Visite nicht, das Spekulum mit Olivenöl zu bestreichen, das mit einem halben Zentimeter Bittermandelessenz aromatisiert ist: »Diese Essenz, deren Gebrauch ich empfehle, beseitigt vollkommen den manchmal abstoßenden Geruch der Vagina und ersetzt ihn durch einen angenehmen Duft.»[25]

Nach einer langen Reise, auf der er zuerst die Feder des Schriftstellers bedroht und sich dann auf der Fährte der befleckten Tunten verirrt, bekennt der Schmutz sein wahres Wesen – die sittliche Verderbtheit, die bei den Päderasten zu einer solchen Verworfenheit getrieben ist, daß es ihr gelingt, den Eifer der

* Nachdem sie gegen zehn oder elf Uhr aufgestanden sind, nehmen sie ein Gabelfrühstück ein, bringen Stunden mit dem Ankleiden zu und setzen sich mitunter ans Klavier.

Wissenschaftler zu erschöpfen. Von der Visite des einen zur Auskultation des anderen wiederholt sich ihr Leidensweg, der umso schwerer ist, als sie, um zu verstehen und verstanden zu werden (von der öffentlichen Meinung, der Staatsmacht), es vorziehen, in lebender Sprache zu schreiben und den Schmutz Wort für Wort wiederzugeben: »Was die Arbeit um vieles mühseliger gemacht hat, als sie es gewesen wäre, wenn ich in Latein geschrieben hätte, das ist die Schwierigkeit, Bilder auszudrücken, deren Begriffe und Ausdrücke durch das Herkommen für anstößig erklärt werden.«[26]

Den allzu empfindlichen Beobachtern bleibt eine Zuflucht: die Übersetzung, die den Mittelweg zwischen dem Bericht und dem Verbergen darstellt. Im Jahre 1896 schickt sich Dr. Laupts angesichts gewisser Gewohnheiten der Invertierten an, um Gnade zu flehen, als eine tote Sprache, das Latein, welches die Begierde entschärft und sublimiert, ihm hilft, die Schranken der Scham zu durchbrechen: »Das zitierte Werk von Dr. Moll enthält ein seltsames Beispiel eines Fellierenden, der extra ein Reglement von zwanzig Paragraphen für seinen Geliebten zusammengestellt hat; (er) sollte ihn auf jede nur vorstellbare Art mißhandeln, methodisch und mit Vorbedacht. Paragraph 14, zum Beispiel, befiehlt eine so abscheuliche Sache, daß man sie nur lateinisch zitieren kann: *Denudas te ipsum eumque. Deinde collocas te in ventrum, alterque pedes tuos lingua lambere debet, praecipue inter digitos et plantum longum tempus. Si erectionem habes, decumbis eo modo ut alter una manu membrum tuum alteraque testiculos tuos fringat, eodem tempore nates tuas lambere debet linguamque immitere in anum tam profonde quam potest quoad ejaculationem seminis habes.*«*

Dr. Tardieu kneift selten, obwohl er bei gewissen Gelegenheiten eine lateinische Umschreibung einführt: »*Qui manustupro dediti sunt* casse-poitrine *appellantur. Cognomine* pompeurs de dard *sive* de noeud *(id est turpissima penis significatio) designantur qui labia et oscula obscenis blanditiis praebent. Foedissimum tamen et*

* »Ziehe Dich ebenso wie Deinen Gefährten aus. Dann lege Dich auf den Bauch, und er soll Dir lange die Füße lecken, vor allen Dingen zwischen den Zehen und an der Fußsohle. Wenn Du eine Erektion bekommst, lege Dich so hin, daß er mit einer Hand Dein Glied und mit der anderen Deine Hoden reibt, gleichzeitig soll er Dir die Hinterbacken lecken und seine Zunge so tief wie möglich in Deinen After einführen, bis Du ejakulierst.« *(Perversion et perversités sexuelles,* Paris, Carré, 1896, S. 198 f.)

singulare genus libidinosorum vivido colore exprimit appellatio renifleurs ...«[27]*

Aber es ist nicht wie beim Theologen, der lediglich Beichtväter belehren und dem Beichtkind die schimpflichen Teile oder die Rezepte der Lust verbergen will. Pumper, Knoten, Penis, Schnüffler usw.: ein Priester hätte sich beeilt, diese Worte zu übersetzen, um den Schleier auszubreiten, den Tardieu sich vornimmt zu lüften. Weit entfernt, das Lesen zu verhindern, dramatisiert es das Latein hier noch. Die Feder zu wechseln, einen Augenblick aufs Französische zu verzichten, ist das nicht eine Form, das Aufgeben des Arztes zu unterstreichen?

Das Tier

Gefüllt mit Dreck geht der Invertierte den Weg der Materie, Verwesung oder Exkrement, Energieverfall, gemäß der thermodynamischen Mode, die dem 19. Jahrhundert so teuer ist. Doch dieser Schmutz trägt Bewegung in sich, er atmet, er schwärmt aus und widersteht den Maßnahmen der Gesundheitspflege. Der Widerspruch ist nur scheinbar. Zwischen Mensch und Materie gibt es das Tier, ein operatives Modell, das es einer ordnenden Gesellschaft erlaubt, die Päderasten an ihrem Platz im System der Lebewesen unterzubringen.

Im klassischen Zeitalter läßt der Gegensatz von Vernunftmensch und Tiermaschine an den Grenzen des Denkens die unbezähmbaren Kräfte, die Sinne, die Gelüste, die trügerische Vorstellungskraft gedeihen. Die Tierwelt bezeugt eine ähnliche Unbestimmtheit. Da sind die Maultiere, Nachkommen ungewöhnlicher Kreuzungen, und die Monstren, die einen Anschlag auf die natürliche Ordnung verüben. Geschickte Experimentatoren wie Spallanzani oder Bonnet beabsichtigen allen Ernstes, einen Hund und eine Katze, einen Kater und ein Kaninchen zu paaren. Bourgelat, der Generalinspektor der Veterinärschulen, rühmt sich, »Jumarren« besessen zu haben, die aus eigentümlichen Paarungen

* »Diejenigen, die sich der Masturbation hingeben, werden *Brustknacker* genannt. Man bezeichnet als *Pfeilpumper* oder *Knotenpumper* (dies ist der Name des Penis) jene, die ihre Lippen und ihren Mund zu infamen Zärtlichkeiten hergeben. Doch der scheußlichsten und seltsamsten Art von Wüstlingen gibt man die malerische Bezeichnung *Schnüffler.*«

hervorgegangen sind: eines Stiers und einer Stute, einer Kuh und eines Esels, einer Eselin und eines Stiers. Der Rationalismus des 18. Jahrhunderts pflegt nicht ohne Entsetzen diese veralteten Vorstellungen.

Das 19. Jahrhundert stimmt den Aussöhnungen nicht mehr zu. Um die Natur zu beherrschen und sie den Interessen des expandierenden Kapitalismus zu unterwerfen, ist es wichtig, jede Ungewißheit, jeden Herd der Unsicherheit auszumerzen. Die Biologie naturalisiert die Monstren. Chateaubriand, schreibt Etienne Geoffroy Saint-Hilaire, betrachtet sie »als einiger ihrer Endzwecke beraubt: es sind, so fügt er hinzu, ebensoviele Proben jener Zufallsgesetze, die nach den Atheisten das Universum erzeugen müssen. Gott hätte diese Hervorbringungen der Materie gestattet, um uns zu lehren, was die Schöpfung *ohne ihn* ist. So hätte sich die Hand Gottes, die in der Hervorbringung der regelmäßigen und vollkommenen Wesen offenkundig ist, von den Wesen der Ungeheuerlichkeit zurückgezogen, bei denen man höchstens Alters- und Artunterschiede wahrnehmen kann und die zu existieren scheinen, um die sehr große Eignung und die Unendlichkeit der Mittel des Baues für die Mannigfaltigkeit zu zeigen? So würde die Hand Gottes in keiner Weise in die Hervorbringung der letzteren eingreifen, die hingegen nicht weniger als die ersten einer festen Regel unterworfen sind, aber bei denen nur eine andere Regel, eine neue Ordnung und nicht weniger zahlreiche und durch ihre kunstvolle Verflechtung bewundernswerte Tatsachen die Regeln, Ordnung und Anordnung dessen ersetzen, was wir, nach unseren Gewohnheiten und unserem Kenntnisgrad urteilend, den Normalzustand nennen? Montaigne, der zu anderen Schlüssen als Chateaubriand gelangt ist, scheint uns im Kreis einer unabhängigeren Philosophie glücklicher aufgehoben. Er soll sich ständig vor der *sogenannten* Philosophie der Endzwecke in acht genommen haben, deren geringster Nachteil für den, der sie annimmt und sich ihr anvertraut, der ist, ohne Auftrag zu handeln und sich zum Interpreten unvollständig beobachteter und folglich gegenwärtig unerklärlicher Tatsachen aufzuwerfen.«[28]

Indem sie so das Mannigfaltige ins Eine und das Andere ins Selbe fließen läßt, führt die Biologie zu größeren Gefahren: der Anregung zu jeglicher Unordnung, der Krise der Autorität, der Plünderung der Reichen unter dem Vorwand von Ungeschiedenheit und Einförmigkeit. Daher wird die Wissenschaft zunächst den Menschen seinem Parasiten entreißen, dem Tier im Menschen, diesem Zwitterwesen, das für das Gefühl ebenso abstoßend ist wie für den klassifizierenden Verstand. Nun ist das wilde, geduckte Tier in uns, das stets bereit ist aufzuspringen und zu reißen, die Begierde.

Verwechseln Sie sie nicht mit dem Instinkt, dem wohltätigen Gehilfen der Zeugungskraft. Der vitalistische Optimismus bildet hier das Gegengewicht zu den finsteren Perspektiven der Entropie. Die Natur ist ein Dschungel, in dem sich die Kompetenzen messen, ein Pandämonium, in dem die Störungen aufeinanderprallen. Doch siegt die Fruchtbarkeit letztendlich über den Tod. Dr. Pascal, der auf der von ihm erstellten Ahnentafel der Rougon-Macquart den Gang des erblichen Leidens, die schreckliche Bilanz der Sterblichkeit und des Verfalls der Familie abliest, vertraut dem *unbekannten Kind* die Sorge an, seinen Stamm wieder in den Elan der siegreichen Evolution zurückzuführen.

Dieser erhabenen Bestimmung spielt die Begierde einen Streich, der rebellische Instinkt, der durch die Hinterhalte der Wollust von seinen Zielen, Tätigkeiten und Leistungen – den stolzen Devisen der industriellen Gesellschaft – abgelenkt worden ist; einer Wollust, die sich an sich selbst berauscht, die sich von ihren Trugbildern nährt und sich ihre Ökonomie, ihre Werte und ihre Produktionsweisen abseits oder vor der Nase der sozialen Gemeinschaft selbst schafft. Unter ihrem höllischen Einfluß sammeln sich die Rasereien der Ausschweifung und der Heißhunger nach Lust. Der verdorbene, in seinem Bett zusammengekrümmte Jüngling, der sich seinem Laster hingibt; der junge Wüstling, der seine Heldentaten aus Viererpartien oder seine »Erfolge mit verheirateten Frauen, die ihm Schanker und Drüsengeschwulste eingetragen haben«[29], erzählt; der Schamlose, der sich mit seiner Gefährtin, mag sie auch seine rechtmäßige Frau sein, gewissenlosen Launen hingibt, sie von hinten nimmt, von ihr schmutzige Dienste – oraler, lingualer, manueller Art – fordert und ihr Demütigungen auf Wiedervergeltung auferlegt; ebensoviele Verirrte, die den Päderasten in ihre Hölle nachfolgen: »Sind der Liebhaber, der sich dem klitoralen oder vaginalen Saugen an seiner Geliebten hingibt, welche es dafür in einem Anfall erotischer Leidenschaft, wenn nicht gar, um die Fortpflanzung zu vereiteln, an seinem Penis ausübt, nicht zwei Männern oder zwei Frauen ähnlich, die sich wechselseitig der gleichen Greueltat hingeben?«[30]

Im Takt der biologischen Teratologie, die der Wiedervereinigung der Lebenden vorsteht, entsteht eine menschliche Teratologie, die von der bürgerlichen Gesellschaft mit der entgegengesetzten Funktion betraut ist: der Kategorisierung der Verschleuderer des Instinkts, der Einführung einer Nosologie der Übertretung. Dem Mediziner obliegt es, sich darum zu kümmern: weil er Macht über den Körper hat, kontrolliert er die Schäden der Begierde. Wie der Inquisitor auf der Haut der Hexe die Stelle isolierte, wo der Fehler geschrieben stand, liefert der unfehlbare Arzt die anatomischen Beweise der Verirrung der Gelüste. Parallel zum Aufschwung einer klinischen Symptomatologie wohnt man der Entstehung einer sexuellen Stigmatologie* bei. Die Medizin entdeckt die Mischung der Gattungen wieder. Der entstellte Mensch dementiert die Phylogenese. Durch einen Sprung zurück überschreitet er die Schwelle der Art und bestätigt, daß die Hominisation ein Ganzes ist, daß die unteilbare Größe des Eigentümers sein Guthaben an seine Konstitution und diese an seine Würde anpaßt.

Tatsächlich ist Dr. Tissot in der zweiten Hälfte des 18. Jahrhunderts der Initiator.[31] Unter den verhängnisvollen Folgen der Onanie – »Schwächung aller körperlichen Sinne und aller Seelenvermögen; Verlust der Vorstellungskraft und des Gedächtnisses; Geistesschwäche; Verachtung, Schande und Schmach, die sie nach sich zieht; alle Körperfunktionen gestört, ausgesetzt, schmerzhaft; lange, beschwerliche, seltsame, abstoßende Krankheiten; heftige und immer wieder auftretende Schmerzen; alle Leiden des Alters in der Blüte der Jugend; Untauglichkeit zu allen Beschäftigungen, für welche der Mensch geboren ist; die demütigende Rolle, der Welt eine unnütze Last zu sein ...«[32] – hebt er die Regression aufs Animalische hervor. Wie ein Ungeheuer, das im Begriff ist zu krepieren, verlor L. D. »oft ein blasses, wässeriges

* Inspiriert vom Entsetzen entdeckt die bürgerliche Sexualwissenschaft gleich zu Beginn den Polymorphismus der Begierde. Garnier könnte diese Analyse von Guy Hocquenghem übernehmen: »Homosexuelles Verlangen: dieser Begriff ist nicht selbstverständlich. Es gibt keine Unterscheidung des Verlangens in Homosexualität und Heterosexualität. In strengem Sinne gibt es nicht mehr homosexuelles Verlangen, als es hetereosexuelles Verlangen gibt. Das Verlangen tritt in vielfältiger Form hervor, deren einzelne Bestandteile nur im Nachhinein trennbar sind, nur als Folge der Behandlungen, denen wir dieses Verlangen in seiner Gesamtheit unterziehen.« (*Le Désir homosexuel,* Paris, Editions universitaires, 1972, S. 12; *Das homosexuelle Verlangen,* übersetzt von Burkhart Kroeber, München, 1974, S. 10.)

Blut aus der Nase, Geifer trat ihm in einem fort aus dem Mund; von Diarrhöe befallen, gab er seine Exkremente im Bett von sich, ohne es zu bemerken...«[33] Im 19. Jahrhundert insistieren die Kommentatoren gleichfalls auf der Zusammengehörigkeit von Masturbanten und Tieren: »Es sind Erscheinungen widerlicher Tiere, lächerlicher Ungeheuer, kurz jener phantastischen Wesen, die die Vorstellungskraft in mehr oder minder lasziven Haltungen heimsuchen und deren Anblick, indem er auf die Geschlechtsorgane einen lebhaften Reiz ausübt, den Samenerguß herbeiführt, welche von jenen Schwächegefühlen, jener allgemeinen Mattigkeit begleitet ist, die wir weiter oben angezeigt haben.«[34] Mitunter tritt ein Verhalten der Selbstaufgabe auf, Stumpfsinn: »Dieser zu vollständiger Geistesschwäche gebrachte Unglückliche kam, wo er sich auch befand, den Bedürfnissen der Natur nach. Sein Körper strömte einen besonders ekelerregenden Geruch aus; seine Haut war fahl, seine Augen waren eingefallen, seine Zunge war zittrig.«[35] Fast immer ist das Tier gegenwärtig. Etwa bei den Schäfern: das Schaf, das zuerst Zeuge ihrer schmutzigen Praktiken ist, erweist sich als lästig, wenn sie nurmehr ihrer Leidenschaft gehorchen: »Ein Schäfer aus dem Languedoc, Gabriel Gallien, gab sich seit dem Alter von fünfzehn Jahren der Masturbation hin und wiederholte diese Handlung bis zu acht Mal am Tag.« Als er mit sechsundzwanzig Jahren verbraucht und abgestumpft ist, kommt er auf den Gedanken, sich die Harnröhre mit einem ungefähr sechs Zoll langen Stab zu reizen, wohl seinem Arbeitswerkzeug. Jahre vergehen; der Stab büßt an Zauber ein. »Er wurde melancholisch und vernachlässigte seine Herde, da er nur über Möglichkeiten nachsann, seine Begierden zu stillen.«[36]

In Stadtnähe vollenden sich diese Metamorphosen mit dem Auftreten der Straßendirnen, Prostituierten der scheußlichsten Art, die so verworfen sind, daß sie in den Häusern nicht aufgenommen werden und den Kontakt mit ihren patentierten Kolleginnen fürchten. Alles läßt sie den räudigen Katzen, den streunenden Hunden, den Ratten der Abwasserkanäle ähnlich werden. Sie machen nachts in verlassenen Gegenden an: man könnte meinen, sie scheuten das Licht; durch eine Affinität, die zu erwarten war, »stecken sie oft mit den Päderasten unter einer Decke«.[37]

Setzen wir die Eskalation fort. Bei den blutrünstigen Rohlingen, die ihre Triebe an kleinen wehrlosen Mädchen auslassen, entsprechen die Gesichtszüge dem Aussehen wilder Tiere: »An einem Tag im letzten Juni spielte ein kleines Mädchen von neunzehn Monaten vor dem Haus seiner Mutter. Diese hatte einen Bettler, der nahe am Eingang herumstrolchte, nicht bemerkt und sich einige Schritte entfernt. Sogleich nähert sich dieser Bettler, bemächtigt sich des Kindes, dessen Schreie er mit seiner Hand erstickt, und schleppt es in den dichten benachbarten Wald. Dort angekommen befriedigt dieser Schurke ohne Mitleid für das Alter und die Zartheit des Kindes an ihm die brutalste aller Leidenschaften; mehrere Male wiederholt er sein unerklärliches Verbrechen, dann flieht er und wirft sein Opfer unter eine Kastanienbaumgruppe (...). Joseph Barthoni erscheint vor dem Schwurgericht. Er ist in armselige Lumpen gehüllt, sein Gesicht ist abstoßend, es bietet den doppelten Typus des Tigers und des Affen.«[38]

Zwischen Bedürftigkeit, Ausschweifung und tierischem Wesen setzt die bürgerliche Ideologie enge Verbindungen. In dem Maße, wie man in der sozialen Hierarchie hinabsteigt, wächst die Gefahr biologischer Entfremdung. Andererseits nimmt die politische Auseinandersetzung zwischen 1825 und 1870 – wenn sie sich nicht der Höllenmaschinen bedient – Wiederkäuer und Lurche, Obst und Gemüse in Anspruch: Louis-Philippe als Birne und sein Sohn als weiße Rübe haben in der karikaturalen Fronde des 19. Jahrhunderts die Rolle der Abweichenden in der wohlmeinenden Moral inne. Sie gehen den Weg der Evolution rückwärts.

Mit der Päderastie vollendet sich die Rückentwicklung; die Verwandlung trägt unbekannte Aspekte. Der Päderast lebt nicht wie der Ehrenmann aufrecht, sondern gebeugt, umgeworfen, verkrümmt, zusammengekauert, auf Knien, auf allen vieren, in Stellung; ganz damit beschäftigt, es zu tun oder es getan zu bekommen; lutschend, gelutscht, leckend, geleckt, schnüffelnd, beschnüffelt, eindringend, eindringen lassend; er stiftet in der Natur und dem Jahrhundert Verwirrung, indem Mund, Hand oder After die Scheide ersetzen, die Zunge als Penis dient oder dieser als Bohrer.

Es gibt eine Abstufung in den Liederlichkeiten. Bei den Sodomitern wird die Absage des Instinkts an seinen ursprünglichen Zweck unwiderruflich. Beim Perversen, der mit der Liebe Versteck spielt, ist es erlaubt, die Besserung, die Wiedereingliederung in die Menschheit ins Auge zu fassen. Der Homosexuelle gehört einer autonomen Art an. Der Invertierte ähnelt nicht mehr der Ratte, dem Affen, dem Tiger. Er ist schlicht und einfach das wiederverkörperte Tier: »Es gibt noch Schlimmeres, gemäß der schmutzigen und widerwärtigen Chronik dieser ungeheuerlichen Verirrungen. So wie Päderasten bei der Mundonanie das angesaugte Sperma hinunterschlucken und glauben, sie könnten so jenes ersetzen, das sie verloren haben, gibt es auch Sodomiter, die das Lecken des Anus mit der Zunge spontan ejakulieren läßt ohne jede manuelle Tätigkeit. Ein Päderast und Sodomiter, der eher aktiv als passiv, mager und hysterisch ist, hat mir versichert, von dieser Tatsache betroffen gewesen zu sein. Der Hundemensch ist so verwirklicht.«[39] Das Tier gefällt sich mit dem Tier: »Sie lassen es zu widerwärtigen Szenen kommen, für welche einige besonders dressierte Tiere haben.«[40] Und wir reagieren dementsprechend: »Ebenso wie unsere Sinne in Gegenwart mancher Tiere, mancher Gegenstände eine spontane und undefinierbare Empfindung von Widerwillen und Ekel verspüren, ebenso zieht sich unsere Seele beim Kontakt mit gewissen Individuen, beim Gedanken an bestimmte Handlungen in sich selbst zurück, indem sie die Mißbilligung, die ihr diese Handlungen oder diese Individuen eingeben, mit Mühe verbirgt oder manchmal lautstark äußert.«[41]

Dank Dr. Tardieu wird der Übergang vom Menschen zum Tier zum Feld einer scharfsinnigen Analyse. Die *Gerichtsmedizinische Studie über die Sittlichkeitsvergehen* beschränkt sich keineswegs auf abstrakte Bemerkungen, sondern belehrt durch Erfahrung: »Ich habe genug gesagt, um das Interesse verständlich zu machen, das mit der genauen und sicheren Feststellung der Merkmale, an denen man Päderasten erkennen können sollte, verbunden ist; es bleibt mir noch, (...) durch positive Tatsachen und wiederholte Beobachtungen zu begründen, daß das Laster der Päderastie in der Beschaffenheit der Organe viel zahlreichere und viel bedeutsamere materielle Spuren hinterläßt, als man bisher angenommen hat, und deren Kenntnis dem Gerichtsmediziner erlauben sollte, in der größten Zahl der Fälle die Strafverfolgungen, die in einem so hohen Maß die öffentliche Moral interessieren, zu leiten und sicherzustellen.«[42]

Umgrenzen wir zuerst die verdächtigen Gebiete. Tardieus Symptomatologie bevorzugt Geschlecht und Anus, vernachlässigt aber, was sie stört: Bart, Behaarung, Muskulatur. Eine Dirne gibt dem Untersuchungsrichter den Penis eines Päderasten, der gehofft hatte, sie an seinen Launen zu beteiligen, folgendermaßen wieder:

»Ein sehr schmales, dünnes, am Ende geschweiftes Glied!« Eine vom Arzt verbürgte Zeugenaussage: »Dies ist die gewöhnlichste Form, jene nämlich, auf die ich sehr oft gestoßen bin und die Casper, anscheinend ohne es zu wissen, in seiner neunten und zehnten Beobachtung beschrieben hat, wo er die auffällige Schlankheit der Rute und die extreme Kleinheit der Eichel bemerkt.«[43] *Canum more.* Bei M., einem fünfzigjährigen, kahlköpfigen Arbeiter, den man einer unzüchtigen Handlung anklagt, ist der Penis »äußerst dünn, die Eichel dermaßen klein und zugespitzt, daß sie die Form des Penis der Hunde annimmt«.[44] Die Natur umspielt die Glieder mit seltsamen Variationen. Bald bieten, wie bei dem siebenunddreißigjährigen Engländer, der auf dem verlassenen Gelände oben an der rue de Clichy überrascht wurde, die wohlgeformten Geschlechtsorgane nichtsdestoweniger eine beträchtliche Verschlankung des Penis, der spitz zuläuft.[45] Dann wieder bewundert man eine verdickte und kugelige Gestalt wie zum Beispiel bei jenem jungen, sechzehn Jahre alten Drechsler, dessen herausfordernde Jugendlichkeit, die Physiognomie und die Hüften hinreichend die Verdorbenheit anzeigen.[46] Oder auch eine zugleich zugespitzte und gekrümmte Rute: bei einem Soldaten, den man fast nackt auf dem Champs-de-Mars verhaftete[47], bei einem dreißig bis fünfunddreißig Jahre alten Architekten, einem robusten Neapolitaner, dessen Äußeres dagegen nichts Besonderes an sich hat.[48]

Möge man sich hier nicht täuschen: die besser Ausgestatteten kommen nicht allein damit schon davon. Der vierzig Jahre alte Schuster, der auf der Place de la Bastille festgenommen wurde, liefert dafür den Beweis: »Nachdem er sich vollständig entkleiden mußte, haben wir festgestellt, daß das sehr lange und umfangreiche männliche Glied an seinem Ende eine Dehnung und eine sehr charakteristische Verschlankung aufweist, die der Eichel die fast spitze Form eines Hundepenis geben.«[49] Die scheinbar wohlbedachten Individuen sind dementsprechend heimgesucht: »Wenn dagegen der Penis sehr umfangreich ist, so erleidet nicht mehr die Gesamtheit des Organs vom Ansatz bis zum äußersten Ende die graduelle Verschlankung: die an ihrer Unterseite verengte Eichel streckt sich manchmal übermäßig aus, so daß sie an die Schnauze mancher Tiere erinnert.«[50] Ohnehin führen solche Vorzüge zu zusätzlicher Voreingenommenheit gegen ihre Besitzer. Der Bourgeoisie graut vor Exzessen; sie schreibt der Natur ihren Hang zur

Mäßigkeit in allen Dingen zu. Bei dem jungen L., der für einen vierzehnjährigen Knaben außergewöhnlich entwickelt ist, »bezeugen die Geschlechtsorgane (...) durch ihr Ausmaß und ihre Formung frühzeitige Gewohnheiten der Ausschweifung«.[51]

Sollte die Übung der Urheber der Mutation sein? Die Frage bringt den alten Streit um das Angeborene und das Erworbene wieder auf. Ohne Zweideutigkeit und nicht ohne Kühnheit bekennt sich Tardieu zur Epigenese, als alles zugunsten der Präformation spricht: der »Rassismus« befindet sich in starkem Aufschwung – auf der Sonnenseite: die Brüderlichkeit der Eliten nach Gobineau und auf der Schattenseite die Morphologie der französischen Soldaten nach Broca –, ein derart ansteckender Rassismus, daß sich die Medizin, vor allem die Militärmedizin, von 1850 bis 1870 nach der herrschenden Anthropologie richtet.[52] Doch die Einstellung der *Gerichtsmedizinischen Studie* ist experimentell und gegen Grundsatzannahmen vollkommen allergisch. Man wende sich also von den Ruten ab, um die After zu betrachten. Der Verschlankung der ersteren entspricht die Ausweitung und Erosion der letzteren. Eine seit ungefähr fünfzig Jahren festgehaltene Erscheinung: »Der gewohnheitsmäßige Anblick dieser Unglücklichen hat es für Herrn Cullerier sehr einfach werden lassen, sie augenblicklich zu erkennen (...). Der stärkste Beweis, den er dafür anführt, ist die Öffnung des Mastdarms, der die Form eines Trichters aufweist. Das Merkmal ist fast eindeutig, und man kann die beinahe gewisse Überzeugung haben, daß die, die sie aufweisen, von diesem Laster befleckt sind.«[53]

Dr. Tardieu hat sich diesem Schandmal mit Leidenschaft zugewandt. In der Aushöhlung, in die das Tier schlüpft, wird ein anderes ungeduldig, das noch widerlicher ist: »Ich habe diese extreme Dilation in 64 von 170 Fällen vorgefunden. Sie zieht fast unausweichlich eine ausgeprägte Anlage zum Verfall des Mastdarms und gleichzeitig eine gewohnheitsmäßige Inkontinenz der Fäkalstoffe nach sich, die ich 42mal beobachtet habe und die, ohne vollständig zu sein, diese Teile in einem derartig schmutzigen Zustand hält und ihnen ein so schreckliches Aussehen gibt, daß sich Geist und Herz bei dem Gedanken empören, daß sie anderes als den heftigsten Ekel einflößen könnten.«[54] Der von Cullerier enthüllte und von Casper in Deutschland und Jacquemin und Collineau in Frankreich sehr zu Unrecht bestrittene Trichter hängt mit dem *infundibulum* zusammen, welches sowohl durch die Verdrängung der vor dem Anus befindlichen Teile als auch durch den Widerstand, den das obere Ende des Mastdarms dem Penis bietet, entsteht: »In der Tat bildet der Schließmuskel oberhalb des Anus eine Art kontraktilen Muskelkanal, dessen Höhe mitunter bis zu drei oder vier Zentimeter erreicht, in solcher Weise, daß der untere Teil des Afterringes nachgeben kann und sich nach dem oberen Teil zurückstoßen läßt, der, da er mehr Widerstand leistet, am Boden eines Trichters bleibt, dessen ausgeweitetster Teil durch den Rand der Hinterbacken umgrenzt ist und dessen verengter Teil sich bis zum zurückgedrängten Schließmuskel verlängert, der, zu einem einfachen Ring geworden, mehr oder weniger vollständig den Eingang des Darms verschließt.«[55] Bei dem Schuster B. mit dem Hundeglied »entdeckt man, nachdem man die Muskelmassen, die die Hinterbacken bilden, auseinandergespreizt hat, eine lange und tiefe Höhlung, auf deren Grund sich die Afteröffnung auftut und die eine Art weitgeöffnetes und wie kraterförmiges infundibulum bildet«.[56] Was den Anus des neunzehnjährigen L. B. betrifft, von dem man behauptet, er sei seit vier Jahren den Nachstellungen eines Zahnarztes ausgesetzt, so ist er »tief am Boden eines infundibulum in Trichterform gelegen (...). Die Öffnung ist nach vorne und hinten erweitert (...). Am hinteren Winkel bemerkt man den Eingang einer recht langen und bereits alten Fistel, wie der Wulst bezeugt, der sie umgibt.«[57]

Die Schüler Tardieus begeben sich auf die Suche nach dem Loch. Das Versinken des Zeugungsreichtums quält das bürgerliche Bewußtsein. Auf den Schmerz der Verschwendung und des Verfalls reagiert es mit der Halluzination von bodenlosen Tiefen, in denen sich der Handelnde und der Erleidende verlieren. Selbst die kleinsten Hintern verraten dem Gerichtsmediziner noch die Entstehung des Stigmas: »Fr. C. ist sechseinhalb Jahre alt: er ist von recht schwächlicher Erscheinung und Konstitution. Bei ihm fällt am Anus der Beginn einer infundibuliformen Senkung auf, welche, obwohl sie unbestreitbar ist, nicht sehr ausgeprägt sein kann, einerseits weil das Kind auf Grund seines geringen Alters wahrscheinlich nicht über eine längere Zeitdauer hinweg Gegenstand schuldiger Versuche gewesen ist und ferner, weil es (...) mager ist. Wenn ich auf den Bedingungen insistiere, die bewirken, daß diese Senkung bestehen kann, ohne sehr ausgeprägt zu sein, so geschieht es deswegen, weil sie wirklich besteht und ich sie in positiver Weise feststelle.«[58]

Die Angelegenheit scheint ausgemacht: die Merkmale der Inversion sind erworben. Was frühere Erfahrungen bekräftigt: die Päderastie lindert den Mangel an Frauen in Gefängnissen oder Internaten sowie auf den Schiffen. Als Canler ihn mit Fragen über seinen Verkehr mit Männern bedrängt, behauptet Lacenaire, ihn nur im Zuchthaus von Poissy ausgeübt zu haben. Sofort nach seiner Entlassung war er zur Natur zurückgekehrt.[59] Doch die Verfechter des Angeborenen geben sich nicht geschlagen. Gegen Ende des Jahrhunderts heben sie wieder das Haupt und weisen auf Tendenzen und Virtualitäten hin: »Ein junger Mann von vierundzwanzig Jahren, dunkelhaarig, groß, schlank, mit feinen und verweichlichten Zügen, ohne anderen Bart als einen kleinen, beginnenden Schnurrbart klagt über Schmerzen am Hinterteil, seitdem er sich der passiven Sodomiterei unterzogen hat. Als eheliches Kind einer Schauspielerin hat er seinen Vater früh verloren, und nachdem er seine Studien in seiner Heimatstadt bei den Jesuiten abgeschlossen hatte, wurde er in eines ihrer Häuser nach Paris geschickt, um die Oberprima zu besuchen. Hier wie dort wurde er sehr verwöhnt. Man hätschelte ihn und küßte ihn selbst noch mit siebzehn Jahren (...). Nach einem freien Leben im Quartier Latin und einem Lehrgang bei den Prostituierten zog er mit einer stellungslosen Schauspielerin zusammen, die älter war als er. Frühzeitig übersättigt, ließ er sich vor allen Dingen auf jegliche Weise berühren und streicheln. Die Berührungen unter den Hoden und das Kitzeln des Afters waren ihm besonders angenehm. Nachdem er Rechtsreferendar geworden war, sah er die Pflicht ein, sich von seiner Mätresse zu trennen und allein zu leben. Er griff von neuem auf die Prostituierten zurück, die seine Schwächen, vor allem das Kitzeln an der empfindlichen Stelle, kannten; und zwar so sehr, daß sie ihm eines Tages, als der Finger nicht mehr ausreichte, ihn genug zu erregen, einen Phallus in den Mastdarm einführten. Dadurch verspürte er sofort eine so wollüstige Ejakulation, daß er sich bald einen Mann nach seinem Geschmack suchte, um sich gegen bares Geld von hinten beschlafen zu lassen. Zu diesem Zweck gingen sie zu einer Prostituierten, und er verspürte bei diesem Kontakt eine den natürlichen Beziehungen so überlegene wollüstige Empfindung, daß er sogleich spontan ejakulierte.«[60]

Reicht es denn außerdem nicht, die ganz jungen Päderasten, die angeborene Feminität ihres Äußeren, die im allgemeinen von irgendeiner Mißbildung der Genitalien begleitet ist, zu beobachten, um den Leichtsinn Tardieus in dieser Frage zu ermessen? »Bei den 302 von ihm untersuchten Individuen, die man der Verletzung des öffentlichen Anstands durch Handlungen der Päderastie und Sodomiterei anklagt, spricht dieser Autor von diesen körperlichen Anomalien ebensowenig wie von der sexuellen Inversion oder dem Wahnsinn. Er befaßt sich ausschließlich mit den Eigentümlichkeiten des Penis und des Anus, die er durch diese Handlungen verursacht glaubt.«[61]

Handelt es sich nicht um einen falschen Streit? Zwischen Veranlagung und Erwerb besteht keine Alternative. Moreau-Christophe, ein glühender Bewunderer Tardieus, bemüht sich, sie zu überwinden: das Temperament ist vorgegeben; der Wille kann es biegen oder sich daran anpassen.[62] Es sei denn, er ist selbst vorherbestimmt und seine Neigung zum Guten oder Bösen entspringt einer Notwendigkeit. Moreau-Christophe ist Cartesianer: er glaubt an die menschliche Freiheit. Der Bourgeois des 19. Jahrhunderts ist eher, ohne es zu wissen, Spinozist: er unterscheidet nicht zwischen dem Körperlichen und dem Sittlichen. Aber er ist Spinozist gegen den Strich, indem er die Buße für das Leben und die Begierde für Verfall und Tod hält. Wenn sich zwei Männer der Lust hingeben, »dann ist das nicht mehr Liebe, sondern im Gegenteil ihre Negation, es ist das Nichts, es ist eine an der Natur begangene Vergewaltigung, die selbst das Tier verschmäht und die nichts als Abscheu zurückläßt«.[63]

Masken und Bergamasken

Der Experte ist aus dem Morast noch nicht wieder heraus. Wer würde von den mit ihren Lustknaben auf den Champs-Élysées festgenommenen *Gentlemen* vor der Untersuchung der Beweisstücke – spitzer Penis, trichterförmiger Mastdarm – annehmen, daß sie einer fremden Art angehören? Sie verstellen und entziehen sich, Tierlisten im Urwald, und verseuchen die Gemeinschaft, ohne daß sie es bemerkt.

Sicher gibt es grobe Täuschungen, die der Arzt zunichtemacht. Bei der ärztlichen Untersuchung – oder dem freiwilligen Besuch des Schuldigen – besteht das Widersinnige darin, sich als vollkommen gesund zu bezeichnen. Nach Dr. Garnier würde ein solches Verhalten, wenn es erforderlich wäre, die Widersprüche des Invertierten bestätigen: »Unsicher darüber, was sie sind und was sie wollen, sind sie unschlüssig, was sie sagen und tun sollen, stammeln und wissen nicht, sich deutlich auszudrücken. Es genügt, daß sie einen sofort sprechen können, um, ohne Name oder Adresse zu hinterlassen, zu verschwinden und erst Wochen, Monate oder sogar Jahre darauf wiederzukommen oder zu schreiben. Einer von ihnen hat drei Jahre gewartet, und er war ... Dorfbürgermeister.«[64]

Bei der zum Zweck eines gerichtlichen Gutachtens auferlegten Untersuchung kommt es, während Dr. Tardieu zuhört, zum versöhnlichen Geplauder von Beschuldigten, die vorgeben, daß ihre Zerrüttung als Folge eines Unfalls, einer Krankheit, einer Operation oder einer Behandlung nicht dem Laster zuzuschreiben ist, dessen man sie anklagt. Der Schuster B. mit der kraterförmigen Öffnung erklärt, daß man seinen Hintern nicht »wie die anderen« finden wird, »weil er vormals wegen Hämorrhoidengeschwüren operiert worden war; und weil er davon gegenwärtig noch befallen sei«.[65] F. D., der siebenunddreißigjährige Engländer, »sagt, daß er glaubt, uns in Kenntnis setzen zu müssen, daß er einen ausgerenkten Schenkel gehabt hat, daß er sehr entwickelte Hinterbacken hat und daß er gezwungen ist, sie mit Salbe einzufetten, um Hautrisse zu vermeiden«.[66] Ein Arbeiter »verwahrt sich mit heuchlerischer Miene gegen jede Vermutung unreiner Gewohnheiten und gibt an, an einer Reizung des Umkreises des Afters zu leiden, die ihn zwingt, häufig Sitzbäder zu nehmen und die eine Lockerung hätten herbeiführen können«.[67]

Armselige Schwindeleien: »Ein den Päderasten wohlbekanntes Mittel und mit welchem sie sich bemühen, die charakteristischen Spuren ihrer Niederträchtigkeit zu verbergen, besteht darin, die Hinterbacken stark zusammenzuziehen. Sie können so erreichen, daß es im ersten Augenblick sehr schwer ist, sie auseinanderzuspreizen, und verhindern, daß das Infundibulum und die Lockerung des Schließmuskels sichtbar werden.«[68] Doch die Zeit und die Geschicklichkeit arbeiten gegen den Betrug: Man braucht nur ihre Haltung plötzlich zu stören oder sie »in einer beschwerlichen Position auf den Rand eines Stuhls« hinknien zu lassen »oder einfach die Untersuchung so in die Länge zu ziehen, daß die zusammengezogenen Muskeln ermüden«.[69] Bei den Einfältigen ist es unnötig, ihnen den Gegenstand der Untersuchung mitzuteilen. Sobald sie sich entkleidet haben, nehmen sie ganz natürlich die Stellung des Tiers ein. Nichts ist einfacher, als mit dem Finger den unwiderlegbaren Beweis einzuholen. So erhält der Gerichtsmediziner von der Polizei verdächtige Körper, die er ihr mit einer amtlichen Beglaubigung zurückgibt.

Der Zeigefinger spielt gewissenhaft die Rolle als Anzeiger: »Vor allem dort bedarf man der Vorsicht und Zurückhaltung, bevor man seine Auffassung festlegt, wo es sich um jene abscheulichen Schandtaten der Päderasten handelt. Man muß sich vor Augen halten, daß ein einziges anklagendes Wort des Mediziners ausreichen wird, einen Mann zu brandmarken, ob die Anklage nun später aufrechterhalten oder fallengelassen wird; allein der Verdacht, die Möglichkeit einer ähnlichen Anschuldigung, ist ein Ehrlosigkeitszeugnis; vor allen Dingen der Gerichtsmediziner, der in keinem sehr ausgedehnten Bereich tätig ist, muß Sorgfalt und Untersuchungsstrenge verstärken. Der Teil der bemerkenswerten Studie von Herrn Professor Tardieu, der die Päderastie behandelt, muß für die schwierigen Fragen das Vademekum des Experten sein.«[70]

Der Finger, der ins Hinterteil gleitet, hindert diese Übeltäter nicht, die ärztliche Wachsamkeit zu hintergehen. Wie soll man sie entlarven, wenn sie sich mit einer Gefährtin, Gemahlin oder einem Freudenmädchen ausstaffieren? Carlier mag wohl versichern, daß das Laster bei ihnen über die Kriegslisten den Sieg davonträgt und sie, kaum, daß sie mit einer Frau zusammengezogen sind, von ihren ehemaligen Geliebten zurückgeholt oder durch obszöne Abenteuer[71] versucht werden, wie wollen Sie Bescheid wissen, wenn Sie sie auf der Straße in Liebe befangen am Arm dieser Damen antreffen: »Frei und selbstbeherrscht sind (sie) durch den Erethismus und die gewohnheitsmäßige Anschwellung ihrer Organe, die auf das Gehirn zurückwirkt, stimuliert und erscheinen zuvorkommender, galanter und unternehmungslustiger.«[72]

Wohl halten ihre weichlichen Gesichtszüge dem Blick nicht dauerhaft stand. Doch wieviele Monate oder Jahre braucht man, um Männer mit mürrischer Miene und dichtem Bart unschädlich zu machen, so wie Jules Esnard, den Volksschullehrer, der über fünfzigmal in den armen kleinen, gerade elf Jahre alten Bernard Colomès eindrang?[73] Und die Verräter, die sich bei den Familien einschmeicheln, um sich den Kindern zu nähern, die sie unter dem

Vorwand pädagogischer Freundschaft verderben, indem sie sie küssen und ihnen die Hosen ausziehen, während sie sie in den Sirenenklängen Vergils oder Homers wiegen? »Kann man sich einer gewissen Besorgnis enthalten, wenn man daran denkt, daß diese fast immer fremden Händen ausgelieferte Jugend das Opfer eines Übels werden kann, das vorauszusehen unmöglich ist? Ewige Schande den Niederträchtigen, die durch den Mißbrauch ihrer Autorität über die Kinder, ihre jungen Herzen, anstatt mit den Samen der Ehre und der Tugend, mit denen der Zuchtlosigkeit und der Verderbtheit erfüllen. Könnten die Gesetze in dieser Hinsicht zu streng und die Überwachung zu aktiv sein? Dieses Verbrechen ist sicherlich eines der größten, das die Gesellschaft heimsuchen kann.«[74]

Zum Glück gehen die Taugenichtse eines Tages selbst in die Falle der Unehre, wo sie ihre Opfer einzumauern glauben. Das Kind hält es nicht mehr aus und befreit sich im unerwartetsten Augenblick, so wie Bernard, der die von seinem Vater für Herrn Esnard bestimmten Weintrauben zurückweist und fallen läßt: »Das ist ein Saukerl!«[75] Nun gerät der Justizapparat in Bewegung. Aber als ob es der Päderastie bis zum Schluß gelänge, ihre Verächter abzuschütteln, stößt man plötzlich in eine Sackgasse, auf den Pol, wo die Kompaßnadeln falsch gehen: Die Spürhunde versagen an den Initiationsgeheimnissen.

Nicht etwa, daß sich die Bourgeoisie mit dem Geheimnis allzu schlecht stünde. Sicher ersetzt die nachrevolutionäre Gesellschaft das hierarchisierte System des Ancien Régime, dessen streng getrennte Elemente sich gegenseitig nicht kennen, durch eine horizontale Ordnung, deren Bestandteile sich am hellichten Tag unter dem Zeichen der Gleichheit entfalten. Doch dies ist eine künstliche Transparenz, der Paravent anderer Mysterien – Bank- oder Fabrikationsgeheimnisse –, die sich mit denen der in ihren Häusern von aufmerksamen Portiers beschützten Familien verschwören. Man versteht, daß das päderastische Unternehmen gegen diese oligarchische Einrichtung doppelt verstößt: durch die perverse Assimilation des Verbrechens an ein elitäres Vorhaben; durch die satanische Verwandlung der Maske, die es seinen Anhängern anzeigt, seine Verfolger dagegen irreführt oder beruhigt.[76] Wenn der Arzt, der Vertreter des Gesetzes oder der Familienvater unbefangen an dem Kerl vorübergehen, haben ihn die Seinen bereits ausgemacht; er gehört zu ihnen, er braucht ihnen bloß zu folgen. Hätte man sich in Cholet gedacht, daß sich der Sohn des Bürgermeisters Tessié, der wegen der Angelegenheiten seiner Gemeinde in Paris eintraf, noch am gleichen Abend auf die Straße des Verbrechens, in eines jener zwielichtigen Theater, die vier Jahre zuvor von Avril und Lacenaire frequentiert worden waren, begeben würde und daß er dort Guérin, seinen Henker, eine Tunte von neunzehn Jahren, Zimmermann von Beruf, treffen würde, der ihn sogleich *erkannte*?[77] Carlier berichtet entrüstet vom Abenteuer jenes Provinznotars, der von einem Klienten der alleranständigsten Art in die Hauptstadt gerufen worden war und gegen acht Uhr eine Kutsche bestellte, um sich zum Bahnhof fahren zu lassen, und der im hinteren Teil des Wagens in den Armen seines Kutschers aufgestöbert worden ist: sie hatten sich auf den ersten Blick identifiziert und kurz darauf gepaart.[78]

Gegenüber der Päderastie beginnt, nach Bourgeois-Art, die kollektive Frage mit der Phantasie einer schrecklichen Verschwörung. Wie ist ihren Hexereien vorzubeugen? Wie ist ihr Vorgang zu erklären? Das Kräfteverhältnis ist so ungleich, daß selbst der Arzt auf den Kampf mit der »Brüderschaft« verzichtet: »Ein Heiratsvorschlag kann zur Heilung dieser geschlechtlich Mißratenen dienen, solange sie nicht in die Geheimgesellschaft der Päderasten aufgenommen sind.«[79] Man sagt vom Invertierten, daß er *dazu* gehört, wie von dem Bewohner eines ebenso undurchdringlichen wie strukturierten Gebiets: »Der Mann, der sich dieser unglücklichen Leidenschaft überläßt, betritt eine völlig andere Welt, die man am besten mit einer Art Freimaurertum des Lasters vergleichen könnte, die überall Mitglieder hat, die sich untereinander erkennen, ohne sich jemals gesehen zu haben, die sich verstehen, ohne die gleiche Sprache zu sprechen, und die sich insbesondere darum kümmern, wenn einer von ihnen in einem Land eintrifft, wo er niemanden kennt, ihn ihren Mitbrüdern vorzustellen, die ihn mit offenen Armen in ihre Gesellschaft aufnehmen oder ihm, durch Bezahlung seiner Gunst, die Möglichkeit zu leben verschaffen, wenn er mittellos ist; das ist die ihnen eigene Weise, sich gegenseitig zu helfen. Dr. Casper aus Berlin zitiert in seiner gerichtsmedizinischen Abhandlung dieses Geständnis, das ihm von einem deutschen Päderasten gemacht wurde: ›*Wir erkennen uns sofort, und ich habe mich unter Beachtung einiger Vorsichtsmaßnahmen noch nie geirrt. Auf dem Rigi, in Palermo, im Louvre, in den Bergen Schottlands, in Sankt*

Petersburg (...), in Barcelona habe ich in einer Sekunde Päderasten erkannt, die ich noch nie gesehen hatte.‹«[80]

Sind diese Schranken überwunden, geben die Sodomiter im Schutz ihrer Sprache ihre verbotenen Gelüste bekannt. Keine Freimaurerei gewährt der Abweichung einen solchen Raum, befürwortet mit soviel Schamlosigkeit die allgemeine Herausforderung von Natur und Gesellschaft. Indessen geschieht etwas, das geeignet ist, den Glauben der agnostizistischsten Ärzte und Polizisten neu zu beleben. Aus der Tiefe ihrer Höhle kehren die Päderasten über einen unvorhersehbaren Umweg zurück, um auf unserer Seite umherzustreichen, nämlich durch die Scham, die sie der allgemeinen Verachtung nur mittels ihrer Abscheu vor sich selbst entzieht. Indem sie sich hassen, erlangen sie einen Teil, so geringfügig er auch sei, ihrer verlorenen Sittlichkeit wieder: »... vorausgesetzt, sie haben noch einige edle Gefühle im Herzen, die die Furcht vor der Meinung der anderen bewahrt hat, so ertragen sie alles lieber, als ihren Fehler einzugestehen, und sei es der eines einzigen Tages, oder zu erleben, wie er bekannt gemacht wird.«[81] Die sie schützenden Masken beruhen nicht mehr auf der Herausforderung, sondern auf der Verzweiflung. Dämpfen wir unseren Optimismus: es ist nicht selten, daß die Scham in diesen Kreaturen an einem hassenswerten Spiel teilhat, in dem Heimtücke, Koketterie und Perversität ihre Rollen tauschen. Wenn ja, versäumen es die Ärzte nicht, sie wie eine zusätzliche Schändlichkeit zu behandeln, ein Festspiel von Heuchelei und Feigheit: »Es ist unerläßlich, die Besonderheiten dieser Ratsuchenden zu erkennen, um dadurch die Wahrheit über die Einzelheiten des Falls, der sie herführt, zu erlangen, denn die meisten sind in dieser Hinsicht ihren eigenen Widersprüchen nach lügnerisch und heuchlerisch. Bei der Verwirrtheit der einen, dem mysteriösen, zögernden Auftreten der anderen sollte man an die Existenz eines Verbrechens glauben (...)! Sie erkundigen sich vorher mit ganz leiser Stimme, ob auch niemand zuhören oder hereinkommen kann und verlangen die Schweigepflicht.«[82] Nun überschneidet sich aber durch ein providentielles Zusammentreffen die Verwirrung der Schuldigen mit der der Gerichtsherren, da sie auf ein und dieselbe Verschleierung hinzielen. Der Kreis ist geschlossen. Die Feder von Dr. Tardieu, die von so vielen Mühen abgestumpft und von so vielen Greueln beschmutzt ist, kann ihm, in ihrer Abdankung durch das doppelte Schweigen der beleidigten Gesellschaft und der gefallenen Widernatürlichen gerechtfertigt, aus den Händen fallen: »Wir haben bisher fast nur von den päderastischen Prostituierten gesprochen; es bliebe uns noch ein Wort über diejenigen zu sagen, deren verderbte Neigungen und unerklärliche Leidenschaften dieses gräßliche Gewerbe freihalten. Doch was nützte es, diesen Schleier, hinter dem ich nichts als Skandal und Abscheu gefunden habe, zu lüften? Ich könnte mich als Physiologe und Arzt fragen, welche unbekannten Ursachen die Verirrung der Päderasten verstehen helfen können, aber ich will denen, die mich lesen werden, das schmerzliche und vergebliche Erstaunen ersparen, das dies Wissen über die Anhänger der Päderastie entstehen lassen muß. Ich werde mich also darauf beschränken, die beklagenswerten Möglichkeiten anzuzeigen, die eine recht große Zahl von Fremden in Paris suchen kommen, welche auf der Liste derer stehen, die der Erpressung zum Opfer gefallen sind.«[83]

Darüber schreiben

Interview

Frage: Seit dem christlichen Zeitalter lastet im Abendland auf der Homosexualität eine beständige Unterdrückung. Orte und Umstände greifen in diesen Zurückweisungsprozeß nur anekdotisch ein. Was hat also die Lage der homosexuellen Literatur im 19. Jahrhundert mit der Geschichte zu tun?

Antwort: Hüten wir uns davor, die Diskurse in reine Formen ohne Vergangenheit und Horizont einzuschließen. Doch selbst wenn man wollte, hier wäre es schwierig, die Diachronie, die Bedeutung, die Ideologie auszuschließen, die sich seit der Französischen Revolution, wenn nicht gar der Zeit um 1750, der Sexualität gegenüberstellt und insbesondere der Perversion als deren radikaler Klippe. Zu betrachten ist also, auf welchen Wegen der homosexuelle Diskurs im 19. Jahrhundert zustandekommt und sich äußert. Man kann sagen, daß er bis zum bürgerlichen Triumph des Zweiten Kaiserreichs gerade erst stammelt: es gibt keinen organisierten Bericht, keinen Begriffsapparat zu diesem gefährlichen Thema. In die Rede der Zeit geht er fast unmerklich ein, in die Gerichtsblätter, oder sehr verstohlen, sehr elliptisch in die medizinischen Abhandlungen. Die Chronisten, Justizbeamten und praktischen Ärzte, die diese abstoßenden Phänomene erwähnen, halten sich mit hinhaltenden Betrachtungen auf. Und wenn sie ihren Widerwillen überwinden und ihnen schließlich doch, wie Dr. Fournier-Pescay im *Dictionnaire des sciences médicales* aus dem Jahre 1819, ein paar Dutzend Zeilen widmen, dann schwören sie, daß ihre Feder im Verlaufe dieser Prüfung keusch geblieben sei.

Bei einer solchen Stimmung verwundert es nicht, daß die Literatur, die als autonome Gattung jegliches Einverständnis mit anderen Ausdrucksweisen – der medizinischen, der juristischen – ablehnt, an die Zustimmung der herrschenden Gruppe gebunden und ihren Interessen ökonomisch unterworfen, der sexuellen Inversion, zumindest bis in die achtziger Jahre, nur einen geringen Platz einräumt. Dies bezeugen die Enttäuschungen Custines im Wald von Saint-Denis: sie faszinieren die Pariser literarische Welt und regen allerlei Romane an, von *Olivier* der Duchesse de Duras bis *Armance* von Stendhal über einen anderen *Olivier* von Thibaut de Latouche und *Aloys* von Adolphe de Custine selbst; doch die Päderastie tarnt sich dort vorsichtig als Impotenz, diese wunderliche Erscheinung, die die Ehre des Mannes angreift, ohne das Ansehen zu verletzen. Die Kühnheit Balzacs, seine Zärtlichkeit und seine Gewalt, wird in den beiden darauffolgenden Jahrzehnten dadurch noch ergreifender. Er wagt es, Louis Lambert sagen zu lassen: »Wie zwei Liebende gewöhnten wir uns daran, gemeinsam zu denken und unsere Träumereien einander mitzuteilen.«[1] Er wagt es, »einen kleinen Iren namens Paddy, Joby, Toby (ganz nach Belieben)« in den Dienst Godefroid de Beaudenords treten zu lassen, ein Kind mit blondem Haar und rosigen Wangen, »das sich verstellen konnte wie ein Prinz, gewitzt war wie ein Notar im Ruhestand, zehn Jahre alt, kurz, eine wahre Blüte an Perversität, die spielte und fluchte, die Süßigkeiten liebte und den Punsch«. Angestellt bei einem Lord, der ihn sehr gern mochte, wurde Toby an dem Tag entlassen, als ein englischer Journalist wettete, daß dieser Engel, der zu schön war für einen Tiger*, eine gezähmte Tigerin sei: »Die Schilderung drohte, gehässig und im höchsten Grade *improper* zu werden. Die höchste Steigerung des *improper* führt an den Galgen. Milord wurde von Milady für seine Umsicht sehr gelobt. Toby konnte nirgendwo eine Anstellung finden, nachdem sein Personenstand innerhalb der britischen Zoologie bestritten worden war. Godefroid glänzte zu jener Zeit an der französischen Botschaft in London, wo er vom Abenteuer Tobys, Jobys, Paddys hörte. Godefroid bemächtigte sich des kleinen Tigers, den er weinend neben einem Marmeladentopf vorfand ... (...). Bei seiner Rückkehr führte Godefroid de Beaudenord also bei uns den bezauberndsten Tiger Englands ein, er wurde durch seinen Tiger so bekannt, wie Couture durch seine Westen aufgefallen ist.«[2] In *Verlorene Illusionen* und *Glanz und Elend der Kurtisanen* stellt die trübe Beziehung Rubemprés zu Vautrin, selbst verwischt durch eine entschiedene Heterosexualität, eine echte Subversion inmitten der louis-philippischen Verschämtheit dar. Als Herrera auf dem Weg auftaucht und Lucien aus seinen Selbstmordgedanken reißt, sind sogleich alle Würfel gefallen: der zu gut gekleidete Vagabund, das hinreißende Opfer der Machenschaften der Hauptstadt, überläßt sich seinem beängstigenden

* Anm. d. Ü.: Bezeichnung eines kleinen Reitknechts.

Beschützer. Der Balzacsche Diskurs verläuft auf zwei Ebenen. Der Geistliche erzählt eine Geschichte: Biron, der betörende Sekretär und Günstling des Barons von Goërtz, der wegen Einnehmens eines Vertrages zwischen Rußland und Schweden verurteilt worden ist, entweicht und flieht nach Kurland. Der Stiftsherr bemerkt: »Wenn Sie glauben, daß dieser hübsche Mensch, der zum Tode verurteilt worden ist, weil er den Vertrag über Finnland aufgegessen hat, seine verdorbene Neigung aufgibt, dann kennen Sie nicht die Herrschaft des Lasters über den Menschen; die Todesstrafe hält es nicht auf, wenn es sich um einen Genuß handelt, den es sich geschaffen hat.«[3] Proust bemerkt in *Contre Sainte-Beuve* (Gegen Sainte-Beuve), daß jedes Wort, jede Geste »verborgene Seiten hat, die Balzac dem Leser nicht anzeigt und die von einer bewundernswerten Tiefe sind«.[4] Geht es wirklich um Papyrophagie? Versetzt uns der Stiftsherr, wenn er erklärt, Lucien sei schöner als Biron, und behauptet, dem Baron von Goërtz überlegen zu sein, nicht auf eine zweite Ebene der Schreibweise, wo die Leidenschaft unter dem Aufputz des Priesters ihre Identität bekennt? Man höre nur die Schmeicheleien der Sprache: »Und wir haben Ehre bis in die Spitze unserer feinen Stiefelchen«; die Hätscheleien des Verhaltens: Kleiner Schlaukopf, sagte er, »lächelnd und zog ihn mit einer *beinahe königlichen* Vertrautheit am Ohr, wenn Sie undankbar gegen mich wären ...« Man denkt an Charlus, wie er mit einem vulgären Lachen den Erzähler in den Nacken kneift.

Ebenso fordert der Richter Camisot in *La dernière incarnation de Vautrin* (Vautrins letzte Verwandlung – vierter Teil von *Glanz und Elend*) mit einer Miene voller Hintergedanken den Geistlichen auf, »ihm die Gründe (seiner) Zuneigung für Herrn Lucien de Rubempré anzuvertrauen ...« Vautrin hat übersetzt, aber wird wohl der Leser bei den »verborgenen Seiten« der Worte Gründe, Zuneigung, Herrn innehalten, wie auch beim Schweigen der vom Autor gesetzten Gedankenpunkte? Wohl geschieht es, daß Balzac eine *Tunte* eine *Tunte* nennt und daß er, um vollauf verstanden zu werden, die Geschichte von Lord Durham erzählt, wie er eines der staatlichen Gefängnisse von Paris besucht:

»Nachdem der Direktor das ganze Gefängnis gezeigt hatte, die Gefängnishöfe, die Werkstätten, die Kerker usw., wies er mit dem Finger auf einen Raum und machte eine Geste des Abscheus:

– Ich führe Eure Herrlichkeit nicht dorthin, sagte er, denn das ist

die Abteilung der *Tunten*...
– *Hao!* machte Lord Durham, und was ist das?
– Das ist das dritte Geschlecht, Milord.«[5]

Nun beansprucht Balzac aber auch hier lediglich »eine unbestimmte Vorstellung von der Person zu geben, die die Gefangenen, die Stockmeister und die Aufseher eine *Tunte* nennen«. Die Distanz besteht also nicht mehr zwischen dem Gesagten und dem Ungesagten, sondern zwischen dem Gesagten und dem Erlebten, und sie ist hoffnungslos. Um Bescheid zu wissen, müßte man *dazu*gehören. Der Bourgeoisie, die *solches* nicht tut, bleibt die finstere Welt der Homosexuellen auf immer unverständlich. Balzac verbreitet Sitten, die, losgelöst von einer Praxis, undurchdringlich sind.

Im übrigen berührt die Feder in Frankreich in der Gesamtheit ihrer Zuwendungen die Homosexualität nur sparsam und zurückhaltend. Mit Ambroise Tardieu vollzieht sich 1857 ein Wandel: die Kultur bemächtigt sich der Päderastie. Doch die Medizin befindet sich damals gegenüber der Literatur im Vorsprung. Proudhon verurteilt die Inversion mit Worten, die die Handbücher für Beichtväter nicht mißbilligt hätten: »Sollte es in dieser widernatürlichen Paarung, diesem *frictus* zweier Männer, zweier Weiber eine scharfe Lust geben, die die abgestumpften Sinne aufweckt, wie das Menschenfleisch, das dem Kannibalen jedes andere Festmahl langweilig werden läßt? Sollte die Päderastie ein Ersatzmittel der Menschenfresserei sein?«[6] Und weiter: »Wir wünschten, durch die Scheußlichkeit unserer Beschreibungen selbst zu zeigen (...), daß die Homosexualität die letzte Stufe der menschlichen Verkommenheit ist, der Abgrund des Verbrechens, ein Ungeheuer, das jede Gesellschaft mit Feuer und Schwert verfolgen muß (...). Gleichwohl bemerken wir, wenn wir unsere Blicke der Schrift von Herrn Tardieu zuwenden, daß jedes Zitat unmöglich ist. Was für den Mediziner im Interesse der Gerechtigkeit auszuforschen, zu enthüllen, zu beschreiben lobenswert ist, ist dem Philosophen untersagt.«[7] Die Goncourts handeln davon mit Ironie und Herablassung: »Ich erfahre bei Uchard, daß der Mann, der unsere Bücher im Namen der göttlichen Moral, der menschlichen Moral, der gesellschaftlichen Moral, aller bekannten Moral geißelt, daß d'Aurevilly ein Päderast ist – oder zumindest alles dafür tut, damit man es glaubt.«[8] Der nachsichtigere Edmond de Goncourt macht sich noch 1885 lustig: »Abendessen bei Daudet mit Barbey d'Aurevilly, den ich zum ersten Mal ein wenig vertrauter erlebe. Er ist in einen rockförmigen Gehrock gekleidet, der ihm Hüften macht, als hätte er eine Krinoline, und trägt eine weiße Wollhose, die wie eine Moltonunterhose mit Hosensteg aussieht. In diesem lächerlichen und päderastischen Kostüm, ein Herr mit vorzüglichen Manieren, mit der flötensüßen Rede eines Mannes, der gewohnt ist, mit Frauen zu sprechen, und dessen Zahnmangel an die gutturale Intonation von Frédérick Lemaître erinnert, jedoch in Moll.«[9]

Man muß den Briefwechsel Flauberts mit der Lupe lesen, um zu entdecken, daß die Sache für ihn weder unbekannt noch verabscheuungswürdig war: »Da wir gerade über Lustknaben plaudern, hier nun, was ich davon weiß. Hier wird das sehr gut aufgenommen. Man gesteht seine Homosexualität ein, man spricht davon an der Wirtstafel. Manchmal leugnet man ein klein wenig, dann fahren einen alle an, und schließlich wird es eingestanden. Da wir zu unserer Bildung reisen und von der Regierung mit einer Mission betraut sind, haben wir es als eine Pflicht betrachtet, uns dieser Art von Ejakulation hinzugeben. Die Gelegenheit hat sich noch nicht geboten, doch wir suchen sie. Es wird in den Bädern betrieben. Man belegt das Bad für sich (5 Francs, Masseure, Pfeife, Kaffee und Wäsche inbegriffen), und man fädelt seinen Bengel in einem der Räume ein.«[10] Und in einem anderen Brief: »Übrigens, Du fragst mich, ob ich das Werk der Bäder vollzogen habe. Ja, und zwar an einem von den Blattern gezeichneten jungen Burschen, der einen riesigen weißen Turban trug. Ich mußte darüber lachen, das war alles. Aber ich werde es wieder tun. Um eine Erfahrung gut zu machen, muß man sie wiederholen.«[11]

Dergleichen Eingeständnisse sind selten. Die Literatur des Zweiten Kaiserreichs klammert sich, obwohl sie sich selbst gegenüber gleichgültig ist und ihre Grundlage außerhalb von Inspiration und introspektiver Psychologie sucht, an die Bilder der gelebten Erfahrung. Die Homosexualität anschneiden, hieße das nicht, sie auf sich nehmen? Welcher Schriftsteller würde dies unter der Herrschaft des Ordre moral wagen? Der Mediziner dagegen ist als Hüter und guter Samariter der Bourgeoisie vor jedem Verdacht in Sicherheit und kann sich, ohne die Furcht, angesteckt zu werden, über den Schmutz auslassen. Um so mehr, als die Gesellschaft, die ihn mit beispielhafter sittlicher Verantwortung ausgestattet hat, in ihm solidarisch das Licht erblickt. Die

Scheußlichkeit und das Laster erklären, heißt nicht, sie frei sprechen; es ist ein Mittel, ihre Verheerungen zu begrenzen. So geht die Wissenschaft gegenüber den biologischen Plagen vor, den im 19. Jahrhundert noch mörderischen Epidemien. Der Arzt, der seinen versteinerten Lesern die Geständnisse der Homosexuellen enthüllt, ist keineswegs ihr Komplize. Unanfechtbar hört er zu, zeichnet er auf und zieht Schlußfolgerungen. Doch ist seine ausführliche Exegese einmal beendet, erlangt er seine Freiheit als beleidigter Mensch wieder und klagt unerbittlich gegen diese Übeltäter: »Die Natur selbst erweist sich an diesem sexuellen Schwindel mitschuldig; es scheint so, als ob sie sich den Zwecken jener fügt, die unsere Sittlichkeit anklagt und verurteilt. Die zweifelhaften Geschlechter verraten sich dem geübten Blick eines Arztes von selbst, der Verirrungen beklagt, die er durch sein Schweigen und durch das Vergessen verbirgt. Sie täuschen sich kaum, wenn Sie auf den ersten Blick in einem Krankenhausbett ein Gesicht bemerken, mag es noch so anstößig sein, das bleich, verweichlicht und feminin ist, mit feuchtem Auge und Flaumbart. Die Stimme dieses Mannes ist schwach, geht über in die des *Kastraten.* Sein Blick ist erloschen und ohne Manneskraft. Sie befragen ihn als Arzt und stellen an ihm kein großes Leid und viel Trägheit fest. Er verträgt die leichte Diät, die Sie ihm auferlegen; um nicht hinausgesetzt zu werden, wird er Blutegel, Aderlässe, Zugpflaster erdulden, vorausgesetzt, er bleibt reglos in seinem Bett, und er verbirgt sein Leid und erwartet seine Heilung von der Ruhe, zu der ihn im übrigen eine Kette verurteilt, die ihn an sein Bett fesselt. Endlich wird der Arzt eines Tages durch ein Wort, eine Geste, das wissende Lächeln eines Krankenpflegers erleuchtet: Er bemüht sich um den Beweis, und das *infundibulum ani* zeigt ihm in klaren Worten den Fall an, um den es sich handelt. Nun ergreifen ihn Abscheu und Mitleid: Er schließt die Augen, und der beschämte Kranke verbirgt sich errötend unter seiner Bettdecke.«[12] Diese Verdrehung der gemeinen und der gelehrten Sprache hat epistemologische Bedeutung. Unlängst hat die für die Schimären der Theoretiker gewonnene Geschichtsschreibung begonnen, die Systeme, die ausgeführtesten Gelehrsamkeiten und die großsprecherische Rede zu bevorzugen. Die Unrechtmäßigkeit dieser Option besteht darin, anderen Ausdrucksweisen aus dem Weg zu gehen, die ihren eigenen Wortschatz und ihre eigene Grammatik besitzen; naiven Diskursen der Sittenprozesse, die auf dem Land wie in der Stadt das genaue Ausmaß des Skandals und der Dringlichkeit der Strafe nur in den geschlossenen Sitzungen der Gerichtshöfe und unter dem Staub der Archive zu erkennen geben; zerbrochenen, abgehackten Diskursen, die von Lärm und von Zorn durchzogen sind, wie in den öffentlichen Anlagen, wo Passanten schmutzige Verführer schnappen; kaum artikulierten Diskursen in den Pressenotizen der Gerichtschronik, die wie die Katze um den heißen Brei schleichen und ihre Absicht nicht erklären, zum Beispiel am 15. März 1838, um vom Überfall eines Gigolo auf einen Pariser Trödler zu berichten: »Ein Mordversuch ist heute morgen in der rue de l'Arbre-Sec Nr. 17 begangen worden. M. Vaillant, Nippsachenhändler, dessen Laden so oft auf der Place Saint-Germain-l'Auxerrois aufgefallen ist, wird von einem Menschen aufgesucht, den er kürzlich kennengelernt hatte und der ihn manchmal besuchte. M. Vaillant sagt ihm, daß ihm nicht wohl sei und er eine ungewöhnliche Wärme in der Kehle verspüre: ›Sie haben vielleicht geschwollene Mandeln‹, sagt dieser Mann zu ihm, ›setzen Sie sich in diesen Sessel und legen Sie den Kopf zurück, ich werde das untersuchen.‹ Jener nimmt diese Stellung ein und der Mensch einen Löffel, den er in M. Vaillants Mund einführt, um seine Untersuchung auszuführen; dann ergreift er mit der anderen Hand einen scharfen Gegenstand und bearbeitet damit den Hals des Unglücklichen. Glücklicherweise hatte dieser die Schnur einer Klingel bei der Hand, die zum Portier lief. Er zieht kräftig daran, wobei er Schreie ausstößt, und der Mörder ergreift eilig die Flucht. Die erste Hilfe wurde M. Vaillant von einem Arzt aus der Nachbarschaft erteilt; man hofft, daß die Verletzungen nicht tödlich sein werden, da die Stiche durch die fischbeinverstärkten Hemdkragen, die er trug, abgefangen worden sind.« Das ist nun also ein Sittlichkeitsfall. Hätten Sie das unter dem Anschein eines nichtssagenden Berichts und Kommentars erraten? Wir wohl auch nicht, wenn nicht ein paar Tage später, am 24. März, die *Gazette des Tribunaux* uns folgende Einzelheiten über diesen Fall mitgeteilt hätte: »Der Mörder Vaillants*, über den wir einige Erkundigungen eingeholt haben, soll allem Anschein nach ein gewisser Lebœuf sein, der vor zwanzig Jahren mit seinem Bruder einen Heilkräuterladen in der rue du Vieux-Marché-Saint-

* Beachten Sie die plötzliche Auslassung des »Monsieur«. Das Opfer wird von Anfang an durch eine stilistische Bestimmung auf die Ebene seines Angreifers gestellt; es gleitet unmerklich auf die andere Seite der Schranke, ins Lager der Strolche.

Martin Nr. 3 führte. Vaillant soll sie zu jener Zeit kennengelernt haben, als er einige Besorgungen bei ihnen machte. Als der ältere der beiden Brüder starb, verkaufte der jüngere das Geschäft und ging nach Brasilien, wo er mehrere Jahre blieb. Nach Frankreich zurückgekehrt, traf Lebœuf vor sechs Monaten Vaillant in einem Wirtshaus in der rue Saint-Honoré, und sie nahmen ihre Bekanntschaft wieder auf.« Nun ist es endlich heraus, allerdings so diskret, daß es einem nicht vorgewarnten Blick entgeht: »Dieses Lokal, das einen sehr schlechten Ruf hatte, wurde von der Polizei in den ersten Februartagen geschlossen, und mehrere Personen wurden festgenommen. Lebœuf und Vaillant trafen sich allem Anschein nach trotzdem weiter, und der Mörder versuchte in der Folge dieser vertraulichen Beziehungen, sein Verbrechen zu begehen.« Es gibt ein Gitter des Schweigens: es sagt, daß die Dinge nicht gesagt werden können, weil das Tabu für eine soziale Gruppe die Bedingung ihrer Sicherheit und vielleicht ihres Überlebens ist. Selbst die Literatur des 19. Jahrhunderts, die sich dieser Aufsicht entzieht, bleibt an die Phantasien und Phobien der gemeinen Empfindung gebunden: Mit dem Vorbehalt, daß sie ihre Ehre verliert, wahrt sie hinsichtlich der Homosexualität ihre quälenden Geheimnisse.

Frage: Ist es nicht merkwürdig, daß ihre Wachsamkeit in bezug auf den Sapphismus nachläßt? Das 19. Jahrhundert handelt davon ohne Scham von Balzac bis Musset, Baudelaire, Monnier und Pierre Louÿs.

Antwort: Wahrscheinlich, weil die Ladung der Zensuren hier weniger zündend ist. Ein schöner Beweis der Polytonalität der Diskurse. Scheinbar zielt die Empörung auf die Lesbierinnen geradeso wie auf die Päderasten. Die Moral der herrschenden Klasse vernichtet sie im gleichen Bannfluch. Parent-Duchatelet hält »die Tribaden für auf die letzte Stufe des Lasters gesunken, die ein menschliches Wesen erreichen kann, und genau deswegen erfordern sie eine ganz besondere Überwachung durch diejenigen, die mit der Überwachung der Straßenmädchen beauftragt sind, doch mehr noch von seiten der Personen, die mit der Leitung des für diese Mädchen bestimmten Gefängnisses betraut sind«.[13] Hören Sie nur diese weiteren Ausführungen, die beweisen, daß die Abscheu durch die Institutionen sanktioniert und mit einem Abschreckungssystem verbunden wird: »Diese Unglücklichen haben zu verschiedenen Zeiten die Aufmerksamkeit der Behörden auf sich gezogen. So wurde 1824 den Halterinnen von Freudenhäusern ausdrücklich verboten, ihren Mädchen zu erlauben, im gleichen Bett zu schlafen; man bestrafte diejenigen mit mehreren Tagen Gefängnis, die bei Visiten und Inspektionen beieinanderliegend angetroffen wurden; man wütete in der gleichen Weise gegen die freien Mädchen, bei denen gleiches der Fall war; endlich wurde einer Hausvorsteherin die Genehmigung entzogen, weil sie im Bett einer ihrer Frauen überrascht wurde.«[14] Doch unter der rechtlichen Strenge schlummert einige Nachsicht, die sich von der Verdammung der Päderasten abhebt. Im Schatten einer kastrierenden Ideologie sucht der Bourgeois des 19. Jahrhunderts in der Darstellung lesbischer Liebe ein ableitendes Mittel. Als Heuchler kommt dabei seine Männlichkeit auf ihre Kosten: er bemißt an diesen verbotenen Spielen die Überlegenheit des starken Geschlechts. Als Voyeur mit zweifelhaften Wünschen projiziert er sein Teil verdrängter Homosexualität in empörende Szenen und befreit sich davon kampflos durch das wirkliche oder imaginäre Schauspiel der sklavischen Weiber. Wundern Sie sich dann nicht, daß sich die Gerichte trotz der Gesetze und der Schmach gegenüber diesen Verirrungen wohlwollender zeigen als gegenüber der Unzucht der Uranisten. Kleidet sich um 1830 ein Fräulein wie ein Mann, ist dies für die Pariser Richter eine Lappalie: »In einem bescheidenen Zimmer der rue Bertin-Poirée wohnte ein junges und hübsches Mädchen namens Adèle Pecquet, Schleiferin von Beruf. Sie trug gewöhnlich Männerkleidung, und diese Gewohnheit, durch die sie aufgefallen war, hatte die Aufmerksamkeit erregt. Für diese leichte Übertretung vor das Polizeigericht geladen, erschien sie nicht und wurde zu einer Geldstrafe von drei Francs verurteilt.«[15] Zola ergießt sich über die sapphischen Paare: Suzanne Haffner und die Marquise d'Espanet, Nana und Satin. Es scheint so, als ob er für die Marquise Partei ergreift, wenn sie in *La Curée* (Die Beute) Hupel de la Noue bittet, ihr Suzanne zurückzubringen, die von einem rohen Tänzer gepackt worden ist. Wenige, sehr wenige Vorstöße in die Päderastie und ohne Nachsicht:

»›Das habe ich ja ganz vergessen, ich habe Ihnen noch gar nicht die Geschichte von Baptiste, dem Kammerdiener des Herrn, erzählt... Man hat Ihnen gewiß nichts sagen wollen...‹

Die junge Frau gab zu, daß sie tatsächlich nichts wisse.

›Nun, Sie erinnern sich an sein würdevolles Gehabe, seine

herablassenden Blicke, Sie haben selbst zu mir davon gesprochen ... Das alles war nichts als Komödie ... Er machte sich nichts aus Frauen, kam niemals ins Dienerzimmer herunter, wenn wir dort waren; und er behauptete sogar – jetzt darf ich es ja wiederholen –, es sei widerlich im Salon, wegen der ausgeschnittenen Kleider. Das glaube ich gern, daß er die Frauen nicht leiden mochte!‹

Und sie neigte sich zu Renées Ohr; sie brachte sie zum Erröten, während sie selber ihre redliche Gelassenheit bewahrte.

›Als der neue Stallknecht‹, fuhr sie fort, ›dem Herrn alles gesagt hatte, hat der Herr den Baptiste lieber weggejagt, als ihn dem Gericht zu übergeben. Es scheint, daß diese häßlichen Dinge schon seit Jahren in den Ställen getrieben wurden ... Und dabei tat dieser lange Lulatsch so, als liebte er die Pferde! Die Stallburschen hat er geliebt!‹«[16]

Und an jenem Tage empfand Renée, als sie ihren Torheiten nachging, im Bois, im Zug der vertrauten Wagen »eine Überraschung, einen Ekel, als sie Baptiste wiedererkannte (...), mit weißer Haut und feierlicher Miene«, an der Seite des Kutschers von Baron Gouraud.

Frage: Fassen wir zusammen: Über die Homosexualität wurden im 19. Jahrhundert drei Diskurse geführt. Ein allgemeiner, kaum artikulierter Diskurs; ein wissenschaftlicher Diskurs, der sich erst ab dem Zweiten Kaiserreich systematisiert; ein literarischer Diskurs, der sich auf den Sapphismus bezieht, sich der Päderastie aber fast vollständig verschließt. Nun werden Jean Lorrain, Pierre Loti, Gide und Proust in den Jahren zwischen 1860 und 1870 geboren und bringen der Literatur um die Jahrhundertwende eine homosexuelle Färbung. Entspricht ihr Auftreten einer Revolution?

Antwort: Kein Zweifel: das Auftauchen einer wissenschaftlichen Interpretation und einer Literatur der Inversion am Ende des Jahrhunderts drückt ein Nachlassen der Strenge aus. Allerdings bedeutet der Übergang von dem Abscheu zur Erklärung in der Medizin und vom Ungesagten zur Verbreitung in den Romanen nicht, daß die allgemeine Empfindung die Herausforderung des Instinkts unterstützt, sondern nur, daß sie im Schreiben einen Spannungsüberschuß beseitigt; daß die Rede über die Unordnung die Schwelle ihrer Toleranz nicht mehr überschreitet; daß sie zwischen Skandal und Feder zu einem Konsens ermuntert; daß der

Positivismus, den sie ohne Unterbrechung zu ihrer Bibel gemacht hat, seine Früchte trägt und ihr erlaubt, die Verirrung vom Laster wie die Krankheit vom Bösen zu unterscheiden. In der Tat heben die Schriftsteller gerade in dem Augenblick den Schleier von der Homosexualität, als die Psychopathologie den Doppelsinn des Wortes *pervers* betont und sich gleichermaßen auf die Perversion als krankhaften Prozeß und die Perversität als Synonym von Schändlichkeit bezieht.

Gide vor allem erweist die Schwierigkeiten dieser Enthüllung durch eine umsichtige Distanzierung. Zuerst einmal begrifflich: die pseudo-naturalistische Philosophie des *Corydon* schöpft ihre wesentlichen Bezüge aus dem Humanismus des Altertums oder der Renaissance, ihre Argumente aus Rechtsfällen und ihre Materialien aus den Naturwissenschaften. Doch wer nun ist Corydon? Gibt es bei Gide Gewagteres als den Stand seiner vorgeschobenen Person: ein Junggeselle und Arzt, der kein Hehl daraus macht, daß er dazu gehört, während seine Berufsgenossen der Definition nach über jeden Verdacht erhabene Bürger sind. Wenn Dr. Corydon durch seine aufsehenerregenden Sitten beunruhigt, so muß er auch durch die Einfachheit seines Benehmens, die Nüchternheit seiner Wohnung (kein Anzeichen von Verweichlichung) und seine umfassende Bildung Sicherheit zurückgeben. Doch in dem Buch, das er vorbereitet, einer *Verteidigung der Päderastie,* ahnt man einen Wust von erbaulichen Beweisführungen und trügerischen Unterscheidungen: zwischen dem Päderasten und dem Homosexuellen, dem Uranisten und dem Invertierten. Diese Kategorien, die seit Krafft-Ebing sehr beliebt sind, dienen Gide, dem es übrigens an Mut nicht fehlt, als Vorwand, nicht wirklich zu sich selbst zu stehen. Im Vorwort zu einer Neuauflage des *Corydon* zögert er 1922 nicht, die Verwirrung Prousts anzuklagen, der unter dem schlechten Einfluß von Dr. Hirschfeld unvereinbare Dinge durcheinanderbringt: Sodomiterei, Verweichlichung und die durch Geschichte und Natur gerechtfertigte Vorliebe für junge Knaben. Epheben, die *l'Immoraliste,* das *Journal, Si le grain ne meurt* (Der Immoralist, Das Tagebuch, Stirb und werde) am liebsten in Übersee rekrutieren. Der geographische Unterschied bringt einen politischen Unterschied ein: in jenen Zeiten des Kolonialismus ist es weniger herausfordernd, den Rahmen unerlaubter Liebe in Tunesien oder Ägypten als in Nevers oder Maubeuge anzusiedeln. Wenn Gide mit *Les Faux-Monnayeurs* (Die Falschmünzer) nicht länger zögert, die Landschaft der Übertretung ins Allerheiligste, nämlich nach Paris selbst, zu verlegen, schwächt er deren Schande durch eine Kastenmythologie ab, die um so bezeichnender ist, als die N.R.F. *(La Nouvelle Revue Française)* in ihrem avantgardistischen Eifer sich nicht viel aus der Aristokratie macht. Als man bei Schlumberger* über den *Temps Perdu* (Auf der Suche nach der verlorenen Zeit) debattiert, sind alle angewidert und alle mit Gide einverstanden, der ausruft: »Das ist voll von Herzoginnen, das ist nichts für uns!« Die Päderastie hingegen wird weniger schlecht ertragen, auf jeden Fall eher toleriert in den Tollheiten des Comte de Passavant als in den Entgleisungen eines Metzgers von La Villette oder eines Schauermannes aus Bercy.

Der Adel liefert dem aufrührerischen Schriftsteller zu Beginn des 20. Jahrhunderts die Bürgschaft für seine Frechheit. Zudem entgeht er, wenn er die Macht ausübt, den gemeinen Gebräuchen. Der Marschall de Richelieu berichtet von »einer griechischen Orgie«, die sich in Versailles während der Minderjährigkeit Ludwigs XV. unter den Fenstern des Königs abspielte. Der doch sehr freidenkende Regent war gezwungen, seinen Rat zu versammeln. Dort gerieten die Verfechter der Bestrafung und des lächelnden Verweises aneinander. Zu den letzteren gehörte Condé, der zweite Prinz von Geblüt. Er brachte vor, daß es kaum eine Gefahr beim Totschweigen dieser Angelegenheit gab, da sie sich im Schloßpark ereignet hatte; daß, falls sie durch ein Mißgeschick nach außen dringen sollte, sie dort keinen Widerhall finden könne, weil das Volk diese Unzucht nicht kenne. Der Adel ist zwischen 1890 und 1920 nur noch eine fossile Spezies, die erhaben, weil trümmerhaft, mythisch, weil ausgegliedert ist und folglich der korrosiven Funktion entbehrt. Wenn Proust, dessen Zeugnis über die Homosexualität das allerunnachsichtigste bleibt, seine anachronistische Fürsprache ersucht, so weniger, weil der Adel ihm als Wortführer denn als Ausflucht dient. Er kann sich nämlich wohl in die Feinheiten der Perversion wagen; vor allem muß er sie aber durchbringen. Der Bann ist im Jahre 1910 noch von viel zu explosiver Wirkung, als daß der Erzähler seine Gegenstände ohne Rücksichten handhaben könnte. Die Medizin kann sich den Luxus des Zynismus leisten und erklären, daß sie allein

* Anm. d. Ü.: Einer der Gründer der N.R.F.

dem Prinzip der Objektivität, mag es auch roh sein, unterworfen ist; mittels ihrer lebt sich die soziale Gemeinschaft auf die billigste Weise aus. Doch die Literatur schuldet der Ideologie, von der sie abhängt, Rechenschaft, was immer sie auch behauptet: hat sie nicht ein Publikum, zirkuliert sie nicht in der liberalen Demokratie in allen Händen? Statt in Bischofssitzen und Präfekturen ist der Index in den Herzen. Und im Zenit der Belle Epoque, auf dem Höhepunkt des Szientismus oder einer Cléo de Mérode*, gibt es kompromittierende Handlungen, denen das Herz nicht zustimmt: »Wenn es ein Laster oder eine Krankheit gibt, die der französischen Mentalität widerstrebt, so ist es wohl, um die Dinge beim Namen zu nennen, die Päderastie.«[17] Die Welt von *Auf der Suche nach der verlorenen Zeit* ist geeignet, das Leiden des Lesers zu anästhesieren.** Um Palamède de Guermantes, den Baron de Charlus und jüngsten Sohn eines erlauchten Hauses, kreisen allerlei herrschaftliche und sogar nicht-adelige Gestalten, die diese entartete Lehnsherrschaft aufgenommen hat. Allerdings genügt es nicht, Charlus in eine allegorische und missionarische Hauptfigur der päderastischen Partei zu verwandeln. Es empfiehlt sich, für ihn einen Schutzapparat zu errichten, ein Netz von Metaphern, einen versichernden Wortschatz, eine ablenkende Symbolik, durch die er, soweit wie möglich, der Tragödie der Geständnisse ausweicht.[18] Charlus, eingehüllt in eine Pflanzenwelt, in der Jupien das seltene Gewächs ist. Sehen Sie, wie er seinen Hintern herausstreckt, um den Schneider zu verführen: »Er nimmt diese Pose mit der Koketterie an, welche die Orchidee für die von der Vorsehung gesandte, überraschend eintreffende Hummel hätte aufwenden können.« Charlus, der Künstler, Charlus, der Schöpfer. Er »hatte es verstanden, aus der umgebenden mondänen Welt

* Anm. d. Ü.: Tänzerin und Kurtisane, die mit Reynaldo Hahn und Marcel Proust befreundet war.

** Ein in der Gestalt des Romans selbst wiedergefundenes Leiden, wo der Erzähler uns von der Fiktion zum moralischen Urteil führt. So schreibt Proust von den Neigungen Mlle Vinteuils und ihrer Freundin: »Im übrigen waren sie (die Profanationen hinsichtlich auf M. Vinteuils) immer seltener vorgekommen und schließlich in dem Maße ganz und gar verschwunden, indem er jene krankhafte körperliche Beziehung, jene Verblendung durch eine trübe Glut, der Flamme einer hohen reinen Freundschaft gewichen war.« (*À la recherche du temps perdu*, Gallimard, Bibl. de la Pléiade, Bd. III, S. 261. – Siehe auch: M. Proust: *Auf der Suche nach der verlorenen Zeit*, Bd. 3, übersetzt von Eva Rechel-Mertens, Ffm, 1956, S. 391 f.)

eine Art Poesie zu gewinnen, wo Geschichte, Schönheit, Malerisches, Komisches und frivole Eleganz eingingen«. Charlus, der durch die Subversion des Lachens, den Humor, der untergräbt und Fallen stellt, gerettet wird. Charlus, der das Werk mit seinen Zornesausbrüchen und Maßlosigkeiten übersät, die unwiderstehlich, weil unberechenbar sind und die, wie bei Saint-Simon, einen Abgrund zwischen den gesagten Dingen und dem Ausdruck auftun: Rhythmus, Stimmlage, Klangfarbe. In der Halle des Grand-Hôtel in Balbec an der Seite des eleganten und verweichlichten Dieners einer Cousine verbirgt er seine Enttäuschung nicht: Er hatte ihn eingeladen, da er ihn für einen bäuerlichen Kollegen hielt, der mehr nach seinem Geschmack war. Der Knabe fühlt sich in seiner Eigenliebe angegriffen: »Ich habe keinen Kameraden außer einem, den Sie nicht gut gemeint haben können, er ist grauenhaft, er sieht aus wie ein dicker Bauer.« Um ihn nicht weiter zu verletzen, verlegt Charlus den Streitpunkt: »Aber ich habe kein spezielles Gelübde getan, nur die Bekanntschaft von Leuten der Mme de Chevregny zu machen. (...) Könnten Sie mir nicht hier oder in Paris, wohin Sie ja bald gehen werden, eine Reihe Ihrer Kameraden aus dem einen oder dem anderen Hause bekannt machen?« Bemerken Sie die Verschiebung des religiösen Vokabulars und des Anfalls von Beredsamkeit gegenüber dem Hintergrund der Rede, dem Wunsch nach einem kräftigen Burschen anstelle dieses Laffen, der platt die Leute von Stand nachahmt. Das Komische tritt bei Proust fast immer am Schnittpunkt zweier Verzerrungen auf: der Form und des Inhalts des Diskurses, der Wirklichkeit und der Vorstellung der sozialen Unterschiede. Die Päderastie stört die Normen. Charlus erniedrigt sich auf den Rang der Domestiken und Westenmacher. Doch diese bilden sehr versnobt wieder eine Hierarchie zu ihren Gunsten und schwingen sich auf magische Weise auf die Ebene ihrer Partner hinauf. Da bei ihnen der Traum an die Stelle der Initiation tritt und ihnen von einer begehrten Gesellschaft alles unbekannt ist – ihr Verwandtschaftssystem, ihre Bündnisse, ihr Räderwerk –, begehen sie grobe Fehler und erleiden sie unsagbare Mißgeschicke. Schlägt der zu steife Diener der Mme de Chevregny dem Baron nicht vor, ihm den Prince de Guermantes, seinen Vetter, zuzuführen! Und als Morel, der sich zu diesem Prinzen auf einen sehr speziellen Empfang begibt, in einem kleinen Salon die Photographie von Herrn de Charlus erblickt, macht er sich verwirrt eilendst aus dem

Staub. An den Kindern Sodoms, an der wundersamen Fauna von Weibmännern, die seinen Bericht durchziehen, erprobt Proust ebenfalls die kathartischen Tugenden des Hohns. Nissim Bernard, der blind ist wie ein Maulwurf, verwechselt seinen Liebling, einen Knecht, mit seinem Zwillingsbruder, der ihm seine Huldigungen mit einer kräftigen Tracht Prügel heimzahlt. Legrandin stürzt sich, aus Angst, gesehen zu werden, wie eine Feuerkugel in die Orte, die ihm widerstreben, die Bedürfnisanstalten oder das Haus von Herrn de Charlus. Jupien erklärt dem Baron zuerst: »Sie sind hinten aber gut versorgt!«, doch sehr schnell korrigiert er die Grobheit des Kompliments durch ein zärtliches: »Also gut, mein Junge«, wobei er in wenigen Zeilen die Komödie des Klassenkampfs spielt: Charlus wird zunächst verdinglicht, dann nicht mehr von hinten, sondern von vorne gesehen, verkleinert und von einem herablassenden Herrn in sein eigentümliches Wesen wiedereingesetzt. Wer jedoch ist untergeordnet? Ist es nicht Jupien, der nur in Stellvertretung herrscht und den arroganten Standesherren mimt?

Endlich die Maske aller Masken, der männliche Charlus, der, von anstrengenden Übungen begeistert, sich auf langen Wanderungen erschöpft und zu Fuß in Balbec ankommt: »Nachts, sagte Saint-Loup, schlief dieser Onkel auf den Gehöften, wenn er sich vom Schloß aus, auf dem er zur Sommerfrische war, auf den Weg machte.« Charlus, wie er bei den Bauern die lehnsherrliche Verwurzelung im Boden wiederfindet, den Quell, wie er meint, aller Männlichkeit. Charlus, der barsch, unangenehm und hart gegenüber denjenigen seines Geschlechts ist, bereit, sie beim geringsten Vergehen zu bestrafen, aber ein Freund der Frauen, galant, draufgängerisch und in seiner Jugend so schön, daß die Legende ihm tausend Abenteuer nachsagt. Saint-Loup beklagt sich nicht ohne Stolz über das Schicksal von Mme de Charlus: »Aber ich weiß, daß er meine arme Tante oft betrogen hat.« Ihrem Andenken dagegen ist er edelmütig treu, jeden Tag läuft er zum Friedhof. Und allen gegenüber, Männern wie Frauen, ist er stolz, heftig, befehlshaberisch. Bei jemandem von solchem Schlage versteht man, daß er den Unverschämten erbarmungslos prügelt, der es gewagt hatte, ihm Angebote zu machen!

Frage: Seit zwanzig Jahren hat sich der Diskurs über die Homosexualität nach und nach befreit. Die Ablehnung einer Besonderheit der Literatur hat eine Blüte theoretischer und fiktionaler Werke hervorgerufen, in denen die Übertretung ohne Umschweife ausgedrückt wird. Handelt es sich hier nicht um einen echten anthropologischen Wirbelsturm, eine massive Aufhebung der Zensuren?

Antwort: Durch eine dieser Wunderlichkeiten, mit denen die französische Kultur verschwenderisch umgeht, beschlagnahmen unsere Formalisten die Begierde – den permanenten Aufstand, ununterdrückbare Auflösung. Man wohnt einem Titanenkampf bei: die Begierde bricht in den Diskurs ein, der sie sogleich verschlingt, denn leider verliert sie immer. Doch das entmutigt die Sprecher nicht: im Bewußtsein, daß sie die Sexualität entschärfen, sie ermatten und lebendigen Leibes in die Rhetorik und den Jargon einzwängen, entschädigen sie sie durch Weitschweifigkeit und Wortschwall. Betrachten Sie die Entwicklung dieser Form der Rede seit 1950. Bataille, Blanchot, Klossowski geben den Ton an. Die Erotik erhält universelle Würde: poetische, politische, ontologische; frenetischer Erotismus, Kraft, die als Gesetz nur ihre Laune anerkennt, als ihren Zweck nur die Lust. Eine umwälzende Veränderung: Sie haben die Wechselfälle der Feder verfolgt, die erst beleidigt, dann Zeuge, dann Ausflucht war; nun ist sie bösartig und ruhmredig, eine Kraft der Zersetzung. Wer ließe sich davon täuschen? Was die Feder unternimmt, ist dem Leben gestohlen. Der schon seit etwa 1955 von der herrschenden Ideologie gegen die Bagatellen des Erlebten geführte Vernichtungskrieg beseitigt in dieser Frage jeden Zweifel: die Praxis wird von der Theorie entgiftet, von der Textanalyse enteignet, auf den keimfreien Raum der Struktur reduziert. In ein Geflecht von Täuschungen verknüpft, wird die Homosexualität gleichzeitig verkündet und verleugnet.

Frage: Totale Sackgasse? Läßt sich in die Literatur keine unverstellte, unvereinnahmte Homosexualität einführen?

Antwort: Es ist Aufgabe einer neuen Geschichtsschreibung, eine Schreibweise des Ungesagten zu begründen. Gewiß machen es die aus den Archivauszügen entzifferten Sittlichkeitsprozesse den Weltverbesserern leicht, sie erteilen den Anklägern lieber das Wort als den Päderasten. Diese äußern sich daher selten, außer um die Anklagepunkte zu widerlegen, mit denen man sie belastet. Aber wenn, was wir zu hören bekommen, auch nur unvollständig und parteiisch ist, so wissen wir doch, daß das Schweigen der Angeklagten den Druck der Sitten widerspiegelt, daß die erstickten Stimmen sich deshalb nicht weniger vom allgemeinen Zetergeschrei abheben, daß sie rebellisch oder schmerzlich durch die Derbheit, Heftigkeit oder Zweideutigkeit der Zeugnisse hindurchklingen. Die Geschichtsschreibung rehabilitiert das Erlebte ohne Konzession an die Psychologie, sie sammelt Informationen, ohne dem Realismus zu verfallen, sie entdramatisiert die Homosexualität, ohne sie verschwinden zu lassen, sie öffnet die Akte der Begierde, ohne sie zu entfremden.

Jagdszenen

Inschriften

Gazette des Tribunaux (Gerichtsblatt) vom 20. März 1836: »In der Sitzung vom 16. März haben acht Kinder zwischen elf und fünfzehn Jahren vor dem Schwurgericht der Unteren Loire (Nantes) gegen besagten Honoré-Pierre Gautier, Volksschullehrer in Le Pellerin, Landkreis Paimbœuf, ausgesagt, dessen Schüler sie *drei Jahre lang* waren oder gewesen waren. Der Beruf des Angeklagten, das Alter und der Stand der Zeugen lassen die Art des Verbrechens, um das es sich handelt, ausreichend erkennen.«

Gazette des Tribunaux vom 14. Mai 1836: »Besagter Arnaud, zweiunddreißig Jahre alt, ehemaliger Lehrer, erschien am 24. April vor dem Schwurgericht der Vendée, angeklagt: 1) in der Gemeinde Saint-Médard, Landkreis La Rochelle, im Laufe der Jahre 1832, 1833 und 1834 unzüchtige Handlungen begangen zu haben, die er an Kindern männlichen Geschlechts unter elf Jahren ohne Gewaltanwendung vollzogen oder versucht hat, als er Lehrer der besagten Kinder war; 2) sich vor weniger als drei Jahren in der gleichen Gemeinde gegen die Sittlichkeit vergangen zu haben, indem er beständig die Ausschweifung oder Verderbtheit von jungen Knaben über elf, aber unter einundzwanzig Jahren ermunterte; 3) in der Gemeinde Saint-Florent-des-Bois, Landkreis Bourbon-Vendée, im Laufe des Jahres 1835 die gleichen Vergehen gegen die Sittlichkeit begangen zu haben.«

Gazette des Tribunaux vom 18. November 1836: Das Kassationsgericht hat die Berufung des Jules Esnard abgewiesen. Er war als Lehrer, wohnhaft in der Gemeinde Auradé (Gers), am 6. Oktober 1831 angeklagt worden, unzüchtige Handlungen unter Ausübung von Gewalt an mehreren Kindern unter fünfzehn Jahren begangen zu haben.

In der Stadt hätten sich die Dinge anders zugetragen. Unverzüglich entdeckt, wären die Übeltäter dem öffentlichen Zorn nicht entgangen. Ist es nicht unglaublich (der Chronist der *Gazette* hebt es hervor), daß Honoré Gautier seit 1833 und André Arnaud von 1832 bis 1835 schamlos ihre Zöglinge haben mißbrauchen können, während in Paris ein Portier aus der Avenue de Ségur im selben Augenblick, in dem er einen infamen Anschlag begeht, verhaftet wird?[1] Die gleiche Blindheit hinsichtlich Férauds: über mehrere Jahre hinweg verübt er an sieben oder acht kleinen Jungen so widerwärtige Handlungen, daß das Schwurgericht der Bouches-du-Rhône sich beeilt, den Ausschluß der Öffentlichkeit anzuordnen.

Durch Balzac und Stendhal weiß man um alle Unzulänglichkeiten der Provinz: ihre Langsamkeit, ihren Mangel an Vorstellungskraft und welche Entfernung nicht nur zwischen Besançon und Paris liegt, sondern zwischen Verrières und Besançon, der Hauptstadt im kleinen, oder zwischen Saint-Florent-des-Bois und Bourbon-Vendée. Nun scheint unter der Julimonarchie, als die Eisenbahn gerade erst in ihrer Vorgeschichte ist, das weite und fliehende Land eine durch ihre Mundarten, ihre Folklore und ihr Schweigen widerspenstige Unterprovinz darzustellen. Da geschieht es, daß man Justizbeamte voller Eifer den Komfort ihrer Kabinette aufgeben sieht, um die Strenge der Untersuchung mit dem Sinn für Ethnologie und der Neigung für romaneske Erforschung zu verbinden. Um der Besonderheit eines Landstrichs und seiner Bewohner näherzukommen, fährt Richter Rabot, begleitet vom Staatsanwalt und vom Gerichtsschreiber, die Loire hinauf bis zu den Stätten des Verdachts: »Legen wir unsere Abfahrt von Paimbœuf mit dem Dampfschiff auf morgen, zwei Uhr nachmittags fest... Um vier Uhr nachmittags in Le Pellerin angelangt, sind wir beim Herrn Bornard, Gastwirt, abgestiegen...«[2]

Lange Zeit sind es nur vernachlässigte Indizien. Die Kinder sprechen davon, ohne es auszusprechen. Selten geben sie das Geheimnis preis; mehrere empören sich bei dem Gedanken, in die Schule zurückkehren zu müssen; manche wechseln sie oder bleiben zu Hause. Im Kreise der Väter zeigen die Notablen genausowenig Eifer wie die Handwerker und Bauern, die Anspielungen zu deuten, die sie auffangen. Wenn man das erführe, wenn das bekannt würde, der Ärger, die verlorene Zeit und die Leute aus der Stadt, die kämen, um in unseren Angelegenheiten herumzuschnüffeln! So ist das Land, wo die öffentliche Meinung sich so schwer damit tut, ihren Aufschwung zu nehmen.

Jean Manson, der Eigentümer? Nicht auf dem Laufenden. Indessen bekennt sein Sohn, der verhört wurde, daß Herr Arnaud, der Lehrer, zweimal »versucht hat, ihm die Hose auszuziehen, worauf, (...) und um größere Unannehmlichkeiten zu vermeiden, er sogleich aufgehört hätte, nicht mehr *(sic)* in die Schule des besagten Arnaud zu gehen.«[3] Pierre Guiot, Maurer in Saint-Florent-des-Bois sagt aus: »Ich weiß von den dem Beschuldigten vorgeworfenen Vorfällen nichts; ich habe bloß sagen hören, daß er seine Schüler der Reihe nach in ihrem Klassenzimmer einschloß und daß er sich von ihnen masturbieren ließ.« Landwirt Jean Baptiste Chiché in Le Pé-de-Buzai bestätigt, »keine Kenntnis über die dem Herrn Gautier zur Last gelegten Tatbestände« zu haben: »Im vergangenen Juli war es ein Jahr her, daß ich meinen Sohn Félix, ein Kind von zwölf Jahren, vom Herrn Gautier, wo er seit mehreren Jahren zur Schule ging, fortgenommen habe. Ich habe ihn nur deshalb von der Schule des Herrn Gautier genommen, weil er darauf beharrte, die Schule von diesem nicht mehr besuchen zu wollen. Meine Frau und ich, die wir den Grund für seine Entscheidung erfahren wollten, haben ihn diesbezüglich mehrmals befragt, jedoch vergeblich. Er antwortete nur immer wieder: *Ich möchte nicht zu ihm gehen, gebt mich in die Schule, wohin ihr wollt, ich werde nicht mehr zum Herrn Gautier gehen.* Ich war also gezwungen, meinen Sohn von diesem Lehrer fortzunehmen und habe ihn in der Erziehungsanstalt in Chauvé, die vom Geistlichen dieser Pfarrei geleitet wird, untergebracht, wo er derzeit in Pension ist.« Andere Eltern sträuben sich, unter ihnen Durand, der Holzschuhmacher, der vorbringt, daß Hilaire und Auguste ihre Zeit verschwenden: »Ich weiß nichts Genaues bezüglich der dem Herrn Gautier zur Last gelegten Tatbestände. Mein Sohn Auguste hat in meiner Gegenwart seinem Bruder mehrmals vorgeworfen, mit dem Herrn Gautier zu spielen, der, sagte er, ihn recht gern hatte und ihn oft auf seinen Schoß setzte. Diese Vorwürfe erregten meine Aufmerksamkeit und ließen mich vermuten, daß bei den Freundschaftsbezeugungen des Herrn Gautier für meinen älteren Sohn etwas Schlechtes sein könnte. Ich befragte diesen, der abstritt, was sein Bruder sagte ... Die Vertraulichkeiten des Herrn Gautier, von denen Auguste sprach, hinterließen bei mir wie bei meiner Frau einigen Argwohn, der jedoch so unbestimmt war, daß ich meine Kinder aus diesem Grund nicht von der Schule nahm ...« Weder Durand noch Blaise Dantezac, Landwirt in Auradé, sind neugierig: »Als ich davon gehört habe, was man von dem vorgeblichen, abscheulichen Laster Esnards sagte, begnügte ich mich damit, meine beiden Kinder von ihm fortzunehmen.«[4] Julien-Louis Huet, Kontrolleur der Zollbrigade, vermeidet, sich über die Art der schlechten Behandlung, die sein Henri erlitten hat, Fragen zu stellen: »Ich machte dem Herrn Gautier deswegen Vorwürfe, der mir antwortete, daß er ihm durchaus nicht so viel Leid zugefügt hatte, wie er sagte. Gleichwohl nahm ich meinen Sohn von seiner Schule. Zwei oder drei Monate später, als ich die Gelegenheit hatte, Herrn Gautier zu sehen, fragte er mich, was aus meinem Sohn geworden sei. Ich sagte ihm, daß ich ihn gern wieder auf seine Schule geben würde, wenn er ihn nicht schlagen wolle. Auf die Versprechen hin, die er mir machte, gab ich meinen Sohn wieder zu diesem Lehrer. Einige Monate später erfuhr ich von meiner Frau, daß mein Sohn sich darüber beklagt hatte, daß der Herr Gautier ihn belästigte, weil, so sagte er, dieser mit ihm Schweinereien machte. (...) Ich fragte meinen Sohn darüber nichts mehr und nahm ihn sofort von der Schule des Herrn Gautier. Dies liegt ungefähr acht oder neun Monate zurück.«

Selten sind die Jungen, die sich wie Henri Huet ihrer Mutter anvertrauen. Aussage von Marie-Jeanne Tailles, verheiratete Martineau: »Mehrere Male hat mir das jüngste meiner Kinder gesagt, daß es nicht zur Schule gehen wollte, aber es hat mir niemals den Grund mitgeteilt.« Aussage von Rose Renaud, verheiratete Barraud: »Mein Sohn ist bei dem Beschuldigten während der ganzen Zeit, in der dieser in Saint-Florent geblieben ist, auf die Schule gegangen. Sehr oft kam er ziemlich spät. Ich fragte ihn nach dem Grund dafür, und er antwortete mir, daß er sich mit dem Schulmeister vergnügt hatte, aber er sagte mir nicht womit. An dem Tag, an dem die diesem Mann zur Last gelegten Tatbestände aufgedeckt wurden, ließen die Gendarmen meinen Kleinen bei diesem Menschen holen und nahmen ihn mit, nach dem, was er mir vor dem Bürgermeister berichtet hat. Ich fragte ihn, was er gesagt hatte, er wollte mir darüber keine Rechenschaft geben: *Ich habe nichts als die Wahrheit gesagt, Mutter, doch werden Sie nicht erfahren, was das ist.* Ich drängte ihn, um es zu wissen, er bestand hartnäckig darauf, mir zu verschweigen, was er gesagt hatte. Ich fragte ihn sogar am nächsten und am darauffolgenden Tag. *Mutter,* sagte er mir, *ich werde es Ihnen nicht sagen. Ich würde mich schämen.* Endlich gestand er es mir doch ein ... Ich wollte nicht, daß er weiter darüber sprach, weil er beim Reden weinte.«

Anderswo hätte man diesen unwürdigen Lehrer sogleich bestraft. Hier gibt es weder einen Skandal noch ein Ergreifen der Täter in flagranti, sondern ein Gerücht, das um sich greift, nachdem ein Wort fallengelassen worden ist (Lüstling, Schwein, Saukerl), eine zu starke Beschimpfung, um die Familien nicht aufzustören.

Aussage von Céracy Colomès: »Als ich zur Zeit der letzten Weinlese in meinem Weinberg war, befahl ich meinem Sohn Bernard, Trauben für den Herrn Esnard, seinen Lehrer, zu pflücken. Mein Sohn antwortete mir: *Das ist ein Saukerl.* Erstaunt über diese Äußerung hielt ich meinen Sohn an, mir zu sagen, warum er sie gemacht hatte. Er sagte mir daraufhin, ich solle das die Söhne von Dantezac fragen. Indessen, und auf mein Drängen hin, sagte mir mein Sohn, daß er wisse, daß besagter Esnard, als er zu den Dantezacs gegangen ist, wo man Marmelade machte, dort die Nacht verbrachte ...«

Aussage von Paul Asté: »Als ich durch den Vater Colomès von dem Bericht in Kenntnis gesetzt worden war, den ihm sein Sohn bezüglich dessen gemacht hatte, was sich zwischen besagtem Esnard und meinen beiden Kindern abgespielt hatte, ließ ich meinen ältesten Sohn eine Nacht bei mir schlafen und versprach ihm, ihn neu einzukleiden, wenn er mir die ganze Wahrheit sage. Daraufhin sagte mir mein Sohn, daß jede Nacht im letzten Winter, wenn er mit Esnard schlief, dieser ihn plagte ...«

Die Schulbehörden spitzen die Ohren. Da er den vor Ort gesammelten »mündlichen Auskünften« Glauben schenkt, richtet Jacques-Thomas Flottard ein Denunziationsschreiben an den königlichen Staatsanwalt »nicht nur im Interesse des akademischen Volksschulkörpers, aus dem der Herr Arnaud, wenn er für schuldig befunden wird, für immer ausgeschlossen werden müßte, sondern mehr noch in dem der in unwürdiger Weise angegriffenen öffentlichen Moral«. Die Dienstreise des Inspektors ist fürchterlich: »Heute morgen habe ich die Gemeindeschule von Le Pellerin

besucht; in bezug auf den Unterricht war ich sehr zufrieden, doch verhält es sich anders mit den Zeugenaussagen, die mir von den Mitgliedern des Ortsausschusses gemacht worden sind. Diese Herren haben mir gesagt, daß die Sittlichkeit des Herrn Gautier trotzdem verdächtig ist. Mehrere Familienväter, und unter anderem die Herren Huet, Zollkontrolleur, Durand, Holzschuhmacher, und Chiché Jean-Baptiste, Eigentümer in Le Pé-de-Buzai, waren gezwungen, ihre Kinder herauszunehmen, infolge von *Sittlichkeitsvergehen,* die an ihren Kindern verübt worden sind, von denen eines sich in einem Zustand alarmierender Entkräftung befunden hätte. Außerdem sagen sie, daß die politischen Anschauungen des Herrn Gautier gefährlich sind. Ich glaubte, Ihnen auf der Stelle von diesen Auskünften wider einen Menschen Mitteilung machen zu müssen, der, wenn ich den angesehensten Einwohnern Glauben schenken darf, keinerlei Vertrauen noch Ansehen genießt. Da ich weitergehende Auskünfte zu erhalten wünschte, habe ich den Herrn Pfarrer aufgesucht, der, trotz meiner drängenden Fragen, sich in das vollständigste Schweigen hüllte, was mir nicht vorteilhaft für den Beschuldigten scheint.«
Was sind diese Beamten doch für unermüdliche Jäger! Am 31. Dezember abends zurückgekehrt, gönnt sich der Inspektor der Akademie von Poitiers lediglich einen Tag Ruhe. Und selbst dann noch beschäftigt er sich damit, seine Post durchzusehen. Schon am 2. Januar macht er sich an die Arbeit. Am 3. trifft er den Präfekten. Am 4. sucht er beim königlichen Staatsanwalt nach. Am 5. wird er für seine Mühe belohnt: André Arnaud wird in die Haftanstalt von Bourbon-Vendée gebracht. Am 6. erscheinen die ersten Zeugen.

VERFAHREN

Personenbeschreibungen

ESNARD, Jules
neununddreißig Jahre, geboren in Tron, Département Mayenne, ledig
Größe: 1,68 m
Haare und Brauen dunkelblond
freie Stirn

braune Augen
lange Nase
mittelgroßer Mund
schwarzer Bart
rundes Kinn

GAUTIER, Honoré-Guillaume
sechsundzwanzig Jahre, geboren in Nantes
ledig
Größe: 1,56 m
Haare und Brauen dunkelblond
niedrige Stirn
schwarze Augen
mittelgroßer Mund
Kinn mit Grübchen
ovales Gesicht

ARNAUD, André
zweiunddreißig Jahre, geboren in Le Gué-de-Velluire
verheiratet
Größe: 1,68 m
Haare und Brauen schwarz
hohe Stirn
gelbbraune Augen
mittelgroße Nase
kleiner Mund
rundes Kinn
ovales Gesicht
gelbe Gesichtsfarbe, von Blattern gezeichnet

Einteilung der Zeugen

Esnard

28. Dezember 1831 — Céracy Colomès (Vater), siebenundvierzig Jahre, Müller, Einwohner von Auradé
Bernard Colomès, zwölf Jahre, Einwohner von Auradé
Paul Asté (Vater), vierunddreißig Jahre,

Müllergeselle, Einwohner von Auradé

Blaise Asté, acht Jahre, Einwohner von Auradé

Blaise Dantezac (Vater), achtundvierzig Jahre, Landwirt, Einwohner von Auradé

Denis Dantezac, siebzehn Jahre, ohne Beruf, Einwohner von Auradé

Bernard Dantezac, vierzehn Jahre, Einwohner von Auradé

Antoine Dumont (Vater), siebenunddreißig Jahre, Landwirt in Auradé

Jean-Louis Dumont, elf Jahre, Einwohner von Auradé

30. Dezember 1831 — Jean Montagnac, dreizehn Jahre, Einwohner von Auradé

Jean-Marie Gilibert, acht Jahre, Einwohner von Auradé

Gautier

6. Dezember 1835 — Julien-Louis Huet (Vater), einundsechzig Jahre, Kontrolleur der Zollbrigaden am Amtssitz von Le Pellerin

Henri Huet, am 4. Februar dieses Jahres dreizehn Jahre alt geworden, ohne Stand, wohnhaft bei seinem Vater

Hilaire Durand (Vater), achtunddreißig Jahre, Holzschuhmacher, wohnhaft in Le Pellerin

Unterbrechung der Anhörung um Viertel nach acht Uhr abends — Hilaire Durand, am 11. November diesen Jahres zwölf Jahre alt geworden, Holzschuhmacherlehrling bei seinem Vater

Auguste Durand, neun Jahre, wohnhaft bei seinem Vater

7. Dezember 1835, acht Uhr morgens — François Chatelier, am 6. Februar diesen Jahres elf Jahre alt geworden, wohnhaft bei seinem Vater

Henri Reverdi, im letzten Oktober dreizehn Jahre alt geworden, wohnhaft bei seinem Vater

	Jean-Baptiste Chiché (Vater), neunundfünfzig Jahre, Landwirt in Le Pé-de-Buzai, Gemeinde von Le Pellerin
	François Chatelier, bereits vernommener Zeuge
	Camille Olivier, am 19. Dezember letzten Jahres elf Jahre alt geworden, wohnhaft bei seinem Vater
	Jules Lhermier, im letzten Februar zwölf Jahre alt geworden, wohnhaft bei seinem Vater, Angestellter der indirekten Steuerbehörde in Le Pellerin
Unterbrechung der Anhörung um fünf Uhr abends	Pierre Guiomard, im letzten Juni dreizehn Jahre alt geworden, wohnhaft bei seinem Vater, Zollvorsteher in Le Pellerin
14. Dezember 1835, elf Uhr morgens	Félix-Pierre Chiché, dreizehn Jahre, wohnhaft beim Herrn Pfarrer der Gemeinde Chauvé
23. Dezember 1835, zehn Uhr morgens	Henri Huet, bereits vernommen
	Hilaire Durand, bereits vernommen
	François Chatelier, bereits vernommen
	Camille Olivier, bereits vernommen
2. Januar 1836, zehn Uhr morgens	Constant Brissonneau, fünfzehn Jahre, Sohn von Mathurin Brissonneau, Böttcher, wohnhaft bei seinem Vater im Hauptort der Gemeinde
	Simon Rondeau, fünfzehn Jahre, wohnhaft bei seinem Vater, Pächter des Pachthofes Bois-Corbeau, Gemeinde Cheix

Arnaud

6. Januar 1836	Isaac Biraud, vierzehn Jahre, ohne Beruf, wohnhaft in Saint-Florent-des-Bois bei seinem Vater, der Gastwirt ist
	Théophile Biraud, zwölf Jahre, ohne Beruf, wohnhaft in Saint-Florent
	Charles Barraud, zehn Jahre, ohne Beruf, wohnhaft in La Verdoisière, Gemeinde Saint-Florent

Pierre Martineau, elf Jahre, ohne Beruf, wohnhaft in Saint-Florent

9. Januar 1836 — Pierre Roblin, elf Jahre, ohne Beruf

Pierre Guiot, zwanzig Jahre, Maurer, wohnhaft in Saint-Florent-des-Bois

Louis Martineau, dreizehn Jahre, Zimmermannslehrling, wohnhaft in Saint-Florent

Pierre Biraud, fünfundvierzig Jahre, Gastwirt und Eigentümer, wohnhaft in Saint-Florent

François Giraudeau, elf Jahre, ohne Beruf, wohnhaft in Saint-Florent

Louis Pillet, siebenundvierzig Jahre, Eigentümer und Bürgermeister der Gemeinde Saint-Florent

15. Januar 1836 — Charles-François Le Pigeon, siebenunddreißig Jahre, Gendarmerie-Unteroffizier am Amtssitz von Saint- Florent

Jacques-Simon Renaud, siebenundvierzig Jahre, Steuereinnehmer der Gemeinde Saint-Florent

Charles-Henri Mandin, siebenunddreißig Jahre, Notar in Saint-Florent

16. Januar 1836 — Marie-Rose Roblin, verwitwete Bouron, einundfünfzig Jahre, wohnhaft in Saint-Florent

Charles Barraud, bereits vernommen

Rose Renaud, verwitwete Barraud, fünfzig Jahre, wohnhaft in La Verdoisière

Charles Martineau, elf Jahre, wohnhaft in Saint-Florent

Marie-Jeanne Tailles, verheiratete Martineau, neununddreißig Jahre, wohnhaft in Saint-Florent

Jacques-Thomas Flottard, neununddreißig Jahre, Volksschulinspektor des Départements der Vendée

19. Januar 1836 — Louis Pillet, bereits vernommen

Jacques-Simon Renaud, bereits vernommen

Jacques-Thomas Flottard, bereits ver-

	nommen
30. Januar 1836	François Sagot, sechsundfünfzig Jahre, Eigentümer, wohnhaft in Le Gué-de-Velluire
26. Februar 1836	André Broutier, Eigentümer und Bürgermeister der Gemeinde Saint-Médard
	Alexandre Brillouet, zwanzig Jahre, wohnhaft in La Laubertière, Gemeinde Saint-Médard
	Jean Manson (Sohn), für diesen Tag geladen und durch Krankheit im Bett zurückgehalten, kann nicht zur Zeugenaussage erscheinen
1. März 1836	Eugène Foucaud, elfeinhalb Jahre, wohnhaft in La Laubertière, Gemeinde Saint-Médard
	Auguste Chateau, dreizehn Jahre und zehn Monate, wohnhaft in Portefache, Gemeinde Saint-Médard
	Jean Manson (Vater), fünfundvierzig Jahre, Eigentümer, wohnhaft in La Laubertière, Gemeinde Saint-Médard
	Louis Texier, dreizehn Jahre, Bauer, wohnhaft im Hauptort der Gemeinde Saint-Médard
	Jean Manson (Sohn), sechzehn Jahre, Bauer, in seinem Zimmer vernommen, wohin sich Richter und Gerichtsschreiber begeben haben.

Chronik der Schandtaten

Esnard

Der einzige Gegenstand seines Fiebers: das Hinterteil seiner Schüler. Eingeladen, die Nacht bei den Dantezacs zu verbringen, befiehlt Esnard deren Kindern, mit ihm zu schlafen, und treibt seine Taktlosigkeit soweit, »sein männliches Glied in ihre After einzuführen«. Ebenso hat er es mit mir ungefähr fünfzig Mal gemacht, ergänzt Bernard Colomès: »Jedesmal, wenn er diese abscheuliche Tat an mir beging, leckte er alle Teile meines Körpers und nahm mein männliches Glied in den Mund. Sehr oft führte er seine Zunge in meinen After ein...« Mit Blaise Asté und drei seiner Kameraden zieht sich das Spiel über den ganzen Winter hin: »... es gelang ihm, sein männliches Glied in unsere After einzuführen. (...) Er streichelte mich viel, und oft tat er sein männliches Glied in meinen Mund.« Am hellichten Tag, so berichtet Paul Asté, der Vater, nahm er Blaise auf seinen Schoß und beging, nachdem er ihm die Hose ausgezogen hatte, seine Lieblingstat. Bernard Dantezac, Jean Montagnac, Jean-Marie Gilibert sprechen aus Erfahrung und mit denselben Ausdrücken. Nun sind aber ihre Hintern, auch wenn sie muskulöser sind als die der Städter, deswegen nicht weniger eng und zerbrechlich. Von daher die Wiederholung von »gelingen«, das sowohl Erstaunen (wie hat er das schaffen können?) als auch Leiden ausdrückt. Bernard Colomès erinnert sich: »Ich war so oft auf diese Weise von Esnard gequält worden, daß ich davon krank geworden bin. Ich verspürte starke Schmerzen im After. Ich hatte alle erdenkliche Mühe zu scheißen und hatte nie Lust zu essen.« In der Anklageschrift verfeinerte Einzelheiten: »Dieses Kind war dadurch in einen Zustand der Mattigkeït verfallen, der es völlig den Appetit hatte verlieren lassen.« Doch der Lehrer ist ohne Erbarmen. Für Jean-Marie Gilibert, acht Jahre alt und in Tränen aufgelöst, hat er diesen Verweis parat: »Du hättest stillhalten sollen!« im Ton von: »Du hast es nicht anders verdient.«

Gautier

Im Arbeitszimmer entblößt er sich: »Er sagte zu mir: So faß schon an, und zeigte mir sein männliches Glied.« Sogar in der Klasse behält er seine Schüler auf dem Schoß, um in Glut zu gelangen. Hilaire und mehr noch François, der Liebling, können ein Lied davon singen: »Er hat diese Angewohnheit seit ungefähr einem Jahr. Manchmal steckt er seine Hand zwischen den Schenkeln in meine Hose und berührt mich an den Geschlechtsteilen.« Auf Anfrage erklärt der aussagende Zeuge, daß er den Herrn Gautier auf dem Abort masturbiert hat, jedoch nicht so oft wie während des Unterrichts. Eine Aussage führt die nächste herbei. Die von Chatelier endet mit einem Hinweis auf Henri Reverdi, den Sohn des Metzgers: er »hat mir ebenfalls gesagt, daß Herr Gautier ihm die Hand in die Hose gesteckt hatte und ihn die gleichen anstößigen Berührungen hatte machen lassen wie mich«. Also will der Richter Rabot Reverdi hören, und zwar getrennt und unter vier Augen, ohne die Anwesenheit des Angeklagten, so wie es den Vorschriften für alle Zeugen entspricht. »Herr Gautier ließ sich von mir masturbieren und masturbierte mich selbst auf dem Abort seines Hauses und manchmal auf seinem Hof, wenn wir dort allein waren. Ich habe ihn mehrmals *gelutscht*, und er hat mich selbst *gelutscht*, so daß er mir Lust machte.« Gelutscht? Das ist was Rechtes, das ist neu. Der Richter erhöht die Aufmerksamkeit, bevor er dieses erschwerende Motiv unterstreicht, von dem Chatelier nichts hatte verlauten lassen. Heimlichtuereien, die es der Justiz nicht leichter machen. Herr Rabot geht mit sich zu Rate: Sollte sich Gautier bei seinem Liebling mit einigen Spielereien in der Hose zufriedengegeben haben? Wenn er Reverdi gelutscht hat, muß er an Chatelier Gemeinheiten der gleichen Art begangen haben. Zerstreut schreitet man zur Vernehmung des Vaters Chiché. Nicht von Interesse. Die Väter spielen keine große Rolle: in der Vergangenheit zu sorglos und zu wenig neugierig, sind sie heute zu diskret und in störender Weise mäßigend. Doch hier wieder Chatelier: »... auf unsere Nachfragen hin, hat er uns gesagt, daß der Herr Gautier ihn oft *gelutscht* hatte und daß er selbst den Herrn Gautier auf dem Abort seines Hauses oder sogar in der Klasse während der Pausen *gelutscht* hatte: ›Camille Olivier, wohnhaft bei seinem Vater, Schuster in Le Pellerin, und Jules Lhermier, wohnhaft bei seinem Vater, Angestellter der indirekten Steuerbehörde in Le Pellerin, Kinder meines Alters, haben mir versichert, daß Herr Gautier mit ihnen die gleichen Unanständigkeiten wie mit mir gemacht hatte‹.« Daß man sich hier nicht täusche: François ist nicht der einzige Irregeleitete.

Der Richter hat leichtes Spiel. Um voranzukommen reicht es ihm, zwei Glieder der Kette festzuhalten.

Spaziergänge: Erster Bericht von Camille Olivier

»Vorletzten Sommer ging ich eines Tages mit dem Herrn Gautier und einem Kind namens Pierre Guiomard nach Buzai spazieren. Herr Gautier schlug uns beim Zurückgehen vor, uns auszuruhen. Guiomard wollte nicht und ging weiter, um nach Hause zu kommen. Da ließ mich Herr Gautier längs einer Hecke auf einer

Wiese am Fuß eines Baumes Platz nehmen und, indem er seinen Hosenlatz aufknöpfte, entblößte er sich vor mir und legte mir die Hand auf seine Geschlechtsteile. Er steckte auch seine Hand in meine Hose, dann begann er mich zu *lutschen.* Ich sagte gerade, daß das, wovon ich gerade berichtet habe, auf dem Rückweg von Buzai stattgefunden hat; es war, als wir von Rouans zurückkamen, aber bei unserer Rückkehr sind wir über Buzai gegangen.«

Bericht von Pierre Guiomard

»An einem Tag im letzten Sommer, während ich bei Herrn Gautier zur Schule ging, ging ich mit ihm und Olivier, einem anderen Kind aus seiner Schule, bei La Martinière spazieren. Als wir auf der Anhöhe in der Nähe dieses Orts waren, ließ uns Herr Gautier im Gras nahe bei sich niedersitzen und hieß uns die Hände in seine Hose stecken und seine Geschlechtsteile berühren.«

Durch Fragen gedrängt, ergänzt der Zeuge:

»An einem Tag im vorletzten Sommer, als ich mit Herrn Gautier und Olivier aus Rouans zurückkam, hielt Herr Gautier mit Olivier an, ich jedoch wollte nicht anhalten und setzte meinen Weg fort. Ich weiß nicht, was sie zusammen taten.

Bei der letzten Weinernte war es ein Jahr her, daß ich einen Spaziergang mit Herrn Gautier, Olivier und Lhermier gemacht habe und daß ich, als ich mich mit Olivier von Herrn Gautier und Lhermier entfernte, die beiden letzteren an einem Weg unten bei Saint-Jean-de-Boiseau sitzen sah und sah, wie Lhermier seine Hände in die Hose von Herrn Gautier steckte.«

Chiché

Am 14. Dezember 1835 lädt der Richter Félix-Pierre Chiché in sein Arbeitszimmer im Gerichtsgebäude vor. Ein aufgrund seiner Schüchternheit glaubwürdiger Zeuge. Seine Kameraden reden mehr oder weniger spontan. Er teilt sich nur auf Anfragen mit:

»Ich war mehrere Jahre lang bei Herrn Gautier, Volksschullehrer in Le Pellerin, auf der Schule; ich bin im vorletzten Sommer abgegangen. Fast während der ganzen Zeit, in der ich in seine Schule ging, machte Herr Gautier Unanständigkeiten mit mir, manchmal in seiner Klasse, andere Male in seinem Schlafzimmer. Er steckte seine Hand in meine Hose und führte sie an meine

Geschlechtsteile. Er ließ mich auch meine Hand auf seine Geschlechtsteile legen und ließ mich ihn *bewegen*. Oftmals hat mich Herr Gautier in seinem Zimmer oder in den Feldern gelutscht. (...) Gegen Ende der Zeit, in der ich bei Herrn Gautier war, sah ich an einem Tag, als wir zu mehreren Kindern badeten, unter denen sich Huet befand, wie Herr Gautier bei Huet unanständige Berührungen vornahm: er legte ihm die Hand auf die Geschlechtsteile. Ich habe gesehen, wie Herr Gautier eines Tages in der Klasse die Hand in die Hose von Durand steckte; und an einem anderen Tag, als er mit Durand, Chatelier und mir während der Pause in der Klasse war, sah ich, wie er Durand *lutschte*. Dieser stand aufrecht, und Herr Gautier hielt sich auf den Knien. Er betätigte sich darauf in der gleichen Weise bei mir. Ich erinnere mich nicht, ob er es mit Chatelier genauso machte.«

Noch eine Anstrengung

An jenem 14. Dezember kann sich der Staatsanwalt beglückwünschen. Die Aussage Chichés erscheint ihm wie eine in die Mauer des Verschweigens und der Auslassungen geschlagene Bresche. Daraus geht hervor, vermerkt er am Fuß der Akten, die ihm überbracht werden, »daß der junge Durand, ein bereits vernommener Zeuge, Opfer *noch schwererer Angriffe gewesen ist, als der, von denen er gesprochen hat, daß er sogar, ebenso wie Chatelier, Zeuge jener gewesen ist, die an Félix Chiché begangen worden sind;* daß, weil die Aussagen dieser Kinder sich gegenseitig erhärten, es wichtig ist, in einer so schwerwiegenden Angelegenheit kein Beweismittel außer acht zu lassen«. Wenn man Durand, diesem Prahlhans, glaubt, so hat Gautier vergeblich versucht, seine Hose aufzuknöpfen. Welcher Justizbeamte sollte auf dieses Märchen hereinfallen? Am 15. Dezember beantragt die Staatsanwaltschaft, daß Durand und Chatelier von neuem geladen werden »in der Absicht, sich zu erklären, ersterer über die persönlichen Vorfälle, deren Opfer er gewesen sein muß und von denen er in seiner ersten Aussage nicht gesprochen hat; alle beide über die Vorfälle in bezug auf Chiché und alle anderen, die sie bisher nicht haben bekanntgeben wollen«.

Nichts unterschätzen und die Opfer anhalten, ihr Gedächtnis zu erforschen: das ist die Parole. Außer den beiden Burschen, die der Staatsanwalt geladen hat, liegt Richter Rabot daran, Henri Huet und Camille Olivier von neuem zu sehen. Sein stürmischer Eifer wird durch das Herannahen der Feiertage keineswegs gemindert.

23. Dezember: Zweiter Bericht von Camille Olivier

»... daß, als sie vor ungefähr einem Jahr im September mit dem Herrn Gautier und Guiomard den Lehrer aus Rouans nach Hause geleitet haben, sie über Buzai heimgekehrt sind; daß es fast dunkel war, als sie die Wiesen betraten; daß der Herr Gautier, der schon an der Chaussée Leray mit ihm zu spielen begonnen hatte, vorgab, müde geworden zu sein und sich ausruhen zu müssen; daß er sich längs einer Hecke niedersetzte und ihn sich neben ihn setzen ließ; daß Guiomard seinen Weg fortsetzte; daß, sobald er ein wenig entfernt war, er ihm die Hand in die Hose steckte und, indem er die seine nahm, ihn das gleiche machen ließ; worauf er die Knöpfe seines Latzes löste, sich masturbieren ließ und ihn fast eine Viertelstunde lang masturbierte; daß sie sich dann auf den Weg machten und im Laufschritt Guiomard wieder einholten, der langsam ging, und endlich gegen sieben Uhr auf der Anhöhe von La Martinière ankamen; daß der Herr Gautier an dieser Stelle sich erneut ausruhen wollte und sich zwischen ihn und Guiomard setzte; daß er ihn dort das gleiche Treiben wiederholen ließ, daß er jedoch nicht bemerkt habe, daß Guiomard ihm nachgegeben hätte; daß sie sich schließlich von dort aus nach Hause begaben...«
Nichts fehlt bei dieser Schilderung: weder die Beleuchtung noch die Regieanweisungen noch die Zufälle und Vorzüge des Geländes. Ein kleines romantisches Meisterwerk, wenn es statthaft wäre, die Schande, die ihm innewohnt, auszulöschen.

Noch eine Anstrengung

Das Paradox des furchtsamen und verschlossenen Chiché besteht darin, daß er seine ehemaligen Gefährten daran hindert, von nun an etwas zu verheimlichen. Vom 23. Dezember an nimmt die Untersuchung eine neue Wendung, als ob die Justizbeamten den Opfern einen Bühnenraum bieten würden, auf dem sich ihre Auskünfte entfalteten. Der Redefluß beschleunigt sich; die Einzelheiten drängen sich, das Gefüge ordnet sich. Die Zeit der Andeutungen ist vorbei.

Berauscht von ihrer Untersuchung setzen sich Richter und

Staatsanwalt dafür ein, letzte Geheimnisse zu lüften. Nichts ist ihnen mehr unbekannt über Zeitpunkt und Art der ausgetauschten Dienste. Heute ist es wichtig, die genaue Berechnung der Beteiligung der handelnden Personen an den verschiedenen Abschnitten zu erfahren. Wenn es sich bestätigt, daß die Moral nicht nur in der Intimität eines Körpers zu einem anderen (Gautier-Chiché z. B.) beleidigt worden ist, sondern auch in einer Dreiecksanordnung (Gautier-Olivier-Guiomard oder Gautier-Durand-Chatelier), wird der Staatsanwalt triumphierend einen Korpus erschwerender Anklagepunkte vorhalten können.

Die neueren Enthüllungen enttäuschen diese Hoffnungen nicht. Hilaire Durand gesteht, daß Gautier, als er mit ihm allein geblieben war, Chatelier rief, der sich im Hof befand und »sie einen nach dem anderen auf den Schoß nahm, ihnen die Rute lutschte und es sich ebenso machen ließ; daß Chiché nicht bei ihnen war, aber daß er seitdem gesehen hat, wie Gautier ihm oft nach der Schule in der Klasse das gleiche machte«. Chatelier erinnert sich an den Tag, an dem »Durand ihn nach der Schule im Hof holen kam und ihm sagte, er solle sich in die Klasse begeben (von seiten Gautiers), daß er dort bei ihm war; daß Durand begann, aus dem Fenster auf die Straße zu schauen, während er sich an den Tisch setzte, um seine Aufgaben zu machen; daß Gautier, der hinausgegangen war, sogleich zurückkam, sich ihm näherte, die Hand in seine Hose steckte und, indem er die seine ergriff, es bei sich genauso machen ließ und ihn dann masturbierte und sich selber von ihm masturbieren ließ, worauf er ihn dann lutschte und sich von ihm *vor Durand* lutschen ließ, dem er die gleichen Sachen vor oder nach ihm machte, woran er sich nicht mehr genau erinnern konnte ...«

Zumindest, bemerkt der Staatsanwalt in seiner Anklagerede vom 8. Januar 1836, hätte Gautier sich den Schein größtmöglicher Zurückhaltung geben müssen. Dagegen hatte er »die Unverfrorenheit soweit getrieben, zwei oder drei seiner Opfer zusammenzubringen und in gegenseitiger Anwesenheit dieselben Ausschweifungen zu begehen. Die Ermittlung entdeckt sogar, daß er inmitten seiner Klasse oft eines der Kinder, die er verdorben hatte, zu sich rief, es auf seinen Schoß nahm, und da er sich durch den Schreibtisch, bei dem er saß, vor den Augen der anderen verborgen glaubte, sich während des Unterrichts von ihm masturbieren ließ.« Das Adverb *sogar* verzeichnet einen Aufstieg von der kleinen Orgie zur frevelhaften Onanie inmitten des Unterrichts, an einer heiligen Stätte. Es scheint, daß man somit den Gipfel der Perversion erreicht.

Arnaud

Er läßt seine Hose herunter, zieht Isaac Biraud die Hose aus und betastet seine *Sachen:* »Während ich sein männliches Glied bewegte, ließ er meine Teile die seinen berühren.«

Er bietet seine Rute Théophile Biraud dem Jüngeren an, der sie küßt, oder Charles Barraud, der sie mit seiner Hand drückt: »Von diesem Tag an und an allen darauffolgenden Tagen rief er mich, als ich aus der Klasse gegangen war, zurück und ließ mich dieselbe Sache machen. Er knöpfte mir die Hose auf, holte meinen Spatz aus meiner Hose oder ließ ihn mich herausholen und legte seinen nahe zu meinem. (...) Manchmal ließ er mich seinen Spatz bewegen, bis es kam; andere Male hörte ich auf, ihn zu bewegen, bevor es kam.«

Pierre Martineau: Er »zog an meinem und bewegte ihn, während ich den seinen bewegte«.

Pierre Roblin: »Ungefähr zehn Tage, bevor er Saint-Florent verließ, rief er mich, nachdem ich aus der Klasse gegangen war, zurück, knöpfte eine Seite des Latzes meiner Hose auf und schob seine Hand auf meine Teile, nahm mein männliches Glied und bewegte es einige Zeit lang...«

François Giraudeau: »Der Angeklagte rief mich zu sich, nachdem meine Kameraden hinausgegangen waren. Ich kehrte in die Klasse, wo er war, zurück; er schloß die Tür, nahm meine Hand und legte sie gegen meinen Willen auf seine Geschlechtsteile, ließ mich sein männliches Glied mit der ganzen Hand umfassen und befahl mir, es fest zu drücken; nachdem ich dies einen Augenblick lang getan hatte, trug er mir auf, mich zurückzuziehen (...). Weder machte er noch hat er jemals Berührungen an mir ausgeführt.«

Die gewissenhafte Schilderung des Rahmens und der Stellungen bringt den Anklägern jene Einzelheiten, Beweisstücke, die die bürgerlichen Schriftsteller des vorigen Jahrhunderts so sehr gepflegt haben. Mit Charles Barraud ließ sich Arnaud »nahe beim Fenster und auf einer Bank nieder«. Bei Charles Martineau »saß« er »auf einem Stuhl«, und dieser stand zwischen seinen Beinen.

Widerstand

Der Staatsanwalt am Königlichen Gerichtshof in Agen huldigt dem Knaben, den seine Kraft und seine energische Verteidigung »vor den Handlungen der Verdorbenheit bewahrt haben, die seine jungen Mitschüler befleckt haben«. Es handelt sich um Denis Dantezac, der weniger fügsam war als sein Bruder Bernard: »Ich verteidigte mich so heftig mit Fußtritten und Faustschlägen, daß er gezwungen war, mich in Ruhe zu lassen. Er hat mich nicht weiter angegriffen.« Ganz zu schweigen von Bernard Colomès, einem Dreikäsehoch, dem es eines Abends durch sein Strampeln gelingt, die Machenschaften seines Lehrers zu vereiteln. Die meisten prahlen; der eine, die Flucht ergriffen zu haben (Isaac Biraud), der andere, sich davongestohlen zu haben (Henri Huet auf dem Abort), auf jeden Fall, sich gewehrt zu haben. So auch Théophile, der von diesem großen Spatz überrascht worden ist: »Ich wollte weggehen, doch er hielt mich am Arm zurück. Dann hieß er mich, ihn zu küssen.« »Er nahm meine Hand«, sagte auch Pierre Martineau. Louis, ein Zimmermannslehrling, verdankt seine Tugend einer kitzeligen Epidermis, die ihn dazu bringt, sich zu Boden zu werfen oder sich so zu strecken, daß es dem Gegner nur gelingt, einen Schenkel zu packen: »Andere Male nahm er meine beiden Hände in seine, ließ mich vor ihm hinknien und versuchte, sie gegen seine Geschlechtsteile zu pressen, doch ich sträubte mich dagegen, so sehr ich konnte. Aber er hatte seine Hose nicht aufgeknöpft. Niemals hat er sich vor mir ausgezogen.«

Zustimmung

Prahlereien, Koketterie, gedämpfte Ergebungen sind zu berücksichtigen: »Am Anfang«, beteuert Camille Olivier, »leistete ich seinen Wünschen Widerstand, aber am Ende habe ich schließlich nachgegeben.« Ist es die Scham, die ihm eingibt: »Es ist noch keine acht Tage her, daß er mich lutschen und sich von mir lutschen lassen wollte, aber diesmal habe ich Widerstand geleistet, und er hat sich dann damit begnügt, mich seine Geschlechtsteile berühren zu lassen.« Jules Lhermier gehört zu den Willigen: »Anfangs wollte ich mich zu den Handlungen des Herrn Gautier nicht hergeben, aber zuletzt habe ich seinen dringenden Bitten schließlich nachgegeben und freiwillig gemacht, was er wollte. Seit dem vergangenen 12. November habe ich meine Nachhilfestunden bei Herrn Gautier wieder aufgenommen, nachdem ich sie während der ganzen schönen Jahreszeit unterbrochen hatte, und er hat sich mit mir den gleichen unanständigen Dingen hingegeben wie im letzten Winter.« Und Chatelier, einer der Stars der Akten! Zuerst sagt er weder ja noch nein: »*Ich gab mich keineswegs aus freiem Antrieb* zu seinen Handlungen her, zumindest gewöhnlich, denn manchmal überließ ich mich seiner Begierde.« Zwei Wochen später bestätigt er: »Schließlich habe ich mich seiner Begierde freiwillig hingegeben.« Der Richter: belohnte Gautier diese Gunstbezeugungen? Chatelier: Er gab mir Äpfel, Birnen, Trauben und andere Früchte zu essen.

Es hat den Anschein, daß in Saint-Florent-des-Bois, wo der Gastwirt Pierre Biraud den Untergang des Volksschullehrers beschlossen hat, die Opfer sich ohne allzuviel Mißvergnügen an die Lappalie gewöhnt haben. Zum Beweis die vom Bürgermeister aufgenommene Klage des Théophile Biraud: »Er sagte mir, daß es stimmt, daß Arnaud sich die Hose auszog, sie sich die Hose ausziehen und seine Geschlechtsteile anfassen ließ und ihre Geschlechtsteile anfaßte; daß er die seinen den ihren so näherte, daß sie dicht bei den anderen waren; er fügte hinzu, daß er ihn mehrere Male dergleichen Dinge tun ließ. *Das Spiel gefiel dir also,* sagte ich zu ihm. Er antwortete mir nicht.«

Häufigkeit

Wird die Glut der Lehrer durch die Landluft, die Ausflüge, die Gartenarbeit und jene Art von klösterlichem Horizont, den sie ihren Tagen zuweisen, angeregt?

Von den drei Beschuldigten ist Jules Esnard der einzige, der das Verbrechen der Sodomiterei begeht, das er über fünfzig Mal an Bernard Colomès und *jede Nacht* an einer kleinen Gruppe von Schülern wiederholt. Dagegen dringt er nur zwei Mal in Bernard Dantezac, ein einziges Mal in Jean Montagnac und Jean-Marie Gilibert ein.

Er begnügt sich damit, Jean-Louis Dumont zu küssen und die Hose von Denis Dantezac zu erforschen.

Seit mehreren Jahren verkehrt Gautier mit Henri Reverdi, heute dreizehn Jahre alt, »fast stetig im Abstand bald einer Woche, bald eines Monats«; und »ziemlich oft« mit Camille Olivier, Jules

Lhermier, Hilaire Durand. Félix-Pierre Chiché ist ohne Unterlaß befummelt worden. Mit Brissonneau hat sich das Treiben »so oft« wiederholt, »daß er nicht sagen kann, wie oft«. Doch freilich triumphiert Chatelier, der mehr entzückt als angegriffen ist. Simon Rondeau versichert, gesehen zu haben, daß »der Herr Gautier während des Unterrichts Chatelier öfter als andere zu sich gerufen hat, daß sie alle beide hinter seinem Schreibtisch standen, wo sie sich ins Ohr flüsterten, aber daß er nicht weiß, was sie sich sagten«.

Arnaud hat sich acht Monate lang für Isaac Biraud interessiert, »ungefähr alle vierzehn Tage«, kurz, über dreißig Mal, laut seinem Vater: »Wenn er mich nicht zu sich rief, dann rief er einen anderen: er rief *fast jeden Tag* den kleinen Barraud und manchmal meinen Bruder, François Giraudeau, Pierre Roblin, Pierre Guiot genannt Guiard, Martineau, alle aus Saint-Florent.« Er hat sich »sehr oft« mit Auguste Chateau vergnügt, jeden Tag mit Charles Barraud, jeden Abend mit Alexandre Brillouet, zwei Mal mit Jean Manson, zwei oder dreimal mit Pierre Martineau, zwölfmal mit Eugène Foucaud, mindestens zwanzigmal mit Louis Texier, über dreißigmal mit Théophile Biraud.

Die Ungezwungenheit der Knaben, ihre Gefälligkeit und ihre Gefügigkeit erklären (außer für Esnard) die Zahl, die Rückfälligkeit und den Gang der Begegnungen. Manche führen nur zu flüchtigen Berührungen, andere zu recht langem Liebestaumel: »Was wir zusammen taten«, präzisiert Charles Barraud, »dauerte immer eine Stunde.«

Recht ungewöhnliche Gelüste, doch vor allem unendliche Bereitschaft. Esnard läßt seine Gabel fallen, um Blaise Asté in den Arsch zu ficken: »Als ich einmal mit ihm zu Abend aß, ließ er das Essen stehen, um an mir jene entsetzliche Tat zu begehen.« Gautier handelt noch gewagter, vor, während oder nach dem Unterricht, »wann es ihm gefällt«, auf der Stelle und ganz nach seinem Belieben.

Machenschaften

Unsere Schulmeister lauern auf jede Gelegenheit oder führen sie auch herbei, wobei sie von dem Grundsatz ausgehen, daß nichts unmöglich ist. Als Spaziergänger nützen sie den Einklang der Natur, die Milde der Luft oder die Annehmlichkeiten der Dämmerung. Als häusliche Menschen behalten sie ihren Emile für die Nacht bei sich. Pierre Roblin sagt aus: »...der Beschuldigte ließ mich nach dem Vormittagsunterricht bei ihm bleiben. Am Abend kam meine Mutter, um mich abzuholen. Zuerst sagte er ihr, daß ich nicht da sei, und dann: *Und wenn er hier schliefe, was wäre dabei?* Meine Mutter antwortete, daß ich dort schlafen könnte, wenn ich es wollte. Er hieß mich mit ihm zu Abend zu essen und mich alsdann in sein Bett zu legen.« Zu jener Zeit eine verbreitete Sitte, vor allen Dingen auf dem Land: ein Mittel, sich aufzuwärmen, eine Sparmaßnahme, ein Platzgewinn. »Schlafen mit« hat sicherlich nicht die gleiche Bedeutung wie heute. »Ich habe zweimal mit ihm geschlafen«, berichtet Denis Dantezac, »beim zweiten Mal ist nichts geschehen.« Doch das Adjuvat des Bettes, die Zwanglosigkeit, die es herbeiführt, wer ließe sich davon nicht überzeugen? Daher schätzt sich Dumont Vater, der auf dem Laufenden ist, glücklich, daß sein Sohn nach der Schule zurückkehrt: »Er hat dort niemals geschlafen.« Muß man hinzufügen, daß für Esnard, der mehr zur Sodomiterei denn zur Betätigung der Hand neigt, das Bett nur beiläufig der Ort ist, an dem man schläft: »Unter verschiedenen Vorwänden bringt er diese Kinder der Reihe nach dazu, mit ihm zu schlafen. Sie berichten, daß, als sie in seinem Bett waren, etc.«

Wenig Worte: Aufforderungen, einige Höflichkeiten (das *du hast schöne Eier* Arnauds zu Roblin), Spitzfindigkeiten (»tu doch deine Hände weg, *das wird dich wärmen*«) und mitunter die Sorge um geteilte Liebe: »Er sagte mir, ich sollte seinen Spatz fest anfassen und ihn bewegen, das täte ihm wohl. Er fragte mich, ob mir das wohl täte, als er meinen Spatz bewegte.«

Ihr Komödianten! Niemand befindet sich im Gemeindehaus, als Camille Olivier dem Lehrer über die Lieferungen an Papier, Federn und Tinte, die er in dessen Auftrag an seine Kameraden verkaufen soll, Rechenschaft abzulegen hat. Derselbe Gautier lockt Brissonneau in seinen Hintergarten »unter dem Vorwand, ihm in einer Schubkarre Mist zu fahren«. Esnard besucht die Dantezacs, um, wie er behauptet, zu lernen, wie man Marmelade kocht. Ein anderes Mal befiehlt er Bernard Colomès, den verlassenen Hof zu fegen. Man ahnt, was folgt. Dann führt er ihn mit sich in den sogenannten Späherwald »unter dem Vorwand, ihn zum Herrn Pfarrer von N. (unleserliches Wort) zu begleiten, um dort, wie er sagte, eine Generalbeichte abzulegen, weil, so fügt er hinzu, ein Volksschullehrer sich religiös zeigen muß«.

Diese schäbigen Ausflüchte greifen das Ansehen des Lehrenden an. Der Richter vernimmt André-Louis Arnaud:

»*Frage:* Es scheint so, als ob Sie jeden Tag am Ende des Unterrichts einige dieser Kinder zurückgerufen haben und vor allem den jungen Barraud. Warum haben Sie ihn zurückgerufen?

Antwort: Ich rief den kleinen Barraud zurück, um ihm Unterricht in französischer Grammatik zu geben.

F: Nahmen Sie diesen Unterricht in französischer Grammatik nicht als Vorwand, damit er bei Ihnen blieb, damit er an Ihrer Person Handlungen von einer schändlichen Unkeuschheit verübte?

A.: Nein.

F.: Dieses Kind behauptet indessen, daß sie es ihr männliches Glied bewegen ließen; daß sie seines in ihre Hände nahmen und daß sie es ihres berühren ließen?

A.: Das ist falsch.

F.: Warum riefen Sie die anderen Kinder zurück?

A.: Wenn ich sie zurückrief, geschah dies, um ihnen Erledigungen aufzutragen, und auch das kam selten vor.«

So gründet sich die Schändlichkeit auf die Belehrung und gibt sich als solche aus. Stellen Sie sich Durand vor, der über seiner Seite schmachtet: der auf der Lauer liegende Gautier nähert sich und masturbiert ihn heimlich. Und die Gespräche mit Chatelier über angebliche Fragen der Syntax? Ein Deckmantel für unanständige Dinge während des Unterrichts: »Wir saßen so, daß die anderen Schüler, von denen die einen uns den Rücken zukehrten und die anderen von uns durch Tische getrennt waren, uns nicht sehen konnten, weil sie mit ihren Aufgaben beschäftigt waren.« Armer Auguste Chateau, der sich seinen Studien nicht hingeben kann, ohne daß Arnaud seine Hose durchwühlt, »um dort seine nackten Geschlechtsteile zu berühren«. Armer Denis Dantezac, der mit siebzehn Jahren unwissend ist*, weil er zu oft von Esnard gestört wurde.

Wie frevelhaft ist diese Verführung zu einer Zeit, in der das

* Soll man sich darüber wundern, daß die Gerichtspresse sich so sehr über die unheilvolle Unwissenheit auf dem Land beklagt hat? Von den hier geladenen Schülern erklären nicht unterschreiben zu können: Denis Dantezac, Jean-Louis Dumont, Jean Montagnac, Jean-Marie Gilibert (aus der Schule Esnards); Auguste Durand (aus der Schule Gautiers); Théophile Biraud, Pierre Martineau, Eugène Foucaud, Louis Texier (aus der Schule Arnauds).

Lesen*, als erste Stufe des Wissens, noch an ihrer »ursprünglichen Notwendigkeit« teilhat: das Wort Gottes zu lesen.

Das einzige Buch, das nun aber im Fall Gautier vorliegt, ist ein unfrommes Werk mit unanständigen Stichen, ein Grund für anstößige Gespräche, ein Anreiz zur Ausschweifung. Nach Henri Huet »hatte Gautier am Badetag ein schlechtes Buch, das er, wie er glaubt, Piron nannte, das er jenes Mal nicht sah, aber das er inzwischen gesehen hat und das voller unanständiger Bilder war und daß Gautier darauf auf einem Papiereinband *Christliches Tagewerk* geschrieben hatte, und er ihm, als er es ihm zeigte, wohl verboten hatte, davon zu seinem Beichtvater zu sprechen.« Hilaire, François, Constant stimmen dem zu, ohne bestätigen zu können, daß es sich um einen Piron handelt.

Mit was für »Lehrern« haben wir es zu tun? Lassen wir einmal Esnard beiseite, der beschuldigt wird, in Ermangelung eines ausreichenden Diploms, eine illegale Schule aufgemacht zu haben. Indessen hat sich Gautier, »zumindest in bezug auf den Unterricht«, nichts zuschulden kommen lassen. Doch kann man, wie es der Schulinspektor des Landkreises von Paimbœuf tut, zwischen Fähigkeit und Sittlichkeit unterscheiden? Sein Kollege aus Poitiers, der dem Staatsanwalt schreibt, daß etwa zwanzig Nacheiferer Arnauds »von diesem Schurken *diesen verhängnisvollen Unterricht* erhalten hätten«, meint das nicht. Der Beschuldigte bewahrt nichtsdestoweniger seine berufliche Rhetorik: »Ein kleines übles Subjekt«, behauptet er von Brillouet. Antwort des Richters: »Wenn er, wie Sie sagen, ein übles Subjekt ist, dann nicht deshalb, weil Sie ihn zum Laster herangebildet haben?« Das Gebiet der Pädagogik wird nicht verlassen, jedoch einer auf den Kopf gestellten Pädagogik, welche die Strafe für die braven Kinder, die Schläge mit dem Lineal für die, die sich entziehen, die Bestrafungen im entgegengesetzten Sinn für Tugendhaftigkeit, der schlechte Gebrauch des Sonntags und die Grammatikstunden, die ablaufen, wie die Anfangsgründe der experimentellen Physik, die Dr. Pangloss dem Zimmermädchen der Frau Thunder-ten-tronckh beibringt, illustrieren. Im gleichen Sinne appelliert Gautier an die Vernunft Henri Huets: »Er sagte mir, daß ich *dumm* wäre, es nicht anzufassen, wobei er auf das männliche Glied wies.«

* »Es ist ein Werkzeug des Heils ... (...), es gehört der Religion und der Moral an.« (François Furet, Jacques Ozouf, *Lire et écrire* (Lesen und Schreiben), Paris, Minuit, 1977, I, S. 90 f.)

Erpressung und Strafen

Wenn Esnard, Gautier und Arnaud Strafmaßnahmen ankündigen, so um ihre Schüler davon zu überzeugen, das Schweigen zu wahren. Esnard läßt es dabei an Deutlichkeit nicht fehlen: er wird Colomès, Asté, Montagnac und die Gebrüder Dantezac vernichten, wenn sie sich bei ihren Eltern beklagen oder es ihrem Pfarrer beichten. Bernard Colomès: »Er war stets darauf bedacht, mir anzudrohen, mich zu töten, wenn ich diese Sachen irgendjemand weitersagte.«

Mit loser oder schwerer Hand streichelt und wütet Gautier abwechselnd. Man fürchtet ihn. Es scheint auch, daß man ihn anfangs gemocht hat. Er ist von Sinnen, zuviel davon zu tun. Vielleicht wäre ohne dieses Übermaß an Unvorsichtigkeit nichts durchgesickert. Nun wird Gautier aber ärgerlich, wenn seine Lustknaben weniger aus Gewissensbissen als aus Mattigkeit eine Ruhepause beanspruchen. Würden sie, damit man sie in Frieden läßt, soweit gehen, alles zu erzählen? Hören Sie Hilaire Durand: Gautier »hat ihn recht oft gebeten, seinen Eltern niemals etwas davon zu sagen, und versicherte ihm, daß, sobald er glauben würde, daß er darüber reden wolle, er ihn darin hindern würde, sich nach Hause zu begeben, und daß er ihn fürchtete, weil er sie manchmal recht hart schlug, es ihm aber indessen gelungen sei, nicht von ihm geschlagen zu werden«. Die gleiche Warnung an Camille Olivier, der sich seiner Familie anzuvertrauen wünschte: »...da drohte er, ihn zu schlagen, was ihn, weil er davor Angst hatte, zur Duldung veranlaßte.«

Die Machenschaften Arnauds haben nicht mehr den Prickel des Neuen. Charles Barraud wird wie Théophile Biraud nach einem Jahr des Drängens müde: »Er verbot mir, darüber zu reden. Ich sagte ihm, ich würde schweigen, wenn er mich in Ruhe ließe.« Doch Arnaud fährt eigenmächtig auf seiner Bahn fort und zögert nicht, die Widerspenstigen zu züchtigen.

Örtlichkeiten

Esnard gibt den Schlafkammern den Vorzug, die einladender sind als der freie Himmel, während sich Arnaud aus ehelichem

Feingefühl zumeist ins Erdgeschoß der Schule zurückzieht. Er gebraucht sein »Obergeschoß« nur, wenn seine Frau ins Dorf geht. Gautier ist mit jedem möglichen Gelände zufrieden: dem Klassenzimmer und dem Abort; dem Schulhof; seinem Schlafzimmer am Sonntag; seinem Garten; dem Sekretariat des Gemeindehauses; den Hängen von La Martinière mit ihren flachen Steinen; einer Wiese am Fuß eines Baumes oder entlang einer Hecke. Sogar der Fluß scheint ihm eine ausgezeichnete Umgebung.

Zeitplan

Wann sind diese Greuel begangen worden? Die Dorfbewohner erinnern sich nicht an ein bestimmtes Datum, sondern an Jahreszeiten und Arbeiten, an Mußezeiten und Feste. »Zur Zeit, als die Hirse gesät wurde, hat mich der Beschuldigte nach dem Vormittagsunterricht bei sich behalten.« Wir hören Pierre Roblin, sodann seine Mutter: »Mein Kleiner ist zwei Wochen vor Weihnachten elf Jahre alt geworden. Ich hatte ihn am Tag des Marienadvents oder am Vorabend ins Hospiz gebracht; man nannte ihn im Krankenhaus Pierre Simon oder Simon Pierre.« Gautier hat ein oder zwei Monate nach dem letzten Johannis begonnen, sich zu verraten und »ganz bestimmt im Sommer«. Biraud hat den Bürgermeister von Saint-Florent »am Montag vor letzten Weihnachten« aufgesucht. Eugène Foucaud ist »vor der letzten oder der vorhergegangenen Weinernte« vom rechten Weg abgebracht worden, François Chatelier »am Hochzeitstag von Metzger Tripon, das ist im September oder Oktober ungefähr zwei Jahre her«. Pierre Guiomard erwähnt schicksalhafte Spaziergänge »an einem Tag im letzten Sommer«, »an einem Tag im vorletzten Sommer«, »ein Jahr vor der letzten Weinlese«. Hilaire Durand erklärt, den Herrn Gautier »vor zwei Jahren bei Sommeranfang zur Zeit des Nestbaus« nach Pilon begleitet zu haben. Vom Königlichen Staatsanwalt festgehaltene Zeugenaussage: »Hilaire Durand, am 11. Oktober letzten Jahres zwölf Jahre alt geworden, sagt aus, daß der Angeklagte derart mit ihm zu handeln begann, zur Zeit des Nestbaus im Jahre 1834, folglich zu einer Zeit, als er weniger als elf Jahre alt war.«

Fragen der Wortwahl

Aussagen

Ist das wirklich die Stimme von Isaac Biraud, von François Chatelier, von Pierre Guiomard, die unsere Archive festhalten? Ihr Diskurs, wie der der verschiedenen Akteure, gelangt zweifellos vermittelt durch die Gerichtsinstitutionen zu uns, doch ist er deswegen noch nicht aufbereitet. Denn die Richter protokollieren mehr, als daß sie schreiben, so sehr beunruhigt sie die Dringlichkeit der Entdeckungen und die Sorge um die weiterzuleitenden Akten. Die stilistischen Effekte werden an anderer und höherer Stelle vorbereitet, in jener Amtsstube, in der der Königliche Staatsanwalt den schamlosen Gautier zeigt, »wie er seinen Mund mit Gier zur Rute des Kindes führt«.

So sprechen die Schüler aus Le Pellerin oder Saint-Florent nicht. Sie und der Lehrer? Sie haben gemeinsam Sauereien (saloperies)*, unanständige Dinge, Torheiten und Dummheiten begangen. Der Historiker bezweifelt nicht, daß sie diese Worte spontan haben aussprechen können. Doch wenn wir zum Beispiel lesen »das männliche Glied mit der ganzen Hand umfassen«, sind wir versucht, dem Aussagenden nur die Redewendung »mit der ganzen Hand« (ein sehr indiskretes Detail, das eine Masturbationsweise enthüllt: mit der ganzen Hand und nicht mit zwei, drei oder vier Fingern) zuzuschreiben und an die Erwachsenen die Rute, das Geschlecht und welche Teile man auch immer will zurückzugeben. Einfacher ausgedrückt: Die Vertrauten Gautiers spielen mit seinem Spatz. Sie sagen: betätigen oder bewegen anstatt masturbieren und küssen oder in den Mund nehmen statt lutschen.

Bald wird die Erzählung durch die Verlegenheit unterbrochen oder verlangsamt (und aufgrund dessen für die Ohren des Gerichtsbeamten wahrscheinlicher), bald wird sie durch die Unkenntnis des Französischen kompliziert. Dann greift der Richter ein, sei es um eine Geste, ein Schweigen, einen Euphemismus zu übersetzen, sei es, um nicht ohne eine gewisse Naivität schamloses Benehmen zu präzisieren. In die Aussage von Henri Huet fügt der Gerichtsschreiber – sobald er: »Er sagte mir: Faß

* Dieses Wort datiert vom 17. Jahrhundert, doch verzeichnen die Wörterbücher *salop* erstmals 1837.

schon an, wobei er mir sein männliches Glied zeigte«, notiert hat – diese Zwischenbemerkung ein: »Der Zeuge bedient sich dieses letztgenannten Ausdrucks nicht, sondern gibt einfach zu verstehen, daß der Herr Gautier ihm sein Glied zeigte.« Zu Chatelier übergehend führt er aus, daß »die Handlung des *Lutschens*, von der er gerade gesprochen hat, in bezug auf das männliche Glied zu verstehen ist«. Und nicht auf die ganze Person! Der Satz »mitunter gab ich seinem Verlangen nach« wird, nach Rückfrage, zu: »Manchmal habe ich ihn masturbiert.« Endlich erfahren wir, daß »die Hand auf die Geschlechtsteile legen« mehr bedeutet als eine Berührung: ». . . der Herr Gautier ließ sich von ihm masturbieren.« Und bei Jules Lhermier, dem gelutschten Lutscher, ist uns das Gericht behilflich: es handelt sich freilich »um die Handlung des Lutschens, die am männlichen Glied ausgeübt wird«.

Diese Kinder, im Schreiben und demnach im Erzählen wenig geübt, würden es vorziehen – in einer Zeit, in der der Unterricht im wesentlichen das Lesen* betraf –, wie in Gegenwart des Bürgermeisters zu reden. Was sie an Zwängen oder Lust empfinden, wäre passend nur in ihrem Idiom ausgedrückt. Daher bereut auch Inspektor Flottard, der Polizeispitzel und Gerichtsherr Arnauds, bitter, nur das Französische zu beherrschen: »Herr Renaud schilderte mir nicht nur die Vorfälle, sondern er legte sie mir in den Einzelheiten dar; er ging sogar soweit, mir im Dialekt, den er mir dann übersetzte, die Ausdrücke zu sagen, deren sich die Kinder bedient hatten, um den Ekel anzuzeigen, den ihnen die Samenflüssigkeit beim Lutschen verursacht hatte. Ich entsinne mich nur mehr dieses Wortes: *Man stank*.«

Bannflüche

Die Gerichtsbeamten müssen sich keinen neuen Wortschatz zusammenstellen. Vom Verhör bis hin zur Anklage sind sie tief in der bürgerlichen Moral verankert, und das gibt dann:

* »Wenn der Schüler endlich dazu kommt, seine Feder aufs Papier zu setzen, muß er den Regeln gemäß die ›Aufstriche‹ und die ›Abstriche‹, die gewöhnlichen Buchstaben, die Großbuchstaben und möglicherweise die verschiedenen Schriftarten lernen. Morgens schreibt er ein Beispiel, das er nachmittags unter der Aufsicht des Lehrers wieder abschreibt. (. . .) Nach diesen Jahren, die damit zugebracht werden, Lesen und Schreiben zu lernen, bleiben nur mehr wenig Schüler – die des besten Standes – übrig für die Anfangsgründe der Arithmetik, die man pompös *die Wissenschaften* nennt.« (François Furet, Jacques Ozouf, op. cit., I. S. 91.)

– abscheuliche, entsetzliche Tat, abscheuliches Laster, niederträchtige Leidenschaft, verabscheuenswürdige Laster, infame Hände, Schandtaten (Fall Esnard);
– äußerst verbrecherische Taten, verdammenswerte Exzesse, schmutzige Zuchtlosigkeiten, Schamlosigkeit, zum äußersten getriebene Schamlosigkeit und Dreistigkeit, widerliche Ausschweifungen, niederträchtige Gewohnheiten (Fall Gautier);
– aktive und passive Beteiligte der schmutzigsten Ausschweifungen, schändliche Ausschweifung, alle Verdorbenheit der infamen Verkommenheit, dreckige und schändlichste Berührungen, niedrige Durchtriebenheit, unheilvoller Unterricht, schamloses und widerliches Bild, unreine Handhabungen, schmutzige und schändliche Praktiken, Ausschweifung und Verderbnis, roher Sittenverfall, schmutzige Begierden, Handlungen von einer schändlichen Unenthaltsamkeit (Fall Arnaud).

Leugnen

Gautier

Die drei Spitzbuben wehren sich mit letzter Kraft. »All diese Sachverhalte sind selbstverständlich falsch«, entgegnet Esnard dem Zweiten Vorsitzenden des Gerichts von Auch, Jean-Baptiste-Joseph-Marie Laporte. Ungerechte Anschuldigungen, unbegreifliche Geschichten, fährt Gautier gegenüber Rabot fort: »Wenn dies stattgefunden hätte, wäre es den anderen Kindern aufgefallen.«

»F.: Es scheint so, als ob Sie Vorsichtsmaßnahmen getroffen hätten, um nicht gesehen zu werden, und daß Sie vor allem Sorge getragen haben, die Schüler strengstens daran zu hindern, die Augen von ihrer schriftlichen Arbeit zu heben?

A.: Das ist ganz unmöglich, wenn man, wie ich, etwa sechzig Schüler im Zaume zu halten hat.

F.: Es scheint auch, daß Sie sich im vorletzten Sommer und von diesem Zeitpunkt an beinahe fortwährend äußerst verbrecherischen Handlungen gegenüber François Chatelier, einem Kind, das im letzten Februar zwölf Jahre alt geworden ist, hingegeben haben; daß Sie ihm Ihre Hand in seine Hose gesteckt hätten, daß Sie ihm seine Hand in Ihre Hose gesteckt hätten und sich auch vor ihm entblößt hätten; daß Sie sich von ihm haben masturbieren lassen; daß Sie sich von diesem Kind das männliche Glied haben lutschen lassen, und daß Sie ihm auch das männliche Glied gelutscht haben, sowohl in Ihrer Klasse, wenn Sie mit ihm allein waren, als auch auf dem Abort?

A.: Das stimmt nicht. Es wäre sehr unvorsichtig von mir gewesen, dergleichen Dinge an Orten zu tun, wo ein ständiges Kommen und Gehen herrscht, die Klasse fortwährend offen steht und der Abort keine Tür hat.

F.: Aber es gab Augenblicke, wo Sie sich mit einem Kind allein befinden konnten?

A.: Das ist unmöglich.

F.: Man wirft Ihnen vor, in der gleichen Weise seit mehreren Jahren gegenüber Henri Reverdi gehandelt zu haben, einem Kind, das im vergangenen Oktober dreizehn Jahre alt geworden ist und das Ihre Schule seit jener Zeit besucht...

A.: Das stimmt nicht. Dieses Kind ist niemals mit mir allein geblieben, denn der Vater ließ ihn die Pausen nicht mit den anderen Kindern verbringen.

F.: Diese Vorfälle sollen sich demnach während des Unterrichts ereignet haben, als Sie zur gleichen Zeit wie Reverdi hinausgingen?

A.: Ich konnte meine Schüler nicht allein lassen.

F.: Aber Sie haben sich doch notwendigerweise manchmal entfernt?

A.: Ja, aber ein anderer Schüler konnte sich nicht zur gleichen Zeit wie ich entfernen, denn das hätte einen Verdacht entstehen lassen. In meiner Schule ist es Vorschrift, daß zwei Schüler nicht gleichzeitig hinausgehen können; und wenn ich hinausging, beauftragte ich einen Schüler damit, die Ordnung aufrechtzuerhalten.

F.: Da die Vorschrift, von der Sie gerade gesprochen haben, nicht Sie betrifft, sondern nur Ihre Schüler, folgt daraus, daß es Ihnen, wenn Sie nach einem Schüler hinausgingen, leicht war, mit ihm allein zu sein?

A.: Die Bediente ging im Hof aus und ein und hielt sich oft an einem Fenster auf, das auf den Hof geht. Ferner grenzt mein Gebäude ans Gemeindehaus und das Friedensgerichtsgebäude, von wo man in den Hof und den Eingang des Aborts Einblick hat. (Der Verhörte verbessert sich und sagt, daß nur das Gemeindehaus diesen *Einblick* besitzt.)

(...)
F.: Sie sollen sich schließlich der gleichen Unzüchtigkeit in bezug auf Jules Lhermier, einem Kind, das im letzten Monat Februar zwölf Jahre alt geworden ist, schuldig gemacht haben, als er bei Ihnen im letzten Winter und seit dem vergangenen 12. November abends in Ihrem Klassensaal oder dem Schlafzimmer Ihrer Bedienten Nachhilfestunden nahm?

A.: Ich bestreite auch diese Anschuldigung. Ich bin mit diesem Schüler genausowenig wie mit den anderen allein geblieben. Er nahm seine Stunden in Gegenwart anderer Schüler, die auch Nachhilfestunden nahmen, oder in Gegenwart der Bedienten, die auf diese Weise die gleiche Beleuchtung benutzte, um zu sparen.«

Das stimmt nicht, rufen die Schulmeister. Aber woher kommt es dann, daß diese Zeugenaussagen übereinstimmen? Antwort von Gautier: Das verwundert mich gar nicht; sie haben sich untereinander abgesprochen.

»F.: Man müßte also zu Ihrer Rechtfertigung einräumen, daß sie sich mit den anderen Kindern abgesprochen haben, die ähnliche Unzüchtigkeiten bezeugen?

A.: Es scheint in der Tat, daß sie sich alle miteinander abgesprochen haben.

F.: Sie haben hingegen alle mit Schüchternheit und Mühe ausgesagt.

A.: Warum haben sie Dinge erklärt, die nicht wahr waren?«

Fügen wir hinzu, daß man Gautier »gefährliche politische Grundsätze« unterstellt und daß man Esnard verdächtigt, kein Royalist zu sein. In die Enge getrieben, berufen sie sich darauf, daß ihnen Personen oder Gruppen feindlich gesonnen sind.

Esnard

Er schreibt sein Unglück der vereinten Böswilligkeit von Pfarrer Picard und Herrn Cazeneuve, dem früheren Bürgermeister der Gemeinde Auradé, zu. Früher war er in Auch tagsüber zur Beaufsichtigung der Kinder bei der Pfarrgemeinde Sainte-Marie beschäftigt: Der Herr Pfarrer von Belloc kann die Ordnungsgemäßheit seiner Führung bezeugen. Weil er jedoch in dieser Stadt nur eine ungewisse Existenz hatte, wollte er als Volksschullehrer Anstellung finden: »Zu diesem Zweck begab ich mich in die Gemeinde Auradé, wo ich am 10. Januar 1829 in Begleitung des

Pfarrers von S. *(unleserlich)* ankam. Herr Pfarrer Picard und die städtische Behörde, die meine Papiere völlig in Ordnung fanden, nahmen mich an, und ich wurde eingesetzt. Ich habe mein Amt bis zum 1. Juni 1831 ganz ungestört ausgeübt. An diesem Tag, es war ein Sonntag, hatte ich bei mir mehrere Familienväter empfangen. Nach dem Essen sind wir in den Nachmittagsgottesdienst gegangen. Dort fühlte ich mich unwohl. Ich ging in die Sakristei und kehrte bald wieder in die Kirche zurück, wo ich blieb, bis der Nachmittagsgottesdienst zu Ende war. Am darauffolgenden Tag ließ mich Herr Pfarrer Picard zu sich holen und sagte mir, daß ich nicht würdig sei, das Amt des Volksschullehrers zu bekleiden, weil ich mich am Vortag betrunken in der Kirche gezeigt habe. Auf meine Antwort, daß er sich über die Art meines Unwohlseins getäuscht habe, erwiderte er, daß er mich bis zu diesem Tage für einen guten Royalisten gehalten habe, aber daß ich bloß ein überspannter Liberaler sei und daß er einen Weg finden würde, sich meiner zu entledigen, bevor ich ihm schaden könnte. Ich antwortete ihm, daß ich ein Freund der bestehenden Regierung sei, daß ich bereit sei, sie mit all meinen Kräften zu unterstützen, und daß, da außerdem gemäß der Verfassung die Unterrichtsfreiheit statthaben solle, ich keine Drohungen fürchten müßte. Ich erfuhr, daß der Herr Pfarrer beim Herrn Volksschulinspektor Klage erhoben hatte. Ich suchte den letzteren auf, aber ich traf ihn nicht zu Hause an. Seit dieser Zeit hatte ich keine Gelegenheit zu einer Aussprache mit ihm. Indessen hatte der Herr Pfarrer von Ségoufielle einen Volksschullehrer gesandt, der behauptete, der Schutzbefohlene des Herrn Inspektor zu sein, und der von den Herren Picard und Cazeneuve empfangen worden ist. In jener Zeit erhielt ich einen anonymen Brief, in dem man mir unter Drohungen befahl, die Gemeinde zu verlassen. Ich machte aus diesem Brief keinerlei Aufhebens. Ich bin von der Gendarmerie aufgesucht worden, die mich aufforderte, meine Papiere vorzulegen. Als man sie gesehen hatte, sagte man mir, ich könne beruhigt sein. Indessen drangen all diese Schikanen an die Öffentlichkeit. Da versammelten sich mehrere Familienväter, mindestens dreißig an der Zahl, und verfaßten eine Petition, die an den Ausschuß für Unterrichtswesen des Landkreises gerichtet wurde, um mich als Volksschullehrer zu behalten. Als die Wahlen zur Nationalgarde stattfanden, wurde ich zum Feldwebel ernannt. Anläßlich der Gemeinderatswahlen suchten mich mehrere Familienväter auf, um mir zu sagen, daß sie gegen Herrn Cazeneuve waren, und fragten mich diesbezüglich um Rat. Ich antwortete ihnen, daß ich, da ich nicht wahlberechtigt sei, ihnen persönlich nichts sagen könnte, doch daß ihre Wahl natürlich auf ruhige Familienväter fallen müsse, die den Interessen der Gemeinde und denen der Regierung ernsthaft verbunden sind. Herr Cazeneuve wurde nicht wiedergewählt, und beim Herausgehen, als er mich im Vorübergehen bemerkt hat, sagte er mir, daß ich ihm einen Streich gespielt hätte, den er mich zu bereuen lassen wüßte.

(...)

F.: Ich weise Sie darauf hin, daß Sie bis jetzt nur mit allgemeinen Erklärungen geantwortet haben, daß aber Bernard Colomès, Blaise Asté, Denis und Bernard Dantezac, Jean Montagnac und Jean-Marie Gilibert schwerwiegende Sachverhalte ausgesagt haben, die Sie persönlich angehen und der gegen Sie erhobenen Anklage unterstehen.

A.: All diese Sachverhalte sind eindeutig falsch und können nur vom Haß und der Rache der Herren Picard und Cazeneuve eingegeben worden sein.«

Arnaud

Er hatte in Saint-Médard im Landkreis La Rochelle unterrichtet, bevor er in Saint-Florent-des-Bois angenommen wurde. Da Sie behaupten, entgegnet ihm der Richter, daß Ihre früheren Schüler Ränke geschmiedet haben, wie erklären Sie sich dann, daß deren Aussagen mit denen der Kinder aus Saint-Florent übereinstimmen?

»A.: Die Zunge von Biraud kann recht weit reichen.

F.: Wie weit liegt Saint-Florent von Saint-Médard entfernt?

A.: Dreizehn Landmeilen.

F.: Wenn die Zunge von Biraud bis dorthin gekommen ist, muß sie ziemlich lang sein.

A.: Seine Zunge wird nicht bis dorthin gekommen sein, aber er wird es jemandem erzählt haben.«

Das ist Biraud, sein schwarzes Schaf, das Gehirn der Verschwörung, die Muse der Verleumder, den der Volksschullehrer beschuldigt. Am Anfang stand eine Herzensangelegenheit: »Biraud, Gastwirt in Saint-Florent, der seit einem Jahr seine Frau verloren hat und um die Hand einer Witwe anhielt, deren ältester

Tochter ich Unterricht erteilte, ist von dieser Frau nicht erhört worden und hat geglaubt, daß ich die Ursache dafür wäre, daß seine Wünsche zurückgewiesen worden waren, und um sich an mir zu rächen, hat er mich beschuldigt, daß ich Kinder masturbiere und mich von ihnen masturbieren lasse.« Arnaud läßt nicht davon ab: Der Gastwirt hat nicht nur »vorgesagt«, sondern auch seine Zöglinge zusammengeschweißt, indem er durch seine Gehässigkeit die Familien des Ortes entzweit hat.

Auf der einen Seite die Skeptischen: der Bürgermeister, der Gendarmerie-Unteroffizier und der Steuereinnehmer. Auf der anderen die Angeworbenen: Väter, Mütter und Nachkommenschaft, deren Aussagen eher im Namen der Moral als der Behörden vom Schulinspektor geschürt wurden. Ohnehin vertritt das Ministerium für Unterrichtswesen die Ansicht, daß »dieses Individuum«, der Beschuldigte, nicht »mit dem rechtmäßigen Titel eines Dorfschullehrers bekleidet gewesen ist«: »Die gerichtliche Verfolgung gegen Herrn Arnaud kann gemäß dieser Auffassung des Herrn Ministers ihn lediglich in seiner Eigenschaft als privater Volksschullehrer betreffen, und Sie schließen sich sicherlich der Sorge des Großmeisters der Universität um die Ehre der Volksschullehrerschaft an, Herr Königlicher Staatsanwalt, indem sie Herrn Arnaud in dem gegen ihn angestrebten Verfahren die Bezeichnung als privater Volksschullehrer, die einzige, die ihm rechtmäßig zugehört hat, wiedererstatten.«[5]

Feind Flottard

Erstes Beweisstück: das Schreiben des Schulinspektors Thomas Flottard an den Königlichen Staatsanwalt. Man erfährt darin, daß Arnaud, als man ihn mit seinen jungen Opfern ins Kreuzverhör genommen hatte, dem Bürgermeister von Saint-Florent seine Ehrlosigkeit nicht hatte verbergen können; dieser »hatte geglaubt, der beleidigten öffentlichen Sittlichkeit Genüge zu tun, indem er Herrn Arnaud aus seinem Amt jagte«. Die ohne Rücksicht auf die wirklichen Gefühle des Bürgermeisters irreführend betonten Worte »Ehrlosigkeit« und »jagen« lassen die Erbitterung der Kläger ahnen. Ist es nun aber nicht der Gipfel an Ungeschicklichkeit, daß sich Arnaud bei seiner Vorladung dem Bürgermeister an den Hals wirft? Diese unglückliche Umarmung soll bei der Untersuchung schwer wiegen:

»F.: Umarmten Sie ihn nicht mit den Worten: Ich bin Ihnen für die Dienste, die Sie mir geleistet haben, dankbar.

A.: Ich erinnere mich nicht daran. Ich weiß wohl, daß er mir gesagt hat: Seien Sie mir nicht böse, ich habe getan, was ich tun konnte, um die Angelegenheit in Ordnung zu bringen, und sie soll auf sich beruhen. Ich glaube wohl, fügte er hinzu, daß die Sache nicht stimmt, aber damit es nicht noch weiter geht, belassen wir es dabei.

F.: Was wollte er mit den Worten: belassen wir es dabei, sagen?

A.: Daß es notwendig sei, daß ich die Gemeinde verlasse, um das Gerücht zu ersticken.

F.: Sie waren also sehr daran interessiert, daß dieses Gerücht nicht um sich greift, da Sie ja eher damit einverstanden waren, Ihre Stellung zu verlieren, als zu sehen, wie es sich ausbreitet; denn Sie sind den Ratschlägen des Bürgermeisters gefolgt?

A.: Da ich seit einiger Zeit die Absicht hatte, mich als Kaufmann niederzulassen und mein Amt als Volksschullehrer aufzugeben, zog ich es vor, die Gemeinde zu verlassen, anstatt noch länger den Verleumdungen Birauds ausgesetzt zu sein.

F.: Ist es nicht eher deswegen, weil Sie sich schuldig bekannten?

A.: Nein. Ich habe mir niemals dergleichen Dinge vorzuwerfen gehabt.«

Die Ungläubigen

Alarmiert von Flottard, teilt Louis Pillet diesem mit:

St Florent-des-Bois, den 7. Januar 1836

Der Bürgermeister der Gemeinde Saint-Florent-des-Bois an den Herrn Inspektor der Volksschulen

Sehr geehrter Herr Inspektor,

Ich habe Ihren Brief, den Sie mir den 2. des laufenden Monats zu schreiben die Ehre erwiesen haben, erhalten, doch meine Abwesenheit hat mich daran gehindert, Ihnen so bald zu antworten, wie ich dies gewünscht hätte.

Sie bitten mich um Auskünfte über die Führung des Herrn Arnaud, unseres ehemaligen Volksschullehrers; die Tatbestände, die man ihm vorwirft, sind schwerwiegend, und Sie werden mir wohl verzeihen, so hoffe ich, daß, bevor ich ihn verurteile, ich das Urteil abwarte, das die gerichtliche Verfolgung derzeit gegen ihn einleitet.

Ich hielt es für ratsam, ihn aus der Gemeinde zu entfernen, entgegen all meinem Widerstreben, diese neue Art von Verderbtheit zu bestätigen, umso mehr, als mich davon eine Person benachrichtigte, die mir keinerlei Vertrauen einflößt.

Mehrere Kinder sind bereits vor dem Untersuchungsrichter erschienen.

Ich muß zugunsten dieses Elenden sagen, daß vor dieser Angelegenheit alle Familienväter mit ihm zufrieden waren.

Ich bedaure zutiefst, Herr Inspektor, und Sie wissen dies ebenso wie ich, daß ein ähnlicher Skandal eine friedliche Gemeinde betrüben muß.

Ich habe die Ehre, usw.

unterzeichnet
Pillet, Bürgermeister

Zwei Tage darauf sagt er aus:

»Am Montag vor letzten Weihnachten kam der Gastwirt Biraud aus Saint-Florent, um mir zu sagen, daß der Beschuldigte sich von seinen Schülern masturbieren lasse. Ich konnte nicht glauben, was er mir sagte. Ich rief das jüngste seiner Kinder, das sich bei ihm befand, zu mir und befragte es über das, was sein Vater mir gerade berichtet hatte. Es sagte mir, daß es stimmt, daß Arnaud sich die Hose ausziehe, sie die Hose ausziehen und seine Geschlechtsteile berühren lasse und ihre berührt, daß er seine so an ihre heranführe, daß sie einander eng berührten ... (...) Am folgenden Tag begab ich mich ins Dorf und verhörte den kleinen Barraud, Martineau Pierre und das älteste der Kinder Birauds, und alle drei wiederholten mir, was das erste gesagt hatte, doch alle schienen mir voller Erbitterung auszusagen. Wenn es nur diese vier Kinder als Zeugen der Tatbestände gegeben hätte, so müßte ich befürchten, daß sie von Biraud beeinflußt worden sind, der dem Lehrer übel wollte, weil er dachte, daß dieser der Grund dafür war, daß Frau Jaunet seine Ehrerbietung zurückgewiesen hatte. Es scheint, daß es seine Absicht war, ihr den Hof zu machen. Sobald jedoch diese vier Kinder mir die Auskünfte geliefert hatten, welche sie mir gaben, erklärte ich dem Volksschullehrer, daß er seinen Unterricht nicht mehr fortführen könne, und nahm die Schlüssel seiner Klasse an mich. Wenn, fügte ich hinzu, die Tatbestände, die man Ihnen unterstellt, falsch sind, klagen Sie gegen Biraud. Doch ich kann Ihnen bis auf weiteres nicht mehr erlauben, in meiner Gemeinde tätig zu sein. Er beteuerte seine Unschuld. Es stimmt nicht, daß er mir irgendein Geständnis gemacht hat.«

Auf den Bürgermeister folgt der Gendarmerie-Unteroffizier in einer ähnlichen Tonlage:

»Am vergangenen 22. oder 23. Dezember kam gegen sieben Uhr morgens der Gastwirt Biraud aus Saint-Florent, um mir zu sagen, daß der Beschuldigte sich von seinen Kindern Isaac und Théophile hatte masturbieren lassen, so wie auch von vielen anderen, vor allem von Barraud, Martineau Louis und Pierre und dem kleinen Giraudeau; daß er den einen der beiden Martineaus verhört hatte, der nichts habe sagen wollen, doch daß er es wohl wird sagen müssen. Da dieser Mann voller Erbitterung redete und mir aus diesem Grund kein Vertrauen einflößte, bat ich ihn, den Bürgermeister aufzusuchen, was er tat. (...) Ich weiß nicht, ob die Tatbestände richtig sind, aber jener, der sie denunziert hat, verdient keinerlei Art von Vertrauen, weil er viel schlechteren Verhaltens fähig ist. Trotzdem ist er ein Mann, gegen dessen Rechtschaffenheit es nichts einzuwenden gibt.«

Darauf der Steuereinnehmer:

»Ich habe von den dem Beschuldigten vorgeworfenen Tatbeständen keinerlei Kenntnis. Ich kann ihnen nicht einmal Glauben schenken. Ich halte Biraud für ebenso fähig, gegen diesen eine Verschwörung anzuzetteln, wie er die Soldaten, die mich begleiteten, um eine Einnahme sicherzustellen, dazu antreiben konnte, mich zu mißhandeln, und er hatte sich in bezug auf mich selbst damit nicht begnügt: er war sogar so weit gegangen, den Steuerzahlern zu sagen, ich wäre ein Dieb. Ich weiß hinsichtlich des Falles des Volksschullehrers, daß er die Kinder Martineau aufgesucht hat und, als diese Kinder nicht in seinem Sinne aussagen wollten, mit den Worten hinausgegangen ist: Diese Lumpenkerle werden nichts sagen. Er hat auch Herrn Giraudeau aufgesucht, dem er gesagt hat, daß der Lehrer sich das von seinem Sohn hatte machen lassen, was er sich von den seinen hatte machen lassen. Der Sohn von Herrn Giraudeau, von seinem Vater zur Rede gestellt, sagte ihm, daß man diesem Herrn kein Gehör schenken solle, da sein Sohn, als er vom Schulmeister geschlagen worden war, ganz leise gesagt hatte: Sei unbesorgt, du Lump, mein Vater wird dir das schon heimzahlen.«

Bei erneuter Vernehmung am 19. Januar zögert Louis Pillet, ohne seine vorangegangenen Erklärungen irgendwie zu ändern, nicht, den Gastwirt zu verunglimpfen:

»Ich füge hinzu, daß mein Sohn hörte, wie Biraud, als er an dem Tag, an dem er gegen Arnaud Klage erheben kam, von mir fortging, zu seinem Sohn Théophile sagte: Du mußt weiterhin das sagen, was du gesagt hast; um so schlimmer für dich, wenn du es nicht tust. Ich füge außerdem hinzu, daß ich, seitdem ich hier angekommen bin, ein Kind befragt habe, das über ein Jahr lang in die Schule des Beschuldigten gegangen ist, daß dieses Kind, das eines der hübschesten war, mir gesagt hat, daß ihm niemals ein Anerbieten von der Art derer, die dem Schulmeister vorgeworfen werden, von diesem gemacht worden war. Mir ist berichtet worden, daß die Kinder Birauds den Sohn von Tulleau aufgesucht hatten und ihn aufgefordert hatten, das gleiche wie sie zu sagen, wobei sie hinzufügten, daß er zwei Francs fünfzig Centimes verdienen würde.

Auf unsere Anfragen hat der Zeuge gesagt: Keines der Kinder, die ich nach der Klage Birauds vernommen habe, redete von Lutschen und Gestank. Es stimmt, daß, nachdem ich dem Volksschullehrer erklärt hatte, daß er nicht länger in der Gemeinde bleiben könne, er mir um den Hals fiel und mich mit den Worten umarmte: Ich danke Ihnen sehr für den Dienst, den Sie mir erwiesen haben. Ich dachte, daß die Dienste, von denen er reden wollte, nichts mit den Vorfällen zu tun hatten, die man ihm unterstellte, und daß es sich um das handelte, was ich für ihn bei seiner Ernennung in Saint-Florent getan hatte, und um einige kleine Vorauszahlungen, die ich ihm gemacht hatte. Als ich ihm den Befehl erteilte wegzugehen, sagte ich ihm wohl, was mich betrifft: Ich verspreche Ihnen, daß ich bezüglich der Vorfälle, deren man Sie anklagt, nichts unternehmen werde. Ich sagte ihm dies vielleicht, bevor er mich umarmte, und er hat es danach getan.«

Auf den Bürgermeister folgt immer noch der Steuereinnehmer:

»Ich habe zwar mit Herrn Flottard am 2. Januar dieses Jahres über die dem Beschuldigten unterstellten Tatbestände gesprochen, aber ich habe ihm gesagt, daß ich meine, daß das Unsinn sei. Ich habe ihm gegenüber jedoch nicht von Lutschen gesprochen. Ich habe mich darauf beschränkt zu sagen, daß man behaupte, dieser

Mensch lasse sich von seinen Schülern masturbieren, und daß man weiterhin sage, daß eines der Kinder von Biraud, als es von jemandem darüber befragt wurde, auf welche Weise der Lehrer die unreinen Handlungen, die ihm vorgeworfen wurden, tun ließ, geantwortet hatte: *Er macht eine Grimasse und es stinkt:* Ich sagte keinesfalls, daß der Volksschullehrer dem Bürgermeister sein Verbrechen gestanden hatte. Ich sagte nur, daß er diesem Beamten für seine guten Ratschläge gedankt hatte.«

Die Gedungenen

Mütter und Kinder bestätigen, daß sie sich vollkommen frei und ohne dem geringsten Druck nachzugeben geäußert haben. Die Witwe Barraud schwört, daß der Gastwirt ihren Sohn nicht anläßlich dieses Falles getroffen hat: »... denn wir wohnen in einem Dorf, wo er niemanden sieht.« Marie-Rose Roblin: »Biraud hat sich mit meinem Jungen nicht unterhalten.« Charles Martineau: »Niemand hatte mir nahegelegt, auf diese Weise auszusagen.« Marie-Jeanne Tailles, verheiratete Martineau: »Biraud hat meinem Kind nichts nahegelegt ...«

Das Vorleben

Arnaud ist in Le Gué-de-Velluire geboren, ebenso wie François Sagot, welcher im Oktober 1835 in der Gaststätte des alten Biraud eingekehrt war:

»Er fragte mich über die Sittlichkeit des Volksschullehrers aus. Ich antwortete, daß er nicht sehr ehrenhaft aus der Gemeinde fortgegangen sei. Biraud bedrängte mich daraufhin mit Fragen, und ich sagte: Er soll die Männer mehr lieben als die Weiber. Wenn ich diese Antwort gab, so nicht deshalb, weil ich persönliche Kenntnis von den Vorfällen besaß, die man Arnaud anlastete, sondern weil ich mich gegen Michaelis mit einem jungen Mann zusammen befand, den man Brillouet nennt und der etwa zwanzig Jahre alt ist, wohnhaft in La Jarré, Landkreis La Rochelle. Man kam auf Arnaud zu sprechen, und dieser junge Mann sagte mir, daß er aus der Gemeinde gejagt worden war, weil er ein elf- bis zwölfjähriges Kind verdorben hatte. Derselbe Arnaud hatte an den Stadtrat von Le Gué einen Brief gerichtet, um sich als Volksschullehrer berufen zu lassen. Er ist abgelehnt worden. Man hat mir auch erzählt, daß er hatte Priester werden wollen, und als ihm das nicht gelungen war, Volksschullehrer wurde.«

Darauf folgen die Einwohner von Saint-Médard: der Bürgermeister, der von den Neigungen Arnauds Wind bekommen hatte, und die uns bekannten Schüler: Alexandre Brillouet, Eugène Foucaud, usw.

Die gute Führung

Ist Arnaud das Ungeheuer, das Thomas Flottard verfolgte? Viele von denen, die ihm zwischen 1824 und 1836 nahegestanden haben, bewahren die Erinnerung an einen Christen mit gutem Lebenswandel, der regelmäßig zur Messe geht. Der Vorsteher des Internats von Marans, der Bürgermeister und der Pfarrer von Saint-Médard, der Bürgermeister von Le Gué-de-Velluire stellen ihm einwandfreie Führungszeugnisse aus.

Am 14. Januar 1836 bestätigen acht Stadträte der Gemeinde Saint-Médard, daß ihres Wissens »er sich redlich und ehrsam betragen hat«. Und am 1. Februar schreiben Einwohner von Saint-Florent-des-Bois, unter ihnen der Steuereinnehmer und der Pfarrer, an den Königlichen Staatsanwalt:

»Wir haben die Ehre, Sie im Namen unserer Mitbürger inständig zu bitten, Herrn Arnaud, unserem ehemaligen Volksschullehrer, von dessen Schuld uns nichts bekannt ist und *die noch längst nicht bewiesen zu sein scheint, alle Rücksichten zu erweisen, die in Ihrer Macht stehen, und wenn Sie ihn seiner unglücklichen Familie zurückgeben könnten, wüßte Ihnen die hiesige Gegend, selbst im Interesse der öffentlichen Moral, unendlichen Dank.*« Im Postscriptum »*schließt sich*« der Bürgermeister »*seinen Mitbürgern an, um den Herrn Königlichen Staatsanwalt zu bitten, ihr Gesuch, das er in seinem ganzen Inhalt billigt, zu berücksichtigen*«.

Epiloge

Am 13. April 1832 verurteilt das Schwurgericht von Gers Jules Esnard zu lebenslänglicher Zwangsarbeit, zur Brandmarkung der rechten Schulter und zur Zurschaustellung. Die Strafe wird vom selben Gericht am 13. Oktober 1836 bestätigt. Der Einspruch wird vom Kassationsgerichtshof am 17. November 1836 abgewiesen.

Am 16. März 1836 wird Honoré-Guillaume Gautier vom Schwurgericht der Unteren Loire zu 10 Jahren Zwangsarbeit und einer Stunde Zurschaustellung verurteilt.

Am 20. März liest man in der *Gazette des Tribunaux:* »Die geschlossene Sitzung, die selbst für die Verlesung der Anklageschrift beantragt und ausgesprochen worden ist, bezeugt die Schandtat; kurz, sagen die Strafe von 10 Jahren Zwangsarbeit und die der Zurschaustellung, die dem Angeklagten auferlegt wurden, nicht, welches ihre Ungeheuerlichkeit war? Die gerichtlichen Jahrbücher liefern vielleicht kein zweites Beispiel einer solchen Tat. Der Anwalt, dem die Verteidigung von *Amts* wegen auferlegt worden war, hat sich damit begnügt, einen erschwerenden Umstand anzufechten und hat im übrigen in seiner Empörung nur geißelnde Worte für seinen Klienten finden können.«

Am 24. April 1836 wird André-Louis Arnaud zu fünf Jahren Zuchthaus und zu hochpolizeilicher Aufsicht verurteilt. Die Geschworenen hatten in allen Fragen ein zustimmendes Urteil ausgesprochen, wobei sie mildernde Umstände einräumten.

Der Penis und der sittliche Verfall des Abendlands

Alles verliefe nach Wunsch, gäbe es nicht den Penis. Hat sich die Bourgeoisie nicht in aufeinanderfolgenden Vorstößen ihre Vorbilder der Ehre errichtet? Im Krieg – von Valmy bis Waterloo –, wo man erlebt, wie sich Kaufmannssöhne den aristokratischen Luxus leisten, dem Tod zu trotzen. Bei Tisch und zu geringeren Kosten, wenn Börsenmakler und hohe Beamte der Restaurationsmonarchie mit den Herren der Zeiten Ludwigs XV. und Ludwigs XVI. im Prunk wetteifern. In den Sitten, die für die von Vorsicht und Zurückhaltung durchdrungenen Sieger von 1830 maßgeschneidert sind: man schließt die Spielhäuser, diese Brutstätten der Verschwendung, man erläßt Anordnungen gegen die Prostitution. Alles ginge so gut, trotz der Zwischenfälle, dem Begräbnis von General Lamarque, den reihenweisen Anschlägen auf das Leben des Königs, den – wie 1834 in Lyon durch Herrn Thiers – niedergeschlagenen Arbeiterrevolten. Alles stünde zum besten: zwischen 1820 und 1847 haben sich die Pariser Vermögen an Wert fast verdoppelt, und ihre Zahl ist um über hundert Prozent gestiegen.[1] Warum muß diese Harmonie durch die geschlechtlichen Mißstände durcheinandergebracht werden?

Wohl verurteilen die theologischen Abhandlungen, die synodalen Verordnungen, die Handbücher und Instruktionen für die Beichtväter sie seit drei Jahrhunderten mit hartnäckiger Vehemenz. Drei Jahrhunderte lang sind die Bauern als auserwählte Zielscheiben des Terrorismus der Priester dem Dauerbeschuß der Verbote ausgesetzt. Doch im Jahre 1755 geschieht etwas, das vor der politischen Umwälzung in der Sexualordnung einen Regimewandel einführt. Ein Buch erscheint, das trotz der gelehrten Schranke des Lateins eine wirkliche Bombe ist: *L'Onanisme* (Die Onanie) von Dr. Tissot. Im Jahre 1760 ins Französische übersetzt und bis 1775 zehnmal neu aufgelegt, bleibt sein Glück nicht dabei stehen: Die Moralideologie des 19. Jahrhunderts spendet ihm reichlich Dank, die letzte Auflage des Werks stammt aus dem Jahre 1905; als pathetische Symptomatologie ersinnt es eine Darstellung der Perversion: »... man darf weniger hoffen, durch Vernunftsgründe zu überzeugen, als durch Beispiele abzuschrecken ... Das

Bild, das meine erste Beobachtung bietet, ist furchtbar; ich bin selbst darüber erschrocken, als ich den Unglücklichen, den sie zum Gegenstand hat, das erste Mal sah... Ich habe die gräßlichsten Schauspiele dieser Art gesehen... Ich habe mich bemüht, nichts von dem auszulassen, was die Augen der jungen Leute über die Schrecken des Abgrundes, den sie sich bereiten, öffnen kann.«[2] Der Abstraktion der Begriffe stellt sich plötzlich die Effusion des Blicks entgegen; der Betrachtung der Zwecke die Roheit des Wissens; dem geistigen Zwang die Erfordernis sozialer Kontrolle. Der Bestrafungshorizont verschiebt sich vom Himmel zur Menschenwelt. Im Gefolge von Tissot wenden sich die Ärzte an die Bourgeois, ihre Brüder, deren baldigen Aufstieg sie vorausahnen und deren authentische Macht sie definieren, bevor sie sich rechtlich gründet: über den Besitz der Reichtümer und die Ausübung der Regierung hinausgehend die, die sich durch die Symbole ausdrückt. Was ist nun aber angesichts der adligen Sittenlosigkeit erbaulicher als die Reinheit, erhebender als das Abschrecken von der Ausschweifung? Um so mehr, als der Krebsschaden von einer Klasse zur nächsten fortschreitet und auf die Gemeinen übergreift: »Man befrage jene Männer, die die Religion zu Mitwissern des Geheimnisses der Herzen und der Schwächen der Menschheit bestellt hat, oder jene, die zu genauen Beobachtern der Landbevölkerung und der Armen geworden sind durch die Neigung zu für das Wohl des Staates wichtigen Körperforschungen; sie werden euch sagen, daß die reichen Frauen, für welche die Lust das größte Interesse und die alleinige Beschäftigung ist, nicht die einzigen sind, die die Fortpflanzung der Art als einen Schwindel vergangener Zeiten ansehen: diese verhängnisvollen, jedem anderen Tier als dem Menschen unbekannten Geheimnisse, sie sind schon auf das Land vorgedrungen; man betrügt die Natur bis hin auf die Dörfer.«[3]

Gleichwohl überdeckt der medizinische Diskurs nicht den religiösen, der auf seiner Bahn weiter seine Bannflüche schleudert. Genausowenig trägt er sein Scherflein zur kirchlichen Verdammung bei. Strotzend von *topoi* geht er aus einer originalen Sensibilität hervor, dem Anspruch eines Berufsstandes, alles seiner Zuständigkeit zu unterstellen; einer Berufung zu überwachen, zu heilen und gegebenenfalls zu unterbinden; seiner Erfolgsgewißheit dort, wo die bestallten Diener der öffentlichen Ordnung den Boden unter den Füßen verlieren. Mit ihnen räumen die Doktoren

Fournier und Bégin noch eine teilweise Vergleichung ein: »Die Masturbation richtet die meisten Schäden vor allem bei den jungen Leuten des einen wie des anderen Geschlechts an (...). Der Moralist und der Gesetzgeber müssen also gleichermaßen wie der Arzt sich mit diesem wichtigen Gegenstand befassen und danach trachten, derart verhängnisvolle Zügellosigkeiten zu verhüten: doch dem letzteren obliegt es, sowohl die Auswirkungen einer der furchtbarsten Geißeln als auch die geeignetsten Mittel zu ihrer Bekämpfung anzuzeigen.«[4] Dr. Jalade-Lafond ist nicht so großmütig; er weicht jeder Zusammenarbeit aus: »Alles muß in diesem Zusammenhang scheitern; und diese Unglücklichen wären einem ebenso traurigen wie sicheren Tod oder durch den Verlust ihrer Gesundheit und ihrer geistigen Fähigkeiten einem unglücklichen Dasein geweiht, wenn die stets aufmerksame und eifrige Medizin nicht schließlich das Mittel gefunden hätte, die Schäden der Onanie in ihrer Ursache selbst abzustellen. In diesem Falle wie in tausend anderen muß die Medizin wie eine Emanation der Gottheit erscheinen, die die Menschen tröstet oder sie am Rande des Abgrunds aufhält. Die Vergesellschaftung wäre der Menschheit ohne die Medizin vielleicht eher schädlich als nützlich. Doch selbst dann, wenn die Gesetze stumm oder ungenügend sind, bewahrt uns diese wachsame Mutter und gibt uns Güter wieder, deren wahren Preis wir erst erkennen, nachdem wir sie verausgabt oder gänzlich verloren haben.«[5]

Was aber bereitet uns Leid, wenn nicht der Penis, dieses Wespennest, dieses Natterngeflecht, dieses zweideutige Ding, das Größe mit Elend verbindet? Wie soll man auf ihn verzichten? Ohne ihn gibt es keine Kraft, diesen Losungsruf der bürgerlichen Ambitionen. In einem der Gesetzgebenden Versammlung vorgelegten Gutachten, das für die Abschaffung der Kniehosen, eine offenkundige Ursache der Onanie bei Kindern männlichen Geschlechts, plädiert, zögert Dr. Faust im Jahre 1792 nicht, die durch die Kleidung verkümmerten Organe gegen die gewaltigen Vorzüge der entblößten Männer abzuwägen: »Vom Eliottfelsen bis hin zu dem Land, wo Maupertuis die Erde vermaß, tragen alle Kniehosen, mit Ausnahme der schottischen Bergbewohner, die von Kindheit an statt Hosen Schürzen tragen (sollte sich dieser Brauch vielleicht von der Tunika der Römer herleiten?), die oberhalb der Knie abschließen. Ihre Schenkel und Geschlechtsteile sind nackt und liegen wie bei den Römern frei. Alle, die solche

Bergbewohner gesehen haben, bestätigen, daß ihre Geschlechtsteile, die Rute gleichermaßen wie der Hoden, außerordentlich groß sind und alle Völker in dieser Hinsicht weit übertreffen. Die Wahrheit und die Ursache dieses Phänomens sind leicht zu begreifen; die Eiche am Fuß der Berge wird ein ganz anderer Baum an Gesundheit, Kraft, Höhe, Dicke, Lebensdauer und Güte als die Zwergeichen in den Gewächshäusern eines Gartens.«[6] Körperkraft, starke Behaarung und Bizeps schüren die Vorstellungskraft des 19. Jahrhunderts: »... wohl verbundene, gerade und muskulöse Gliedmaßen, die je nach Rasse und Stand in starke oder feine Extremitäten auslaufen, aber immer vollzählig, kräftig und uneingeschränkt beweglich sind; eine feste Haut, die nicht grob und mehr oder weniger behaart ist; ausreichend hervorgehobene Muskelkraft; eine deutlich angezeigte Männlichkeit; endlich die Harmonie des Ganzen, die einem geübten Auge stets bemerkbar und das sichere Kennzeichen des guten Ablaufs der Lebensfunktionen ist: dies sind, so scheint es uns, in methodischer Rangfolge aufgeführt, die Züge, an denen es möglich ist, die gute Verfassung eines zwanzigjährigen Mannes zu erkennen und ihn für den Militärdienst tauglich zu erklären.«[7] Aber leider erzeugt der Penis ein Drama, das seinem Einsatz proportional ist. Seine Tragödie ist seiner Vortrefflichkeit immanent. Ist er aktiv, dreht er doch durch. Ist er fruchtbar, opfert er doch seine Erzeugnisse den Wahnbildern der Empfindung. Die Ausschweifung überrascht ihn im Augenblick seines Sieges. Es gibt keine Lösung für diese Verschwendung. Genausogut könnte man die Quadratur des Kreises versuchen. Untröstliche Eltern können wohl die Rute ihres Sohns verriegeln, um sie vor den Qualen auf Speichern und Aborten zu bewahren; zur rechten Zeit auftauchende Polizisten können Hand auf Invertierte legen, die in dunklen Straßen ihre Dienste austauschen. Doch welches Mittel ist geeignet, ins Hochzeitszimmer zu gelangen, um die munteren Spiele zu unterbrechen, in denen Gatten ihrer Frau das Arsenal der verbotenen Spiele entdecken? Träumen wir von einer Miliz der Schlafkammern, die die Glieder zwangsweise in das natürliche Gefäß zurückführt, von welchem die Kirchenleute sagen: sie hätte keine Gewalt über sie! »Was immer man versucht, sei es auch unter Beihilfe des Willens des Betroffenen selbst, man hindert den Samen nicht, sich in seinen Speichern anzusammeln und, einmal dort angelangt, häufige und beharrliche Erektionen zu bewirken, erotische Träume physiologischer Art zu erzeugen, mit einem Wort, seinen Austritt zu fordern.«[8] Die Medizin fing gerade erst an, wieder Atem zu schöpfen, mit größerer Schärfe, die Schäden der unerlaubten Machenschaften abzuschätzen: Da fallen ihr auch schon die unfreiwilligen Samenergüsse auf, die Verluste bei Tage, die um so viel betrüblicher sind als die nächtlichen, bei denen der Schlaf und die lasziven Träume den Verstoß mildern. Zum Glück kommen die Fachleute, nachdem die erste Aufregung einmal vorüber ist, der Sache auf die Spur. Am Ursprung dieser Verluste läßt die Masturbation die Fingerspitzen sehen. Zusammen mit allen Zügellosigkeiten, sowohl denen der Päderastie als auch denen des Ehebetts, erweist sie sich als größeres Unheil, welches jung und alt, Landleute und Städter, Ledige und Verheiratete trifft. Und die Frauen uneingeschränkt: ihnen reichen die leichtesten Bewegungen, ein einfaches Reiben der Schenkel, ein Ausritt zu Pferd, aus, um sich hinterhältige Lüste zu verschaffen. Immerhin jedoch sind deren Auswirkungen auf Art und Gesellschaft zumeist nicht mit denen vergleichbar, die sich aus dem Verrat des Penis ergeben. Der Irrtum einer Jungfrau hindert die Verheiratete nicht, die befruchtende Substanz zu empfangen. Auf welchen Samen sollten sich jene berufen können, die ihn verschwendeten und mit großen Schritten der Schwindsucht und dem Tod entgegengingen, nicht ohne zuvor den Personen des anderen Geschlechts ihre Antipathie bezeugt zu haben?

Die Nacht und der Tag

Die aristokratische Nacht ist von Lichtern durchzogen: »Der König kam Donnerstagabend an; die Jagd, die Laternen, der Mondschein, der Spaziergang, der Imbiß an einem mit Jonquillen bedeckten Ort, all dies war wie nach Wunsch.«[9] Sie bietet ohne Scham die übelsten Zügellosigkeiten dar: »Unter der Régence, als in der Frage der Sitten alles erlaubt war und die Prinzen und der Kardinal-Minister selbst ein Beispiel davon gaben, häuften sich die schändlichen Szenen so sehr, daß sich eines Tages eine Gruppe von siebzehn Höflingen bildete, die sich während der Sommerhitze des August 1722 genau unter die Fenster des Königs stellten. Fontenille, der Duc de Boufflers, d'Alincourt, der Comte de Roye, der Marquis de Meuse, der Gardehauptmann Champigny und einige andere Offiziere des Königshauses waren die Veranstalter des nächtlichen Festes. Was sie, vielleicht gar unter den Augen des Königs, taten, was man hörte, was man im Mondschein erkannte, ließ eine so große Zahl neugieriger Damen und Herren des Hofes ans Fenster treten, daß am nächsten Tag ganz Versailles und selbst Paris sich in größter Aufregung befand.«[10]

Die bürgerliche Nacht steckt voller Dämonen. Von Restif bis Lautréamont bewegen sich die Spaziergänger dort neben Dirnen und Raubmördern. Schon im Mittelalter läutern sich die entstehenden Stadtgemeinden von den Giftdünsten der Lust, indem sie den Karneval am Abend in die Wälder verweisen.[11] Und als die Hexerei ihren Wahn über das Abendland ausbreitet, verdrängen die Menschen aus der Stadt die Sabbate in die Schwärze der Einöden. Im Jahre 1682 setzt Colbert der Hexenjagd ein Ende.[12] Im Jahre 1750 geht die Jagd auf Onanisten los. Im 16. Jahrhundert delegiert die Kirche ihre strafende Funktion an die Justizbeamten. Im 18. Jahrhundert überläßt die Justiz sie den Ärzten, die die neuen Werkzeuge Satans in der Dunkelheit verfolgen: »In den Räumen, in denen die Kinder schlafen, muß stets Licht sein. Eine einzige Lampe genügt in einer gewöhnlichen Wohnung, zwei oder gar drei sind zu verwenden, wenn die Wohnung sehr weitläufig ist. Diese weise Vorkehrung kann vielerlei Unheil verhüten; doch der größte Vorteil, der sich daraus ergibt, besteht in der Überwachung, die Lehrer oder Aufseher auf diese Weise ausüben können. Schon vor langer Zeit hat man gesagt, daß das Laster der Freund der Finsternis sei.«[13]

Die Renaissance entdeckt gleichzeitig zwei Gestalten des Anderen: den Wilden und das Kind. Um dieses gemeine Wesen kleinzukriegen, unterjocht sie es von der Wiege bis ins Jünglingsalter. Der kleine Adlige wird wie ein Tier dressiert und wie ein Dieb gezüchtigt.[14] Die Königssöhne entgehen dieser schlechten Behandlung nicht. Kurz vor der Revolution zeichnet sich eine Reaktion ab. Man erstattet der Jugend ihre Würde zurück. Der erste Entwurf einer Weihe. Von den Fortschritten der Kinderpflege bis zum Aufschwung der Kinderheilkunde, von den Seufzern der Schriftsteller bis zu den Bucherfolgen scheint im 19. Jahrhundert alles zu dieser Epiphanie beizutragen. Doch wie könnte man sich von diesem trügerischen Schein täuschen lassen? Rousseau gewährt Emile einen freien Willen nur unter dem Vorbehalt, ihn zu leiten. Die Bourgeoisie, die ihre Sprößlinge der

Peitsche der Züchtiger entreißt, erkennt die Gefahr. Die Aristokratie war gegen ihre Abkömmlinge durch ihre Strenge und die Mythologie der Abkunft gerüstet; das Blut unterliegt weder charakterlichen Eigentümlichkeiten noch den Wechselfällen des Daseins. Die nicht-adlige Familie ist ihrer Nachkommenschaft preisgegeben. Diese kann sie ruinieren oder bereichern, sie krönen oder entehren, sie ist eine Wertanlage, die es gilt, Gewinn bringen zu lassen – »Biedermann Vater und Sohn« –, oder eine Höllenmaschine, die man unverzüglich entschärfen muß. Der Sprengstoff in diesem Körper, den man nicht mehr auspeitschen kann, ist das der Raserei der Triebe überlassene Geschlecht.

In der Tat ist die Begierde jetzt mit der Kindheit im Bündnis. Sie verläßt die Frau, mit der sie sich vom 14. bis zum 17. Jahrhundert verschworen hatte. Aus diesem verwünschten Bündnis geht die Besessenheit hervor, die nur Selbsttrunkenheit ist. Von seinen neuen Errungenschaften begeistert, definiert das 18. Jahrhundert diese hassenswerte Ekstase in biologischen Begriffen; es entlarvt das Bedürfnis ohne Bedürfnis, die Gefräßigkeit ohne Hunger. Die Natur lehnt diese verrückte Ungeduld ab. Sie kann den Säuglingen an der Mutterbrust oder den geschlechtsunreifen Knaben keinen Liebeshunger zuerkennen: »Das unwandelbare Gesetz des Tier- und Pflanzenreiches ist auch auf die Menschengattung anwendbar; reift der Mensch frühzeitig, das heißt, entwickelt sich die Fortpflanzungsfähigkeit bei ihm, bevor der Körper, die Sinne und der Geist gebildet sind, erwirbt er weder Kraft noch Tugend, und wenn der zu frühzeitig gereifte Mensch schon in der Kindheit Samen verliert, was bei einer Frühreife beinahe unausweichlich ist, ist er mit Leib und Seele verloren.«[15]

So erkennt die Gesellschaft des 19. Jahrhunderts ihren Verfall nicht im Anstieg des Verbrechens oder in den politischen Umwälzungen, sondern in den Schlafsälen, im Herzen der Städte, wo die Schüler die Sabbatorgien wiederauferstehen lassen. Sicher sind die Bourgeois nicht mehr Meister der Aufenthaltsverbote. Indem sie die Gleichberechtigung verkünden, gewähren sie sie zwangsweise auch den kleinen Störenfrieden, die ihre Macht bedrohen. Um sich durch beharrliche Überwachung vor den Gefahren zu schützen, schaffen sie immer mehr Internate, in denen sie ihre Söhne in einer ungesunden Promiskuität einsperren. Dann klagen sie, um sich ein gutes Gewissen zu verschaffen, mit der Stimme der Ärzte und Erzieher die Ansteckungsherde an, die sie in genauer Kenntnis der Sachlage erzeugt haben: »Jedermann weiß, daß vor allem bei Kindern (unsere Pensionate, unsere Kollegien liefern uns dafür jeden Tag den Beweis) der sittliche Verfall im wesentlichen ansteckender Natur ist, daß die unmoralischen Handlungen, die begangen werden, meistens nur auf Nachahmung beruhen ...«[16] Insgeheim schätzen sie sich glücklich, ihre Häuser gereinigt zu haben. Doch der Teufel verschmäht die Einsamkeit der Kammern und die Zurückgezogenheit der Betten nicht, wo er die Seinen unter dem Vorwand von Behaglichkeit und Unschuld anlockt: »Ein junger, heute achtundzwanzigjähriger Mann hatte, als er sechzehn Jahre alt war, das Pech, durch einen jungen Musiklehrer von der Masturbation unterrichtet zu werden ... Nachdem ihm mit der Zeit aufgefallen war, daß auf diese Handlung stets eine gewisse Ermüdung folgte, dachte er sich, daß es gut wäre, dies allabendlich im Bett zu betreiben, um schneller einzuschlafen, und er gebrauchte es zwei Jahre lang als ausgezeichnetes Schlafmittel. Als er dann zu bemerken glaubte, daß er allzuviel schlafe, gebrauchte er es zwei Jahre lang als morgendlichen Wecker.«[17] Im Katalog der Strategien tut ein Schuldiger so, als ob er tief schlafe, und geht dabei soweit, ein Schnarchen zu simulieren. Bei Tagesanbruch »reibt er sich die Augen, dehnt er die Glieder, stammelt und macht in übertriebener Weise den aufschreckenden, unterbrochenen Schläfer nach, dann jammert er über irgendein Leid, klagt über die Müdigkeit einer langen Schlaflosigkeit, und dies selbstverständlich nur in der Absicht, den Eindringling zu entfernen«. Wenn man jedoch argwöhnisch seinen Scharfsinn überlisten wollte, »sollte man nicht zögern, so zu tun, als sei man auf seine Verstellung hereingefallen; dann trete man, indem man geschickt den Augenblick wählt, in dem er am wenigsten mit einer genauen Untersuchung rechnet, unverhofft an sein Bett, und man wird eine Reihe von Phänomenen wahrnehmen, die geeignet sind, den Schwindel aufzudecken«.[18] Was beobachtet man? Ein rotangelaufenes Gesicht; Schweiß auf der Stirn, eine stoßförmige Atmung, glühende Haut. Und wenn man das Bettuch wegzieht? »Man findet seine Hände auf den Organen, die er mißbraucht, oder in ihrer Nachbarschaft. Man kann auch die erigierte Rute vorfinden oder gar die Spuren eines kürzlichen Samenergusses: dieser sollte noch am besonderen Geruch zu erkennen sein, der vom Bett ausströmt und der an den Fingern haftet.«[19]

Das Ertappen auf frischer Tat dämmt die Entartung nicht ein, sondern beschleunigt nur deren Verlauf, als ob der Penis durch eine zusätzliche Bosheit nur aus dem Schatten träte, um seine Opfer ins Nichts zu stürzen.

Der Triumph des Todes

All jene, die fallen

Der Tod mäht die Onanisten in enggeschlossenen Reihen nieder, so wie auf den Bildern Brueghels die Männer und Frauen, die Opfer von Hungersnot, Krankheit und Krieg sind. Ärzte, die sich der Wirklichkeit der Dinge verschrieben haben, junge leichtsinnige Menschen, kleinliche Kaufleute, Justizbeamte, ein jeder schreibt das Totenregister fort. Im Jahre 1832 bringt ein Schüler der École Polytechnique das entscheidende Argument vor, um seinen Vater, einen höheren Offizier, »auszunehmen«: will man zusehen, wie er mangels Mädchen gleich den anderen verreckt? »Ich verspüre immer ein so großes Bedürfnis nach Frauen, daß ich, wenn ich keine bekommen sollte, gleichwohl zu meinem Bedauern gezwungen wäre, ein Mittel zu gebrauchen, das jedem feinfühligen Manne widerstrebt. Dies Mittel hat übrigens gerade einen armen jungen Mann unserer Schule getötet, den wir kürzlich beerdigt haben. Es scheint, daß er seit der Entlassung kein Geld hatte, um Frauen aufsuchen zu können. So versuchte er, dem abzuhelfen, und tat, als er an der Sache Gefallen fand, so übermäßig viel, daß er in wenigen Tagen, anstatt dick und pausbäckig, wie er vorher war, mager, abgezehrt und welk wurde, und schließlich ist er nach entsetzlichen Leiden gestorben. Jener und Edouard Lamothe sind erschreckende Beispiele dieses Lasters, und trotzdem weiß ich, daß nur die Frauen mich davor bewahren werden und daß die schönsten Vorhaltungen nichts daran ändern würden.« Unter Louis-Philippe siegt die Buchhaltung über den brüderlichen Geist und die militärische Größe: »Das macht noch ein Grab, für dessen Friedhofsplatz 500 Francs zu zahlen sind und dazu vielleicht noch die Begräbniskosten.«[20]

Geht es ums Geschlecht, verliert das 19. Jahrhundert die Fassung. Die Fabel ersetzt ihm die Erklärung: »Ein Mann hatte einen aphrodisischen Trank eingenommen, in den man, neben anderen

Zutaten, zwei Lot spanische Fliegen in Pulverform getan hatte. Dieser Trank bewirkte recht betrübliche Wunder: der Wahnsinnige näherte sich seiner Frau im Laufe der Nacht siebenundachtzigmal; er verströmte außerdem viel Sperma in seinem Bett: Cabrol, der am Morgen gerufen wurde, um ihn zu behandeln, sah, wie dieser neue Herkules, der um vieles großartiger war als jener, dessen Taten das Altertum verwundert hatten, noch drei aufeinanderfolgende Ejakulationen bekam, als er sich am Fuß seines Bettes rieb. Der Tod beendete bald darauf diese erotische Krise.«[21]

Als die eines Einheitsprinzips entbehrende Biologie sich im 18. Jahrhundert abmühte, die Breschen der empirischen Klassifikationen zu schließen, betrogen die Ungeheuer ihre Angst vor der Leere. Im bürgerlichen Zeitalter treten sie aus den Bränden der Begierde, den Verirrungen der Natur, den unbestimmten Räumen, in denen die zwischen den Instrumenten ihrer Macht und den Sprüngen ihrer Legitimität vom Schwindel ergriffene Gesellschaft dem Tod begegnet. Der medizinische Diskurs belebt atavistische Phantasmen. Inmitten der Jennerschen Glückseligkeit und vor den Enttäuschungen der Cholera erinnert er sich der Epidemie, er erkennt sie in der Onanie wieder, und er wird sie dort noch nach den Pasteurschen Experimenten erblicken: »Was die lasterhaften Gewohnheiten des Kindes, die sich in der Adoleszenz fortsetzen, tatsächlich dem gemeinsamen Erbe der Kräfte eines Landes rauben, ist unermeßlich, und man könnte fast behaupten, daß die allgemeine Herrschaft dem gehören würde, der sich diesen schimpflichen Aussatz aus dem Leib risse.«[22]

Bourgeoisköpfe und Kohlköpfe

Die Französische Revolution lehrt, daß man einen Menschenkopf ebenso derb abschlägt wie einen Kohlkopf.[23] Sie enthüllt, daß der Tod, der niemand verschont, boshafterweise die Eliten zu bevorzugen scheint. Wütet die Masturbation nicht in den herrschenden Kreisen der Gesellschaft? Schützt sie dagegen nicht die, denen das harte Leben nicht die Muße läßt, ihren Penis so zu berühren, wie man es mit einem Spielzeug tut? Die Geschichte dieses Gemetzels ist theatralisch, weil sie ohne Unterschied am Alltäglichen und am Paradigma teilhat. Der Erzähler ergeht sich in Einzelheiten und hält plötzlich inne: »Ich erfahre in diesem Augenblick vom Tod eines fünfzehnjährigen einzigen Sohnes, dessen Wohnung nicht weit von meiner entfernt ist. Dieser unglückliche junge Mann gestand erst ein, daß er masturbiert hatte, als er sich nahe fühlte, dieses Leben zu verlassen.«[24] Die Onanie als tragische Gestalt einer Handelskultur.

Trügerische Latenz

Der Tod mit seinen unvorhersehbaren Bahnen, seinen wunderlichen Formen vollzieht sich allgemein in einem dreistufigen Ablauf. Zuerst kommen die unbefangenen Wonnen, die seligen Ergüsse. Gleich dem Mann der *Ablenkung* verfolgt der Chiromane in der Sorglosigkeit, die der Paravent der Angst ist, seine mörderischen Unternehmungen. Der Verantwortungslose, der seinen Penis gebraucht, um schneller einzuschlafen und fröhlich zu erwachen, handelt vier Jahre lang »in der vollkommensten Unwissenheit dessen, was er tat. Er erreichte sogar die Mitte des zwanzigsten Lebensjahres, ohne daß jemand, der ihn auf frischer Tat ertappte, die Gelegenheit gehabt hätte, ihn über all das Schädliche und all das Grauenvolle seiner Handlung aufzuklären.«

Wer zweifelte daran, daß Satan hier die Täuschung aufrechterhält? »Ein junger Knabe von heiterem Wesen und angenehmem Äußeren wurde, nachdem er in seiner Kindheit *ab ancilla* verdorben worden war, von einem sehr reichen Menschen geliebt, der ihn mit Wohltaten überhäufte; als er ihn verlor, war er darüber so betrübt, daß er sich, allein mit seinem Leid beschäftigt, auf seinem Zimmer einschloß; doch der Dämon, der stets wacht, kam, um ihn zu versuchen, und ließ ihn an den einsamen Lastern Gefallen finden, und er überließ sich ihnen Tag und Nacht entgegen den weisen Vorhaltungen eines Sanitätsoffiziers.«[25]

Man vergnügt sich allein auf seinem Zimmer, in den Bedürfnisanstalten und am liebsten im Verborgenen des Bettes. Doch man ist auch Gruppenübungen nicht abgeneigt. Tissot erwähnt ein Kolleg, dessen »Schüler manchmal allesamt durch eine verabscheuungswürdige Machenschaft die Langeweile und den Schlaf abwendeten, die ihnen die Stunden einer scholastischen Metaphysik eingaben, die ein sehr alter Lehrer ihnen schlafend erteilte«. Bilderbücher kreisen, Jäger treiben die Neulinge zusammen; unmerklich geht man zu den Schurkereien über: »Ich habe viermal das Internat gewechselt, und überall habe ich diese bis zum Exzeß getriebene Ausschweifung erlebt: dort, wo ich meine Studien beendet habe, fanden wir uns zu zwölf oder fünfzehn zusammen, um diesem schönen Treiben nachzugehen.«[26]

Multiple Metastasen

Je nach der individuellen Widerstandskraft und der Häufigkeit der Samenergüsse dauert die Euphorie niemals länger als vier bis fünf Jahre; meistens erstreckt sie sich über einige Monate; schlimmer noch, manche Ärzte erleben, wie stämmige Kerle schon durch ihre ersten Mißbräuche verkümmern: »Es war im Jahre 1872. Ein Kind von kräftiger Konstitution, das von Jugend und Gesundheit strotzte und mit einem bemerkenswerten Verstand begabt war, besuchte die Quarta eines Kollegs in Westfrankreich, das ich hier nicht nennen möchte. Seine Widerspenstigkeit brachte es in den Karzer. Vier Stunden lang in seinem Kerker eingeschlossen, gelang es dem Kind, seine schreckliche Leidenschaft bis zu acht Mal zu befriedigen. Als sein Lehrer kam, um ihm die Freiheit wiederzugeben, fand er es in der Ecke liegend, blaß, mit fahlem Gesicht, von Zuckungen und Zittern ergriffen, die es vergeblich zu verbergen suchte. Es gestand sein Tun selber ein. Seitdem habe ich das Kind beobachtet, und ich habe erlebt, wie dieser Junge im Alter von achtzehn Jahren unter der Last des Lebens zusammengebrochen ist. Sein Verstand hatte sich verschleiert, sein Gang war zittrig geworden, und seine leichenhafte Miene teilte allen mit, daß er erschöpft von frühzeitigen Ausschweifungen starb.«[27]

Wenn die beleidigte Natur sich Zeit läßt, ihre Rache zu vollziehen, wohnt man einem ständigen Verfall bei, dessen dramatischen Verlauf die Sachverständigen fast gleichförmig beschreiben. Starrer Blick aus oftmals geröteten und feuchten Augen, die Schatten bekommen. Die Lider sind geschwollen, die Gesichtszüge eingefallen, das Gesicht gelblich. Dann folgt die Schwärmzeit. Erfahrene Ärzte, die für die neue klinische Methode gewonnen sind, fallen um fünfzig Jahre zurück und rufen die antike Vorstellung der Sympathien zu Hilfe: alles trägt zu allem bei: an allen vier Ecken der Maschine reichen sich die Apparate und Systeme das Übel, das an ihr nagt, weiter. Es gibt für ein Krankheitszeichen keine besondere Ursache, sondern nur Wahlverwandtschaften: zwischen Nerven und inneren Organen, Herz und Hirn, Muskeln und Lunge. Die Verdauungsfunktionen sind den gegensätzlichen Qualen des Einhaltens und des Auslassens unterworfen. Zwischen anfallsartigem Erbrechen und einer unbezwingbaren Eßsucht hin- und hergeworfen, überschlägt sich der Magen: »Was die Störungen angeht, die man im Darmkanal beobachtet, so gehen sie immer auf die gleiche Ursache zurück, die sympathische Reizung, die durch die zu starke, den Geschlechtsorganen auferlegte Betätigung hervorgerufen wurde (...). Sie kündigen sich durch Blähungen an (...). Manchmal kommt es zu hartnäckiger Verstopfung; doch häufiger erlebt man, daß auflösende Diarrhöen auftreten, die die Kranken oft erschöpfen und ins Grab bringen, wenn sie nicht aufhören, sich ihrer infamen Leidenschaft hinzugeben. Der Durchfall ist fast immer von Schmerzen im Unterleib begleitet und einem andauernden Bedürfnis, zu Stuhl zu gehen, das nicht befriedigt werden kann und auf das Hitze und Brennen um den After folgen.«[28]

Zwischen den Zeugungsgliedern und den Nerven besteht dasselbe enge Einverständnis: »In der Tat wirken die Menschen des einen Geschlechts auf die Angehörigen des anderen Geschlechts und erwecken in ihnen jene brennenden Begierden, die den Koitus zum Gegenstand haben, indem sie einen mehr oder weniger lebhaften Eindruck auf die Sinnesorgane ausüben. Mittels der so gereizten nervlichen Empfindungskraft geschieht es, daß die Geschlechtsorgane sich sozusagen auf den Ton einstimmen, der sie befähigt, die ihnen aufgetragenen Funktionen in angemessener Weise auszuführen.« Umgekehrt »bringen die durch das in ihren Lagern angesammelte Sperma gereizten Fortpflanzungsorgane das Gehirnzentrum oftmals in einen Erregungszustand, der ihm nicht länger erlaubt, frei zu handeln, und den Menschen für die zu schwache Stimme der ersterbenden Vernunft unempfindlich macht«[29]. Daher die Konvulsionen, die Epilepsie, die Hysterie. Doch wie verschwenderisch sind die Sympathien des Penis und der Klitoris: sie gehen zu den Nieren und zur Blase, welche dickflüssigen, weißen, stinkenden Harn aussondert; sie teilen sich weiter ans Herz und die großen Gefäße mit und rufen Herzklopfen, Atemlosigkeit, Erstickungen hervor; sie erreichen die zumeist trockene und brennende Haut, die erschlaffenden unteren Gliedmaße und den Kehlkopf: Husten zeigt sich an, die Stimme wird taub.[30]

Thanatographie

Über das Ende verliert man sich in Einzelfällen. Manchmal erschlägt der Tod blitzartig ein Lebenszentrum. Zumeist handelt es sich um Agonien, die kein Ende nehmen, einen Verfall, der sich einnistet. Die Kranken behalten ihre Fäkalstoffe nicht mehr, der Fluch des Alters gräbt sich in Kinder von fünf Jahren: gebeugte Körper, schlotternde Gliedmaße. Und die Seele nimmt auch daran teil: »Die schlimmsten Krisen der Melancholie und die entsetzlichsten Eingebungen der Verzweiflung beschleunigen gewöhnlicherweise schließlich den Tod dieser Unglücklichen. Oder aber sie verfallen in gänzliche Apathie und, herabgesunken unter die Tiere, die den geringsten Instinkt besitzen, bewahren sie von ihrer Art lediglich die Gestalt.«[31]

Die Herausforderung

Beim Anblick dieser keuchenden Schwächlinge, beim Lesen dieser Zahlen – Tausende von Opfern pro Jahr: »Unter den Personen beiderlei Geschlechts, die zwischen dem zehnten und zwanzigsten Lebensjahr zugrundegehen, werden zwei Drittel (...) vom Ungeheuer der Einsamkeit verschlungen«[32] – fragt sich die von der öffentlichen Meinung ermutigte Medizin: Sollte man nicht unter dem Blendwerk der Lust ein teuflisches Selbstzerstörungsunternehmen vermuten, eine kolossale Sabotage? Es kommt vor, daß der Selbstmord wagt, seinen Namen zu nennen: manche sind sich des Skandals bewußt und wollen lieber Schluß machen, als der Welt das Schauspiel ihres Elends zuzumuten: »Der Leichnam von Herrn Couillard (Eugène), Konditoreigehilfe, wurde in seinem Zimmer auf dem Boden liegend und schrecklich verstümmelt gefunden. Seine Züge waren derart entstellt von der Verletzung, die er sich mit Hilfe einer mit getriebenen Kugeln geladenen Pistole beigebracht hatte, daß er überhaupt nicht mehr zu erkennen war... Wir geben hier einige Passagen eines Briefes wieder, die Familienväter und Internatslehrer mit Nutzen überdenken können sollten und in denen sie heilsame Lehren gegen die verhängnisvollen Wirkungen einer Krankheit schöpfen werden, die gleichermaßen die körperlichen wie die geistigen Fähigkeiten schwächt. Möge dieses schreckliche Beispiel sie veranlassen, ihre Bemühungen und Aufsicht zu vermehren.«

Brief Couillards an seine Schwester:

»Es ist auch gut, Dich darauf hinzuweisen, daß eine Leidenschaft, die man auf der Schule lernt, mich seit dem Alter von elf Jahren verzehrte; von diesem Zeitpunkt datiert die Melancholie, von der ich befallen war. (...) Die Melancholie als erste Stufe des Wahnsinns tötet schließlich den Kranken, wenn der Kranke der Krankheit nicht folgt. Ich habe sie besiegt. Das Leben ist nur erträglich, solange man seine Süße genießt und gesund ist an Körper und Geist. Für die großen Übel die großen Heilmittel (...).

Post-scriptum. Dem Unglück ist die Erde die teuerste Zuflucht.«[33]

Doch die meisten Onanisten scheinen aus Feigheit oder aus Trotz den Tod als den letzten Gipfel abstoßender Lüste zu erflehen. Nehmen Sie zum Beispiel ein kleines Mädchen, das sich schon als Kleinkind der Masturbation hingab; unbändig zerriß sie mit acht Jahren die Bänder, mit denen man ihre Hände fesselte; mit zwölf Jahren hat sie die letzte Stufe der Niedergeschlagenheit erreicht: »Diese Unglückliche hatte in ihren letzten Augenblicken ihre Hände unablässig auf ihren Geschlechtsteilen, und sie verschied masturbierend.«[34] Und die Frau reifen Alters, verheiratet, Mutter von Kindern, deren Ableben Dr. Martin festhält: »Inmitten ihrer Leiden, schon gedrängt vom Herannahen der Agonie, umgeben von religiösen Vorbereitungen, galt ihr ganzes Denken nur dem Laster, das sie tötete, und der Tod unterbrach, indem er die Wirkung ihres letzten Willens aufhob, nur ihr letztes Verbrechen.«[35]

Verkrampfte Heiterkeit

Majestätsbeleidigung

Erhabener Tissot, Wohltäter der Büßenden, die ihn zu Hilfe rufen! Welcher Schamlose hätte bis ums Jahr 1825 gewagt, sich an diesem gewaltigen Namen zu vergreifen? Solange im Abendland das Gespenst des Todes als Lösegeld der fleischlichen Verirrungen umgeht, zirkuliert parallel dazu ein von der Aufklärung geerbter Traum: von der Bekehrung durch rechtschaffene Lektüre. Das Evangelium von Tissot mit seinem Wortschwall und seinem Schwulst löst die Wahrheit nicht in der Legende auf, er schürt sie und macht sie fruchtbar; um sie gebieterischer zu machen, übertreibt er sie in einer grandiosen Freske.[36]

Gegen Ende der Restauration indessen marschiert die Medizin im Gleichschritt mit der herrschenden Positivität. Indem sie eine Darstellung der Schmähungen des Körpers gibt, kennzeichnet die Wissenschaft hinreichend den sexuellen Raubbau. Man braucht keine Metaphern mehr. Nun enthüllt aber die Beobachtung, daß sich die Symptome der Onanie innerhalb einer langsamen und in ihren Anfängen beherrschbaren Entwicklung anordnen: »Die leichtesten Folgen (davon) sind allgemeine Magerkeit trotz ausgezeichneten Appetits und reichhaltiger Mahlzeiten, Gesichtsblässe, eine Art geistiger Trägheit und Arbeitsunfähigkeit, nervöse Empfindlichkeit (...). Die Phänomene sind nicht alle auf einmal bei demselben Menschen aufzufinden, und besonders zu Anfang wird ihr isoliertes Auftreten von den Eltern oft nicht erkannt und erregt nicht ihre Aufmerksamkeit. Die Gesundheit wird bald wieder hergestellt sein, sowie die Ursache, die sie zerstört hat, aufhört, ihren Einfluß auszuüben.«[37]

So kommt eine Entdramatisierungsbewegung in Gang, die stark auf Kosten des Evangelisten gehen wird. Weil er die Gefahren zu sehr ausmalen will, verwischt er sie schließlich. Verführt von diesen tollen Fiktionen, retten die Masturbanten ihre wahren Lüste; das Werk Tissots beiseitelegend, vergraben sie sich in ihre noch warmen Betten und »weit entfernt die Übel zu empfinden, mit denen man ihnen droht, (...) setzen sie ihre unheilvollen Praktiken fort«.[38]

Gegen 1840 schlägt man lautere Töne an. Dr. Lallemand nimmt kein Blatt vor den Mund: »Tissot fügt, wenn er von der wechselseitigen Absorption spricht, die er zwischen beieinander schlafenden Personen annimmt, hinzu: ›Diese Beobachtungen erklären, wie das junge Mädchen, das mit David schlief, ihm Kräfte eingab.‹ Ich gehe auf diese Sprache, die Absurdität dieser Auffassungen bezüglich der Absorption, die Argumente, mit denen Tissot sie stützt, nicht ein.«[39] Diese frevelhafte Gewalt ist verdächtig. Verrät sie nicht die Rivalität des Nacheiferers gegenüber dem Idol, dessen Ruhm er auszustechen sucht? Seine Heimtücke kennt keine Grenzen mehr. Er veröffentlicht mit Genuß diese unbewußte Anklagerede eines von ihm binnen einer Woche von unfreiwilligen Spermaverlusten geheilten Kranken: »Seit dem Alter von neun Jahren habe ich mich der schändlichen, rohen Leidenschaft der Masturbation hingegeben. Ich habe diese Machenschaften mit fünfzehn Jahren eingestellt, weil ich das Glück hatte, *L'Onanisme* (Die Onanie) von Tissot zu lesen. Von diesem Zeitpunkt an hatte ich nächtliche Samenergüsse. Sie führten zu einer Verarmung meines ganzen Körpers.«[40]

Am Ende des Jahrhunderts, als die szientistische Zivilisation herrscht, verströmt Dr. Charles Mauriac keinen Groll. Wie ein Mythenforscher amüsiert er sich über Tissot: »Bevor ich weitergehe, möchte ich einige Stellen aus Tissot zitieren, um die Ausdrucksweise des Autors zu zeigen und eine Vorstellung von seiner Rhetorik zu geben. Angesichts eines jeden Falles, den er erzählt, *erbebt* dieser verehrungswürdige Tissot immer, oder aber er ist von *Grauen, Entsetzen, Mitleid* usw. ergriffen. Mit ähnlichen Geistesverfassungen betreibt man verdächtige Wissenschaft, und man verfällt ins Pathos.«[41]

Wurmmittel

Unter der bürgerlichen Monarchie verrät die Medizin einen merkwürdigen Widerspruch. Als Garantin der Sittlichkeit läßt sie über die Prinzipien nicht mit sich handeln. Unter Hinweis auf eine erschöpfte Jugend – Familiensöhne und biedere Handwerker sind ihrer Aufgabe entrissen – weigert sich Dr. Lallemand ebenso wie seine Zeitgenossen, zwischen den Niederlagen des Leibes und der Verantwortung der Liederlichkeit zu unterscheiden. Ausnahmslos erhält er von seinen Patienten das Eingeständnis ihrer früheren Irrtümer. Doch findet er in seiner Praxis den inneren Frieden wieder, indem er auf Fälle, an denen Tissot sich erfreut hätte, einen klinischen Blick und nachsichtige Therapien verwendet.

Ein Knabe nimmt mit elf Jahren die Gewohnheit der Onanie an. Nur zwei Monate dauert die unlautere Sinnenlust. Mit vierzehn Jahren verderbliche Lektüre; kurze Rückfälle in den Selbstmißbrauch; Auslösung höllischer Qualen: lüsterne Aufwallungen in Gegenwart von Frauen; Reizungen des Penis, die durch Kaltwasserbäder kaum zu besänftigen sind; Überschwemmungen, von Samen durchtränkte Leintücher. Blitzartige Abmagerung: nach acht Tagen vollständige Kachexie. Wirre Gedanken, Gewissensbisse, aufgeschobenes Geständnis, vergebliche Zuflucht zu Fachbüchern; Flucht in die Askese. Beispiel: »Um von der Berührung der Bettücher nichts zu befürchten zu haben, baute ich eine Art

Käfig aus Korbgeflecht, der sie in der Höhe des Beckens abhielt!« Keine Besserung.

Darauf folgte eines Tages die Entdeckung von Würmern in den Exkrementen. Düstere Vergleiche: »Ich dachte mir, daß sie von der gleichen Art seien, wie jene, die von den Überresten des Todes leben; ich fand mich einem Leichnam so ähnlich, daß ihre vorzeitige Anwesenheit mich nicht verwunderte.« Und den Arzt, wenn auch aus anderen Gründen, ebensowenig, der beim Anblick dieses ausgezehrten Wesens, eines wahrhaften Scheintoten, sogleich eine zwingende Diagnose stellt: »Spulwürmer!« Kaum identifiziert, bieten sie sich von selbst der Ausrottung an: »Ich vermutete also, daß diese Samenergüsse auf der Anwesenheit von Spulwürmern beruhen könnten (...); er antwortete, daß er *gewöhnlich* diese kleinen Würmer ausscheide. Er fühlte sie (...) vor allem gegen zehn Uhr abends in den unteren Teil des Darms hinabsteigen und sogar in die Schließmuskeln eindringen.«

Behandlung: Wurmmittel, Einläufe, verschiedene Übungen, Wanderungen im besonderen: »Dies ist wahrscheinlich einer der Gründe, die M. D. zum Studium der Naturwissenschaften führten, die diesen Ausflügen ein Ziel gaben.« Und diese belebende Philosophie, wo der Kliniker den Verwünschenden knebelt: »Wieviele gibt es nicht von diesen Unglücklichen, die unerbittlich getadelt werden, während sie bedauert und vor allem geheilt werden sollten.«[42]

Wohltemperierte Nosologie

– Die welke Blume. Zu Beginn der Dritten Republik wird ein großer Schritt in der Entspannung getan. Dr. Mauriac unterscheidet drei Stufen des onanistischen Übels. Auf der ersten Stufe ist die Störung eher der Verwirrung als der Zerrüttung zuzurechnen. Wir befinden uns hier auf vertrautem Gebiet. Die Klischees ziehen im Galopp vorüber, Blässe, Nachlässigkeit, Veränderungen des Ausdrucks: »Die Augen verlieren ihre Lebhaftigkeit und ihren Glanz, werden trüb, matt, verschleiert; der Blick geht in Gleichgültigkeit, Apathie und Stumpfsinn über.«[43] Sie werden auch Launen des Appetits, eine mühsame Verdauung und Muskelträgheit feststellen. Doch dies läßt sich heilen, wenn die Machenschaften aufhören.

– Ausgesuchte Reizbarkeit. Zweite Stufe: die kleine Schwindsucht. Das Herz versagt ohne Verletzung, die Lunge erstickt ohne Asphyxie, der Magen verschlingt ohne Appetit, während die direkt beteiligten Geschlechtsteile lange eine eigenartige Unversehrtheit an den Tag legen. Sie nehmen erst später Schaden, wenn das Sperma seine Beschaffenheiten verliert, flüssiger wird und sich sogar mit Blut vermischt. Man ist an jenem Punkt angelangt, wo es zwischen dem nachlassenden Empfindungsvermögen, dem schwach werdenden Körper und dem verschwimmenden Sittlichkeitsgefühl schwierig wird, den Herd der Zerrüttung zu lokalisieren. Überdies gibt es »seitens der psychischen Phänomene eine sehr große Vielfalt krankhafter Störungen, die weit größer ist als seitens der Ernährungsfunktionen«.[44]

– Die Wunder. Traumebene, die der Fabulation der Meister angehört und nicht länger der objektiven Erfahrung: »Jenseits dieser beiden Stufen nehme ich eine *dritte* an, die *die meisten der von den Verfassern berichteten außergewöhnlichen Fälle* umfaßt.« Zeuge sei die Geschichte jenes Mannes, der nach Salsmuth ein durch die Onanie so außergewöhnlich ausgetrocknetes Gehirn hatte, daß man, sobald er sich bewegte, dieses Organ in seinem Schädel wackeln hörte. Man könnte meinen, daß sich zwischen Kommentatoren und in Wahn oder Hypochondrie verfallenen Masturbanten ein geheimes Einverständnis über die Wahnbilder ergibt.

Die verfeindeten Brüder

Ein Hauch von Zügellosigkeit schwebt gegen Ende des 19. Jahrhunderts über der Medizin, zu jener Zeit, als die erhabenen Institutionen, die parlamentarische Demokratie, die nationale Wehrpflicht, die weltliche Schule und die streitbare Universität eingerichtet werden. Weitergehend als sein Kollege Mauriac, verkündet Dr. Christian im höchst offiziellen *Dictionnaire encyclopédique des sciences médicales* (Enzyklopädisches Wörterbuch der medizinischen Wissenschaften), daß Sie nach dem sechzehnten Lebensjahr Ihre Rute nach Belieben ohne den geringsten Nachteil martern können; daß es alles in allem keinen fühlbaren Unterschied gibt zwischen dem Koitus, der das Sperma dem Leben der Art weiht, und jenen Operationen, in denen es sich egoistisch verschwendet: »Die Geschlechtsfunktion muß ausgeübt werden, damit der Mensch wohl ausgeglichen bleibt. Warum sollte die

Onanie mehr Gefahren bieten als der Koitus (...)? Sicher ist es immer besser, wenn die Funktion unter normalen Bedingungen vollzogen wird, und das Gefühl von Schande und Abscheu, das sich mit der onanistischen Handlung verbindet, macht sie gefährlicher als den Koitus. Doch der Exzeß, die zu häufige Wiederholung, sei es des Koitus, sei es der onanistischen Handlung, ist verderblich. Und hier berühren wir den Kern der Frage. In Sachen des Exzesses ist alles relativ, zumindest innerhalb gewisser Grenzen.«[45] In diesem Sinn gibt es keinen Grund, sich Zwang anzutun. Man lädt uns unumwunden zur Unzucht ein. »Man muß sich nicht fürchten, es einzugestehen, und ich glaube, es ist nur von Vorteil, die Wahrheit zu sagen, die Onanie ist ein so verbreitetes Verfahren, daß nur recht wenige Menschen sich rühmen können, ihm vollständig entgangen zu sein.«[46] Da alles darauf hinweist, daß die der Masturbation zur Last gelegten Störungen keine organische Ätiologie haben, verweist man sie an die Nerven weiter, die ein dickes Fell haben, die Hysterie, das Schlachtroß des 19. Jahrhunderts, den Faustkampf der inneren Organe und der schlechten Gedanken. Wenn die einsamen Betätigungen Ihnen irgendwelche Unannehmlichkeiten bereiten, so sollten Sie sich an ihre Seelenzustände halten. Daher zielen die Ratschläge trotz emphatischer Formulierungen von reiner Schicklichkeit* weniger auf die persönliche Würde als auf geistige Hygiene, denn die sehr zähen psychischen Störungen widerstehen oftmals der beharrlichsten Pflege.

Nun fahren vor allem in der Provinz bescheidene Ärzte fort, ihren Grimm zum besten zu geben. In Nantes verbünden sich die Onanisten weiterhin mit den Parzen: »Betrachten Sie jenen jungen Menschen, der dort vortritt, wie er auf den Beinen schwankt und leicht zur Erde gebeugt ist: das ist der Typus des jungen Greises, den die Autoren beschreiben. Falten durchfurchen seine Stirn; kantige und vorspringende Backenknochen zeichnen sich unter seiner Haut ab, die ausgetrocknet ist wie altes Pergament; seine langen, dünnen Finger, seine eingesunkene Brust, sein fleischloser Körper, dem in unauslöschbaren Buchstaben die Stigmata des

* »Soll das heißen, daß ich die Onanie als ungefährlich ansehe? Wahrhaftig nicht, vom sittlichen Standpunkt aus ist die Onanie ein widernatürliches Laster (...). Und man wird es nicht energisch genug geißeln können.« (Dr. J. Christian, Artikel *Onanisme* (Onanie), in *Dictionnaire encyclopédique des sciences médicales,* Paris, Masson et Asselin, 1881, Bd. 15, S. 376.)

Lasters eingeprägt sind, sagen uns zur Genüge, welch trauriges Schicksal ihm bald beschieden sein wird.«[47] So wächst der Abstand zwischen einem Wahrheitsdiskurs, wo die Wissenschaft die Begriffe den Ansuchen des Allgemeinverstands entreißt, und einem magischen Diskurs, der das Wissen kolonialisiert. Im einen wie im anderen Fall ist die Herrschaft der Sprache inhärent. Doch als nach Ablauf eines Jahrhunderts die in ihrer Souveränität gestärkte Medizin von einer repressiven Haltung zu einer aufklärenden Einstellung übergeht, ist das mittlere medizinische Personal nicht in der Lage, sogleich deren gestrenge Ansprüche zu übernehmen. Gleichzeitig trennt sich die Vorhut von der öffentlichen Meinung, deren Empörung und Entsetzen sie hundert Jahre lang pseudo-wissenschaftlich bestärkt hat. Eine Spaltung, die jedoch gewisse Grenzen nicht überschreiten könnte, ohne eine teuer erworbene Autorität wieder in Frage zu stellen. Auf dem Gebiet der Kindheit bleiben Dr. Christian und seine Standesgenossen unerschütterlich: es versteht sich, daß vor Inbetriebnahme der Genitalien die lüsternen Machenschaften unselige Folgen nach sich ziehen. Man glaubt, die Doktoren Faust, Téraube, Deslandes oder Lallemand zu hören: »In der frühen Kindheit verdient die Onanie alle Bannflüche, mit denen sie beladen wurde: gerade da gefährdet sie direkt die Gesundheit, den Verstand und sogar das Leben.«[48]

Schlußfolgerung: Absolutes Berührungsverbot bis zur Adoleszenz. Die Medizin stellt in der Folge Geleitbriefe aus.

Das gefährdete Vaterland

Das Elend

Man möge sich nicht über diesen Fassadenoptimismus täuschen. Man zieht Tissot das Fell ab, man macht sich über seine Schreckensbilder lustig, man spielt den Helden. Doch wenn die Bombe hochgeht, welche in den frommen Büchern vergraben ist, die in diesen Zeiten strahlender Laizität kaum mehr gelesen werden, machen die Skeptischsten ein mürrisches Gesicht: Der dem Abgang überlassene Samen, der über alle möglichen Träger entweicht, dem Harn, ja sogar dem Stuhl beigemengt, und der den Willen im Schlafe verhöhnt, bezeugt hinreichend die Krise: »Ich bin vielleicht auf kleinste Einzelheiten eingegangen«, schreibt Dr. Lallemand, »aber dieses Thema hängt mit schwerwiegenden Interessen der Gesellschaft, dem Glück, der Ruhe der Familien zusammen.«[49] Soll man den Fortschritt gefährden, soll man die Maschinen durch Ejakulationen verrosten lassen? Die Mediziner nehmen in dieser Frage die biologische Schicksalsfügung nicht auf sich: immer stöbern sie am Ursprung dieser Zusammenbrüche verbrecherische Berührungen auf. Man braucht nur auf ihre Opfer zu verweisen, die sich eifrig bemühen, das Übel abzuschrecken, so wie sie es mit einem Dämon tun würden. Ein gewisser D., Sohn eines Arztes von Rang, »schlief ohne Hemd auf dem härtesten Bett, um jede Reibung zu vermeiden. Mit einem einfachen Bettuch zugedeckt, das durch einen Bügel hochgehalten wurde, die Arme nach oben genommen und unter dem Kopf gekreuzt: ein Bedienter verbrachte die Nacht am Kopfende seines Bettes, mit dem Auftrag, ihn zu wecken, wenn er die Position wechselte. Beim Aufstehen legte er als unterstes ein zweiundzwanzig Pfund schweres Panzerhemd an, das denen ähnlich war, die die alten Ritter trugen, mit dem einzigen Unterschied, daß es keine Ärmel hatte; es war innen mit einer Silberschale zur Aufnahme der Geschlechtsorgane versehen und mit vier Öffnungen ausgestattet: zwei für die Arme und zwei für die Schenkel. Dieses Panzerhemd war vorne geschlitzt, um den Körper einzulassen, wonach die Öffnung mittels einer starken Kette, die wie ein Schnürband durch Ösen lief, verschlossen wurde; ein Vorhängeschloß wurde darauf in das letzte Glied dieser Kette gelegt; nachdem er es verschlossen hatte, nahm der Bediente den Schlüssel und sollte ihn ihm unter keinem Vorwand herausgeben. Gesichert durch die Silberschale, waren die Geschlechtsteile vollkommen eingesperrt; es gab lediglich eine kleine Öffnung an der Unterseite für den Abfluß des Urins.« Als zusätzliche Sicherheit hatte der Kranke im Inneren vier Nadelspitzen auf der Scheitellinie anschweißen lassen. Stellen Sie sich die Knochen- und Hautschäden vor! Doch seit neun oder zehn Jahren hatte M. D. nicht gewagt, es auszuziehen, überzeugt davon, daß er seiner Begierde nicht widerstehen würde. Vielleicht täuschte er sich nicht: »Mehrmals hatte er sein Vorhängeschloß angefeilt, dessen Schlüssel zu verlangen er sich geschämt hatte, und oft schlug er wie ein Rasender auf den Apparat ein, der sich seinen Roheiten entgegenstellte.«[50]

Es ist wichtig zu handeln. Denn man hat es nicht mit einfachen

Proben sittlichen Verfalls zu tun. Dieser überfällt das Abendland, alle Vaterländer, Frankreich voran, sind von den Keimen der Ausschweifung betroffen, die die Aristokratie, bevor sie erlag, dort ausgestreut hatte. Das Leben der braven Bürger selbst ist bedroht. Nun stehen die kleinen Klitoris den großen Penissen um nichts nach. Im Jahre 1825, so berichtet Dr. Marc[51], lädt ein Polizeikommissar, den die Stimme des Volkes alarmiert hat, die Mutter eines kleinen achtjährigen Mädchens vor, welches öffentlich und kaltblütig sein vatermörderisches Vorhaben verkündet hatte. Die niedergeschlagene Mama mußte das Geheimnis preisgeben. Nachdem es einer Amme übergeben, später der Pflege seiner Großmutter anvertraut worden war, kehrte das Kind mit viereinhalb Jahren ins elterliche Haus zurück: dort verwunderten eine gewohnheitsmäßige Traurigkeit des Blicks und eine stark ausgeprägte Abgemagertheit die Umgebung; man glaubte zuerst an eine unbedeutende Entzündungskrankheit, aber bald mußte man sich die Wahrheit eingestehen: »Eine Frau aus der Nachbarschaft erzählte, daß sie gezwungen gewesen war, eine kleine Nichte aus ihrem Haus zu entfernen, die, obwohl gerade erst zehn Jahre alt, die Gewohnheit hatte, Hand an sich zu legen und ihre Gesundheit zu zerstören. Dem Kind werden indirekte Fragen gestellt, und wie groß sind der Schmerz und die Verzweiflung der Eltern, als diese Kleine ihnen mit frecher Schamlosigkeit und in sehr klaren Worten gesteht, daß sie wohl weiß, was man sagen will, und daß sie seit dem Alter von vier Jahren sich regelmäßig mit kleinen Jungen zwischen zehn und zwölf vergnügt.« Kein Mittel kann sie heilen. Ein barmherziger Mensch, der ihr vor Augen führte, daß ihre Mutter vor Kummer sterbe, zog sich diese Antwort zu: »Als Mama krank war, habe ich absichtlich Lärm gemacht, um sie umzubringen, und als ich gesehen habe, daß es mir nicht gelang, habe ich gesagt, daß ich es selber tun würde.« Vor der sprachlosen Zuhörerschaft drückt sie sich, um keinen Zweifel über ihre Absichten bestehen zu lassen, gegenüber ihrer Mutter deutlicher aus: »Wenn wir zum Beispiel in einem Wald wären, würde ich mich verstecken (...), ich würde Sie durch ihr Kleid zu Fall bringen und Ihnen einen Dolch ins Herz stoßen.« Die Richter sprachen ein besänftigendes Urteil: Da allein eine »unheilvolle Gewohnheit die Verstandesorgane dieses jungen Mädchens trüben und das entsetzliche sittliche Leiden, von dem sie befallen war, verursachen« hat können, ordneten sie die Einweisung in eine Heilanstalt an.

Der Gemeinschaftsfrieden ist nicht immer so billig gewahrt. Die Gesetze eilen ihm nicht zu Hilfe. Die angeregte Medizin leistet dem Ruf der Familien Folge. Als natürliche Verbündete der Richter vertuscht sie hier ihre Untätigkeit. Indem sie den Eifer bis zur Auflehnung treibt, zieht sie gegen die achtbarsten Institutionen zu Felde, sie tadelt heftig die staatliche Erziehung, ihre abstrakte Pädagogik, ihre Strafmethoden, die Ermunterungen zur Ausschweifung sind: finden denn die Schüler nicht in den Klassen, wo sie sich langweilen, in den Zellen, wo man sie einsperrt, unwiderstehlich den Weg zum Penis? Ohne vom Dschungel der Schlafsäle zu reden, den wilden Kämpfen, in denen sich die Älteren die Herrschaft über die Jüngeren sichern, die ihnen einen entsetzlichen Dienst leisten! Sie fordert Leibesübungen, die man vernachlässigt: es gibt keine bessere Antwort auf die geschlechtlichen Provokationen. Unter der Restauration feiert Dr. Fournier-Pescay, Facharzt und Verfolger der Perversionen, im *Dictionnaire des sciences médicales* die Turnhalle des Oberst Amoros in der rue de Grenelle.[52]

Da sie sich der verborgenen Komplizität der Macht, der sie dienen, mit den Onanisten, die sich ihrer Zwänge entledigt haben, bewußt sind, entwerfen die Mediziner Maßnahmen der öffentlichen Wohlfahrt.

– Abschreckungstechniken. Um die Hitzköpfe eines Besseren zu belehren, ist der Spiegel der Erniedrigung mehr wert als Moralpredigten. Am Ausgang der Revolution kommt einem Chirurgen aus Paris das Verdienst dieser humanitären Idee zu. Im Tribunatspalast in der rue de Valois, am Kreuzweg des Lasters, richtet er inmitten von Prostituierten, Gewohnheitsspielern und Gesellen aus Sodom und Gomorrha ein Schauerkabinett mit Wachsfiguren ein. Die Onanie nimmt einen ganzen Raum ein. Hierher führen hellsichtige Väter und große Brüder die Unvorsichtigen, die die Natur betrügen. Bertrand-Rival schlägt ihrer eingehenden Betrachtung vor:

»1) Einen jungen Mann, der von der Masturbation zur Agonie und auf die letzte Stufe der Auszehrung gebracht worden ist.

2) Einen jungen Mann von anziehendem Äußeren, der sich einer vollkommenen Gesundheit erfreut.

3) Derselbe, wie er durch die Masturbation grauenerregend

geworden ist.

4) Ein junges Fräulein von großer Schönheit, das sich einer vollkommenen Gesundheit erfreut.

5) Dieselbe, sechs Monate danach, wie sie sehr häßlich, mager und entkräftet geworden ist, weil sie sich den einsamen Lastern hingegeben hat, von denen sie das Glück hatte, sich durch die Heirat zu befreien.

Darüber hinaus:

Paraphimose, die einen Schüler befallen hat, *depravando se* (...).

Sehr umfangreiche Rute eines kleinen Kindes *a nutrice fellebre.*

Geschwüre in der Scheide eines jungen Mädchens, verursacht *foedissimo ac insanibili frictu* (sie starb in einem entsetzlichen Zustand, nachdem sie den glanzvollsten Gesellschaften die höchsten Freuden bereitet hat).

Gebärmutterkrebs, herrührend *turpissimis titillationibus et aliis rebus. Proh inversi mores!*«[53]

Bertrand-Rival hat Schüler: »Ein Familienvater führte seinen Sohn in ein Pflegeheim, das sich der Behandlung der von der Ausschweifung hervorgerufenen Krankheiten widmete: er zeigte ihm jene Menge Unglücklicher, die zu spät zur Ruhe gefunden hatten; er wollte, daß er in allen Einzelheiten ihre schimpflichen Wunden, ihre Schmerzen und die nicht minder große Qual der Heilmittel beobachtete. Dieser Anblick verursachte dem jungen Mann Übelkeit und seine Stirn erbleichte. ›Unglücklicher‹, sagte darauf sein Vater zu ihm, ›Du kannst dieses Schauspiel nicht ertragen und Du ahmst die nach, die es Dir geben. Geh (...), eile hin, Dich Deinen verworfenen Lüsten hinzugeben; Dein Platz ist dort; die Schmerzen erwarten Dich dort; dort werde ich Dich sehen; Du wirst an Deinen Leiden sterben und ich an der Verzweiflung, einen so schuldigen Sohn gezeugt zu haben wie Dich.‹ Diese Lektion wurde nie vergessen; der junge Mann, der sie erhalten hatte, kam von seinen Verirrungen ab und wurde die Zierde seiner Familie.«[54]

Dem Anstifter solcher Wiederauferstehung gebührt nationale Dankbarkeit: »Möge dieser edle Gedanke vom Führer des Empire gewürdigt werden! Und wenn seine erhabene Wohltätigkeit den dezennalen Lorbeer auf die Stirn des Gelehrten, des Künstlers und des Schriftstellers legt, warum sollte er dann nicht auch Herrn Bertrand belohnen, diese (...) Erfindung eines guten Herzens, dieses sittliche Instrument, dessen bloßer Anblick genügt, um den guten Sitten und dem Vaterland Kinder zurückzugeben, die beide zu verlieren glaubten?«[55]

Während man meint, die Wunderwaffe gegen die Onanie zu besitzen, verkehrt sich die Lektion ins Drama: »Dr. Pugnet, unser Mitbürger und mein Freund, Arzt am Militärkrankenhaus von Dunkerque, Mitglied der Ehrenlegion und so vorteilhaft bekannt durch seine Abhandlung über die ansteckenden Fieberkrankheiten, schrieb mir mit Datum des 31. Januar 1809: ›M., einziger Sohn, zwanzig Jahre alt, verspürte heftige Schmerzen im Kopf und in den Lenden, ein lästiges Jucken im ganzen Hals- und Rückenbereich, starke Beschwerden in den Bewegungen, die die Atmung erfordert, eine empfindliche Störung der Magentätigkeit, eine Mattigkeit der Lebens- und Muskelkräfte (...). Ich sah, daß ich diesen Unglücklichen nicht würde retten können: er hatte alle Mittel der Kunst und der Natur erschöpft; aber ich faßte den Plan, ihn der Heilung eines anderen jungen Mannes dienen zu lassen, der ungefähr sein Alter hatte und in der Auszehrung viel weniger fortgeschritten war. Ich hoffte, daß es mir gelingen würde – indem ich letzterem ein so schreckliches Beispiel vor Augen stellte – das wesentliche Hindernis endgültig beiseite zu räumen, das sich noch dem Erfolg meiner Behandlung entgegenstellte. Ich unterrichtete daher die beiden Familien; die Väter waren einverstanden, eine Zusammenkunft zwischen den Söhnen zu vermitteln; doch es war kaum vorauszusehen, daß sie den Tod beider jungen Leute zum Ergebnis hatte. Der weniger Kranke war so erschrocken über das, was er gesehen hatte, und so von der Furcht gepeinigt, den gleichen Krankheitsgrad zu erreichen, daß er sich, als er heimkehrte, in den Brunnen seines Hauses stürzte; der andere, dem man unvorsichtigerweise dieses unglückliche Ende mitteilte, war darüber so betrübt, daß er fast augenblicklich seinen Leiden erlag‹.«[56]

– Zwangstechniken. Da die Polizei Augen und Ohren verschließt und in ekelhaften Offizinen den Verkauf von Material erlaubt, das zur Anstachelung der Sinne und zur Anregung für alle Abschweifungen erfunden war[57]; da die ständige Überwachung – die den Nachtwächtern außergewöhnliche Zwänge auferlegt sowie von ihnen verlangt, sich mit ihrer ganzen Person einzusetzen und bis in die Schlafstätten der Verdächtigen einzudringen – sich für die Kontrolle der Geschlechtsorgane als unangemessen erweist, fügt man sich in die Repression. Das 19. Jahrhundert glaubt an die Apparaturen. Gegen die sexuellen Mißbräuche wendet es wild begeistert seine Technologie an. Die Barmherzigkeit fehlt dabei nicht. Dr. Jalade-Lafond verwechselt die Zucht nicht mit dem Büßerhemd. Er erfindet eine Bandage, die »aus einem breiten Gürtel aus grauem Tuch oder Nanking besteht, manchmal einer Art Hemd oder enganliegenden Jacke aus Tuch, hinten geschnürt, von Trägern oben festgehalten und unten durch eine halblange Unterhose festgemacht, so daß sie weder hoch- noch herunterrutschen kann. Vorne sind eine Reihe von Gummibändern sichtbar. Damit diese Bandage den verschiedenen Zuständen der Ausdehnung oder der Zusammenziehung der Brust oder des Bauches nachgibt, ist unten am Gürtel ein Schild aus Silber, Goldsilber oder Gold angebracht, das die Form der Geschlechtsteile hat und ihrem Umfang angepaßt ist und das die Rute und den Hoden aufnimmt.« Die Edelmetalle umschreiben eine Klassensexualität, die es um jeden Preis, und sei es hinter Schloß und Riegel, gegen ihre Verschwendungssucht zu sichern gilt: »Die Höhlung dieses Schilds faßt das Doppelte des Umfangs der Teile, die sie in sich schließen soll. Der Kanal, der den Penis aufnimmt, ist ebenfalls größer als das Organ selbst; er ist seitlich geneigt, um ein Hervorragen unter der Hose zu vermeiden. Dieser Kanal vermag durch sein Fassungsvermögen den verschiedenen Zuständen der Rute nachzugeben, sein unteres Ende ist mit Löchern versehen, um den Austritt des Harns zu erlauben; aber er muß unveränderlich festgemacht sein und mit dem Schild ein Ganzes bilden, denn die geringsten Bewegungen, die das Kind ausführen könnte, unterhielten die Überreizung und ließen das Ziel verfehlen, das man sich zu erreichen setzt.« Alles ist vorausgesehen: feine Vorhängeschlösser hindern gekaufte Bediente oder willfährige Kameraden, die Bandage zu lösen; ein Werk von Schnüren, Riemen und Ösen bewahrt dem gefesselten Kind vollständige Bewegungsfreiheit, zu spielen, wie es ihm beliebt, Harn zu lassen und Stuhlgang zu haben. Hier greift aufgrund biologischer Kenntnisse eins ins andere, um den Ablauf der Lebensfunktionen zu fördern, die Belüftung, die Verdunstung, die Transpiration und sogar die Erektionen als höchste Raffinesse oder Wette auf eine Männlichkeit, die, sowie man sie auf die richtigen Gleise zurückführt, ihre beispielhafte Anwendung finden wird: sie können, und, wer weiß, sie müssen stattfinden, doch da sie nicht mehr durch Berührungen der Hand erregt werden, sind sie von kurzer Dauer und werden immer seltener, und so verliert der junge Mensch schließlich die Gewohnheit der Onanie.«[58]

Hirngespinste eines Narren? Keineswegs. Die Korsettmacherinnen arbeiten fleißig. Im Februar 1855 beim Prozeß – der die Pariser Berichterstattung beherrschte – von Célestine Doudet, die sich wegen der Ermordung des ihrer Obhut anvertrauten Kindes zu verantworten hatte, beschreibt eine dieser Arbeiterinnen die Tuchunterhosen mit Schild, die man bei ihr bestellte, um das kleine Mädchen zu zügeln. Soll man sich wundern, daß in den Augen der Verteidigung die Aufwallungen Célestines lediglich eine Form entschuldbarer Vergeltung dargestellt haben, einen Selbsterhaltungsreflex der sozialen Gemeinschaft? Ein Argument, das von den Geschworenen anerkannt wird, die die Angeklagte freisprechen.[59]

Diese Industrie blüht bis zum Ende des Jahrhunderts. Die Firma Martin et Gelbki verbreitet im Jahre 1860 eine verlockende Werbung für ihre chirurgischen Barmherzigkeitsapparate, die berufen sind, »das Menschengeschlecht sittlich und körperlich zu regenerieren und manche Enttäuschungen in den Familien zu vermeiden«. Man hat das Eisenwerk entfernt, das auf der Haut Geschwüre verursacht. Vernünftige Preise: 25, 40, 60, 80 Francs (500 für die Artikel in Silber). Ins Ausland wird unter der Bedingung geliefert, zwei Wochen im voraus benachrichtigt worden zu sein.

Die großen Hoffnungen

Und wenn diese Verfahren ihre Ziele verfehlten; wenn es den kleinen Mädchen gelänge, wie jener Rasenden, die Réveillé-Parise zitiert, mittels langer Federn die Sperre der Gürtel zu überwinden?

Inmitten des Niedergangs kündigen vereinzelte Stimmen die Wiedergeburt an. Sie durchforsten die Ereignisse, sondern die Anekdote von der tieferen Bedeutung. In Algerien ist es nicht der Sieg Bugeauds, sondern der arabische Penis, der Dr. Lallemand seine Allegrettos diktiert. In diesem Attribut entdeckt der Kolonialismus die Rechtfertigung seiner Unternehmungen. Denn die Bourgeoisie, entschlossen, die französische Vorherrschaft nicht wie die alte, abgetretene Monarchie in Zweifel ziehen zu lassen, ist bestrebt, ihr Tun zu rechtfertigen. Was ist besser begründet, was ist erhebender als der Pakt, der von dem urologischen Gelehrten im Jahre 1838 zwischen der Rassenbiologie, dem politischen Messianismus und der repressiven Sexualwissenschaft geschlossen wurde?

Wenn er angesichts der Patienten zu verzweifeln glaubt, die in Scharen zu ihm kommen, um ihm die Tragödie ihrer unfreiwilligen Samenergüsse zu erzählen, revidiert er bei Nachrichten aus Algier die Landkarte der zuchtlosen Sexualität. Wohl vernehmen Mütter und Väter abends weiterhin die verdächtigen Bewegungen ihrer Nachkommenschaft. Entgegen der Tradition, in der dem christlichen Abendland unerträgliche Makel auf andere abgeschoben werden, ruft François Lallemand dazu auf, verstärkten Eifer gegen die Gemeinheiten zu zeigen, die in unseren Mauern umgehen. Gleichwohl erleichtert ihn der Exotismus. Wenn er die Überschreitungen mit denen der Völker vergleicht, die kolonialisiert sind oder denen dies verheißen ist, vermengt er Knechtschaft und Schändlichkeit und mildert die Last der ihn bedrückenden Ausschweifungen.

Das Licht kommt heute aus dem Osten. Es neigt sich auf weit entfernte Gegenden, in die Theologen und Naturforscher drei Jahrhunderte lang das Negativ unserer Lage verdrängt hatten. Ironie des Schicksals: Sind wir nicht die Vettern derer, die sich unserem Gehorsam beugen? Lallemand – hinter der Ethnologie seiner Zeit zurück – hält sich an die Vorstellungen Buffons: aus der kaukasischen Urrasse sind die Türken und Araber ebenso wie die Franzosen und Sachsen hervorgegangen. Doch welch eigentümliche Verzerrung zwischen der Inklination der Sonne und den Polaritäten des Werts! Gegen Sonnenuntergang die Kraft der Welt; gegen Sonnenaufgang das Extrem des sittlichen Verfalls: »Auf der einen Seite Polygamie, Harems und Serails: daher geschlechtliche Ausschweifungen, barbarische Verstümmelung, empörende Sodomiterei, eine geringe, untätige, träge Bevölkerung, die der Unwissenheit geweiht ist, folglich dem Elend und allen Despotismen. Auf der anderen Seite Monogamie, christliche Strenge, eine gerechtere Aufteilung des häuslichen Glücks, ein Anstieg von Freiheit, Gleichheit und Wohlstand, rasche Vermehrung, eine gedrängte, tätige, arbeitsame, unternehmende verwegene Bevölkerung, die aus Antrieb und Notwendigkeit erobert.«[60]

Die versklavte Frau, die Knaben, die in der Wiege zur Lust erweckt werden, im Osten arbeitet alles am Ruhme des Penis.

Seine Gestalt – riesig, stets aufgerichtet – lädt zur Lüsternheit ein. Doch unter welchem Einfluß hat er sich so von seinem abendländischen Bruder abgespalten, welcher Teufel hat ihn in dieses Netz der Schande hineingezogen? Die natürliche Umgebung? »Der große Name Montesquieus könnte nicht über diese entscheidende Tatsache hinwegtäuschen, daß die gleichen Völker die größten Wandlungen in ihren Eigenschaften, in ihren Institutionen erfahren haben, ohne daß sich an den natürlichen, geologischen usw. Umständen etwas geändert hätte, unter denen sie ständig leben.«[61] Die Religion? Haben die Kalifen ihre Krieger denn nicht im Gefolge des heroischen Islam bis nach Poitiers geführt? Wer hätte da gedacht, daß dieser furiose Elan in die Gärung der Lotterbetten zurücksinken würde? Die geteilte Macht? Hat sie nicht von Bagdad bis Granada ein starkes Aufblühen von Geistigkeit und Kultur herbeigeführt? Mit Sicherheit ein bedauerliches Zusammenwirken: die Wollust siegte nach und nach über die Beherrschung, der Müßiggang über das Gebet und die Anmaßung über den Stolz. Das Leben organisiert sich um das Geschlecht als König in der Bestrebung, es zu erregen:

– Durch die Verehrung des Körpers, der den verbündeten Mißbräuchen der Hygiene und der Genügsamkeit ausgeliefert ist: »Die Enthaltsamkeit all dieser Völker ist eine weitere sehr bemerkenswerte Tatsache: bei den meisten verbietet ein grundlegender religiöser Glaubensartikel das Fleisch aller Tiere, so daß die Ernährung gänzlich auf Milchprodukten beruht. Alle unterziehen sich häufigen Reinigungen und machen täglichen Gebrauch von heißen Bädern, Dampf- und Schwitzbädern mit hoher Temperatur... Sollten nicht diese schwächende Ernährung und diese erschlaffenden Gebräuche die Weichheit der Orientalen erklären?«[62] Und ihre Entmännlichung? »Wenn alle Sekten diese Grundsätze der Ernährung und Hygiene angenommen haben, die nur für die Menschen des Abendlands außergewöhnlich sind, so leben auch alle unter der Herrschaft der Polygamie, die das Abendland immer zurückgewiesen hat; alle diese Völker weisen das *verweichlichte* Gepräge auf, das bei uns nur den Menschen eigen ist, die durch übertriebene Samenverluste erschöpft sind.«[63]

– Durch das Verbot des Alkohols, in dem diese Wahnsinnigen ein Schlafmittel für die Begierde gesehen haben: die Völker des Orients, »außer einigen Horden des Tibet, haben vollständig dem Wein sowie den anderen gegorenen Flüssigkeiten abgeschworen.

Nicht nur die Anhänger Mohammeds, sondern auch die von Brahma, Wischnu, Buddha usw. haben sich diese Entbehrung auferlegt ... Erinnert man sich der Wirkungen, die die alkoholischen Getränke auf die urogenitalen Organe ausüben, an den sprichwörtlichen Ruf der Wassertrinker usw., wird man leicht begreifen, daß Männer, die der Liebesakt begeistert, gern alles von sich weisen mochten, was ihm nachteilig sein konnte; daß ihre politischen oder religiösen Gesetzgeber diese Nachteile klar erkannt haben mußten; und schließlich, daß sich diese Völker vollkommen der Entbehrung von Genüssen unterworfen haben, die fade sind ... im Vergleich mit denen des Harems.«[64]

– Durch die Auflösung der Heirat. Die Frau ist nicht der Entwurf einer erhabenen Übereinstimmung, sondern ein der Lüsternheit der Männer dargebotenes Ding. In ihren Schlafstätten richtet sich ein ununterbrochener Kreislauf ein. Daher die Kommerzialisierung der Liebe, die zum alleinigen Zweck eines barbarischen Konsums gekauften und wiederverkauften Gefährtinnen. Und der unvermeidliche Fortgang zu weiteren Verworfenheiten. Die Weiber, die auf dem von den reichen Männern aufgekauften Markt fehlen, werden sofort ersetzt. »Daher ist die Sodomiterei im ganzen Orient verbreitet: sie zeigt sich dort ungehemmt und ohne Scham. Welche sittliche Kraft kann Menschen bleiben, die sich in ähnlichen Verdorbenheiten suhlen?«[65]

Verstehen Sie jetzt, daß sich die Mutlosigkeit der fortgeschrittenen Geister bemächtigt, die sich brennend vor Solidarität bemühen, die dichten Trennwände zwischen den Nationen niederzureißen? »Seit dem frühesten Altertum hat es einen auffälligen Kontrast zwischen den Völkern des Morgenlands und denen des Abendlands gegeben ... Ein verbissener Kampf ist zwischen ihnen entstanden und hat von der Expedition der Argonauten bis hin zu der nach Algier niemals aufgehört. Dieser Gegensatz ist von allen bemerkt worden, die das Morgenland besucht und sich mit seiner Zukunft befaßt haben. Er ist sogar von jenen Schülern Saint-Simons angezeigt worden, die am glühendsten die Beendigung dieses feindlichen Zustands wünschen und ihn durch eine brüderliche Vereinigung zu ersetzen hoffen.«[66]

Auf den Spuren der französischen Armeen dehnt die Medizin ihre Neugierde nach Asien aus und watet dort im Schlamm. Rührt man nicht mit Dr. Jacobus X unter dem Zweiten Kaiserreich in Konchinchina an den Boden des Abgrunds? Es herrscht nicht nur die Schamlosigkeit, die Sonderbarkeit buhlt frech um Ansehen. Sehen Sie die Penisse, die viehisch allein schon durch ihre Kleinheit sind: »Es ist folgerichtig, die Annamiten *Affenmenschen* zu nennen. Sie verdienen diese Bezeichnung aus doppeltem Grund, denn der Affe ist dasjenige unter allen Tieren, dessen Geschlechtsorgan proportional zur Größe des Körpers am kleinsten ist. Der Affe ist ebenfalls das einzige Tier, das sich mit Vorbedacht masturbiert, was ein Berührungspunkt mit der menschlichen Rasse ist. Der Annamite, der seit langem zivilisiert lebt, ist nun aber genauso lüstern wie der Affe.«[67] Anstatt seinen Eigentümer zur Bescheidenheit einzuladen, regt ihn dies kümmerliche Gerät zur Perversion an. Doch ist das nun nicht ein vorherbestimmtes Zusammentreffen? Ist es angebracht, daß die Natur einer so dürftigen Männlichkeit den Weg weist? Darum entscheidet sich der Eingeborene für die Anomalie und begibt sich von Kindheit an auf verbotene Bahnen: »... der *nay* ist ein Jüngling von acht bis fünfzehn Jahren ... Solange er *nay* ist, ist er im allgemeinen noch nicht mannbar. Man erkennt leicht, daß diese kleinen Schufte es mit Handelnden zu tun haben, die weder durch Feinfühligkeit noch Anmut des Benehmens glänzen und die roh ihre sinnliche Leidenschaft befriedigen, ohne sich um die Zerrüttungen zu kümmern, die daraus folgen werden.«[68] Bevor ihr Mastdarm sich weitet, ziehen die *nays* die Onanie vor, der sie sich stürmisch hingeben: das flammende Rot der Eichel ihrer Rute, die Leichtigkeit, mit der sich ihre Vorhaut zurückschiebt, ihre Erektionsfähigkeit bei der geringsten Berührung sind unwiderlegbare Zeichen dafür.[69] Ist die Pubertät vorüber, verzichten sie darauf, sich so eng zu geben: »Wenn der *nay* das Alter von sechzehn Jahren erreicht und sich nach und nach in diesem Gewerbe ausgebildet hat«, ergreift er »die Gelegenheiten mit ebensoviel Lust, wie eine Frau den Koitus sucht. Diese verdorbene Neigung wird für ihn ein dringendes Bedürfnis.«[70] Mit zwanzig Jahren zum *boy* befördert, ist er als Empfänger oder Besucher erfüllt.

Nays und *boys* finden an der Fellation Gefallen, die sie weniger untereinander als mit den Fremden betreiben, so als ob sie ihnen eine Beförderung verliehe: »Ob der Europäer in einen Armsessel gestreckt ist oder auf seinem Bett liegt, der knieende oder hockende *boy inguina osculator, sugit, emissumque in bucca recipit, usque ad ultimam guttam.*«[71] Folge: ein degenerierter Mund, wie ihn Tardieu mit seinem adlerhaften Scharfblick geschildert hatte, als er dicke, gestülpte Lippen bemerkt hatte, die vollständig dem entsprachen, wozu sie dienten. Dr. Jacobus fügt hinzu, »daß bei fast allen Frauen und *nays,* die sich ähnlichen Praktiken hingeben, die Lippen (ihm) allgemein dick und verformt erschienen sind, vor allen Dingen bei den Jugendlichen«.[72]

Der Schmutz spiegelt den Fehler. Von Parent-Duchatelet und Jeannel bei den Prostituierten beobachtet, von Canler und Carlier bei den Widernatürlichen, die aus ihren Reizen Geld schlagen, und von Tardieu bei uneigennützigen Päderasten – er umgibt den Ostasiaten vom Kopf bis zu den Füßen. Aber sein Dreck nimmt eine besondere Unwürdigkeit an, die alles menschliche Wesen ablegt: »Der Annamite, der ebenso lüstern ist wie der Affe, verabscheut wie er das Wasser.«[73]

Wie sollten die Unseren in diesem Sumpf nicht den Kopf verlieren? Gewiß verfällt Jacobus während seiner ersten Reise, auf der er die Hintern Europas pflegt, die vom Penis der *boys* gereizt sind, oder die der kleinen *nays,* die von französischen Offizieren eingestoßen worden sind, fast der Melancholie. Erweist sich nicht in den Tropen, daß die Unterschiede sich aufheben, daß die abendländische Tugend sich den Zaubereien, den verfänglichen morgenländischen Versuchungen hingibt? Doch wer widerstände dem Klima, der Einsamkeit, der Geilheit? »Wenn man nicht eine außergewöhnliche Charakterstärke besaß, war es schwer, nicht auf die gefährliche schiefe Bahn des Lasters zu geraten ... Ich werde nicht müde, es zu wiederholen: Der Europäer hat das Laster von Sodom nicht in Konchinchina eingeführt. Dieses Laster ist ein unmittelbares Produkt der chinesischen Zivilisation, das lange vor der französischen Eroberung in die Sitten des annamitischen Volkes eingegangen ist. Der Besiegte hat den Europäer durch seinen Einfluß verdorben, und es hat dazu der mildernden Umstände des beinahe absoluten Mangels des weiblichen Elements zu Beginn der Kolonialisierung bedurft.«[74] Der Beweis, dreißig Jahre später: welch ein Wandel bei der Rückkehr von Jacobus! Ein prachtvolles Saigon, die neue Kathedrale, das funkelnagelneue Hotel, ein Post- und Telegrafenamt, das Schatzamt, der monumentale Justizpalast, die Residenz des Oberkommandierenden, gigantische und komfortable Kasernen, alle diese Wunderwerke sind mit der alleinigen Arbeitskraft der chinesischen Arbeiter unter dem Befehl des Besetzers aus dem Boden gestampft worden. Und dem folgen die Sitten, die wiederhergestellt und der Gesundheit und der Regel zurückgegeben sind: »Wenn der Europäer sich nach der Mühe des Tages zerstreuen will (...), fehlen ihm dazu nicht mehr die Mittel. Es gibt erst einmal zahlreiche Familien (...), die Empfänge geben und ihre Freunde zum Tee einladen. An den Ballabenden bei der Regierung zählt man die Damen im riesigen Festsaal zu Hunderten, und man tanzt trotz der sengenden Hitze von zehn Uhr abends bis sechs Uhr morgens.«[75] Ohne von den Künstlern, dem Theater, der Oper zu reden: gerade hat man *Wilhelm Tell* gegeben. Die Ausschweifung kapituliert. Den alten französischen Päderasten bleibt nur noch die Enthaltsamkeit, denn *nays* und *boys* sind von der Polizei verfolgt auf die Dörfer geflüchtet, wohin die Kunden sich nur zögernd wagen.

Edelmütige Kolonialisierung, die Frankreich seine Größe messen läßt, indem sie seine Reichtümer vermehrt; die das Mutterland von Ansteckungsherden befreit, um sie in Saigon oder anderswo im Schweigen und in der Schande keimfrei zu machen.

Eine fixe Idee

Der Kämpfer

1846: Mit einer unerhörten Taktlosigkeit stellt Baudelaire die Gemälde von Horace Vernet »als eine häufige, behende Masturbation, eine Reizung der französischen Epidermis« vor. Auf diese Weise definiert, symbolisieren die Kompositionen des berühmten Malers militärischer Themen die leichten Möglichkeiten eines Lasters, das überall ausführbar und keineswegs einer Schicht von Bürgern vorbehalten ist: sie »schmücken die Kammer des armen Dörflers und die Mansarde des fröhlichen Studenten, den Salon der armseligsten Freudenhäuser und die Paläste unserer Könige«.[1] So der satanische und unzeitgemäße Baudelaire, dessen Vergleich den Ruf eines »höchst nationalen« Künstlers zerstört, ohne deswegen die Masturbation herabzuwürdigen, da die Beiwörter »behende« und »häufig« nicht die Gestalt von Bannflüchen haben.

1846-1848: Dr. Demeaux, ein Arzt aus Puy-l'Evêque, dessen Verdienste ein Bündel Urkunden und zwei Zeitungen aufbewahren, will sein Vaterland vor der Onanie retten. Er gehört nicht zu denen, die im Übermaß Abhandlungen und Mitteilungen verfassen oder vor den Türen der Akademien intrigieren. Seine Stärke besteht darin, sich auserwählt zu fühlen und mehr ans Handeln als an die Angst des Nachdenkens oder die gelehrten Palaver zu glauben. Die Zeit der Analysen und der Klagen ist vorbei, bemerkt er. Im Herbst 1848 alarmiert er, bestärkt durch die moralische Kreuzzugsstimmung, die höchsten politischen Instanzen.

Am 5. September drückt er dem Ministerpräsidenten als Chef der Exekutivgewalt seine Beunruhigung über die Verheerungen aus, die die Onanie in der zukünftigen »Elite der politischen, geistigen und industriellen Gesellschaft« hervorruft, bevor er diesem ein von ihm erfundenes prophylaktisches Mittel unterbreitet. Am 25. wendet er sich an den Minister für das staatliche Erziehungswesen. Am 3. Januar 1849 fordert dieser ihn auf, ihm nähere Einzelheiten über den Umbau der Schlafsäle zuzusenden. Am 11. Januar vertraut Dr. Demeaux dem Minister nachfolgendes Dokument an.

Bericht über einige hygienische Massnahmen, die in den staatlichen Erziehungsanstalten eingeführt werden sollten,

von Dr. J.-B.-D. Demeaux, ehemaliger Assistenzarzt an den Pariser Krankenhäusern, ehemaliger Anatomieassistent an der medizinischen Fakultät, gerichtet an den Herrn Minister für das staatliche Erziehungswesen.[2]

Da ich seit mehreren Jahren mit einer Arbeit über die Gesundheitspflege bei Knaben, insbesondere über die Pflege, die die Pubertät erfordert, befaßt bin, mußte ich mich mit der Rolle und dem Einfluß der Onanie in diesem Lebensabschnitt beschäftigen, ihre Ursachen untersuchen, die Konsequenzen, die sie nach sich zieht, eindeutig feststellen, schließlich nach den Mitteln forschen, ihrem Fortschreiten vorzubeugen und ihre Auswirkungen zu beheben.

Ich habe mich nicht damit begnügt, Einzelpersonen zu beobachten, mit mehr oder weniger Übertreibung die Geschichte einiger Personen zu beschreiben, die Opfer ihrer verhängnisvollen Neigung wurden, sondern ich habe versucht, auf diesem Gebiet weiter vorzudringen, und ich war über den Einfluß erschreckt, den diese Plage auf das Familienglück, die Gesellschaft, kurz das Menschengeschlecht ausüben konnte: meine Beobachtungen über diesen Teil meines Themas bestätigen im übrigen nur jene von Professor Lallemand vom Institut, bei denen ich mich auf die Anführung einiger Auszüge beschränken werde, um die ganze Bedeutung dieser Frage und alle Aufmerksamkeit, die sie – sei es von seiten der Ärzteschaft, sei es von seiten der Verwaltung – verdient, verständlich zu machen: in seiner Abhandlung über die Samenverluste, Band 3, S. 473, drückt sich Herr Lallemand so aus:

»Die Masturbation untergräbt den gesellschaftlichen Organismus wie die Konstitution der Tabeskranken, denn sie wütet hauptsächlich beim Menschen mit all ihrer Kraft zur wichtigsten Zeit seines Lebens, sie verhindert, lockert oder zerstört das Band der Ehe, sie greift folglich die Familie als wesentliche Grundlage jeder Gesellschaft an.«

Und in einem anderen Abschnitt, S. 478, schreibt er:

»Was die Sitten anbelangt, haben die menschlichen Gesellschaften unbestreitbare Fortschritte gemacht; doch ist das heuchlerische Laster, von dem sie verseucht sind, das verhängnisvollste von allen durch die Möglichkeit, die seine Opfer haben, sich ihm bis zu ihrem letzten Atemzug hinzugeben, ohne dazu einen Komplizen oder gar die volle Manneskraft zu brauchen, durch die Schwierigkeit, diese Machenschaften zu entdecken und sie zu verhindern, durch die anormalen Veränderungen, die sie sowohl den Zeugungsvorstellungen als auch den Geschlechtsorganen aufprägen. Es liegt übrigens in der Natur dieser einsamen und konzentrierten Leidenschaft selbst, zu Lügen und zur Verheimlichung anzutreiben und dem Charakter etwas Wildes und Gehässiges zu verleihen: sie brandmarkt das Gemüt mit einem unauslöschlichen Siegel von tiefem Egoismus: diese verborgenen Schandtaten sind also gefährlicher als die skandalösen Ausschweifungen der Alten; wenn sie in gleichem Maße anwachsen sollten, würden sie die Zukunft der modernen Gesellschaften bedrohen.

Es ist also dringlich, an die Ausrottung dieser allgemeinen Plage zu denken.«

Diese letzte Aussage ist der hauptsächliche Gegenstand meiner Untersuchungen und Überlegungen.

Es ist allen Medizinern, die sich ein wenig mit dieser Frage befassen wollen, klar, daß dieses schimpfliche Laster noch niemals so verbreitet und so verhängnisvoll gewesen ist wie heute; dieser Umstand erklärt uns den Zustand jener jungen Leute von zwanzig Jahren ohne körperliche und seelische Kraft, ohne Befähigung, mit einer verkümmerten Intelligenz und einer zerstörten Gesundheit, die ein doppeltes Unglück für die Familien und die Gesellschaft sind.

Dieser Umstand läßt zwei Drittel der Menschen umkommen, die die Lungenschwindsucht in der Blüte ihrer Jahre dahinrafft.

Auf diesen Umstand ist jene durchtriebene Ausschweifung zurückzuführen, die unserer Zivilisation Schande bereitet und die das Produkt jener verdorbenen Vorstellungen ist, die überall die Mittel der Wollust suchen, die ihnen die kraftlosen Organe auf eine normale Weise nicht mehr verschaffen können.

Dieser Umstand hat schließlich unmerklich die Degenerierung der Familien und des Menschengeschlechts zur Folge, denn diese in der Blüte ihrer Jahre erschöpften Menschen können nur schwächliche Wesen erzeugen, die zu einem vorzeitigen Tod oder einem siechen Leben verurteilt sind.

Angesichts solcher Auswirkungen, die niemand bestreiten kann, muß ein jeder Mensch das Bedürfnis verspüren, seinen Beitrag an Aufklärung zu liefern, um der Entwicklung dieser schrecklichen Plage Einhalt zu gebieten: nicht nur in den gehobenen Schichten der Gesellschaft, in den Kollegien und in den Städten fordert die Onanie ihre Opfer; auch auf dem Land, in dieser Klasse arbeitsamer und armer Menschen hatte ich jeden Tag Gelegenheit, dies zu bemerken. Demnächst werde ich die Ehre haben, dem Herrn Innenminister diesbezüglich eine Mitteilung einzureichen.

Die staatlichen Erziehungsanstalten haben meine Aufmerksamkeit ganz besonders auf sich gezogen, weil diese Anstalten die Elite der Gesellschaft, die Zukunft Frankreichs, umfassen.

Die von mir vorgeschlagenen Mittel wurden bereits durch die Erfahrung bestätigt, denn ich konnte in meiner eigenen Praxis und der einiger Kollegen, die meine Ratschläge einholen wollten, alle ihre Vorteile feststellen. Diese Mittel schienen mir verallgemeinert und mühelos in einem großen Maßstab angewendet werden zu können; aufgrund dieser Erwägung und in der Absicht, meinem Vaterland nützlich zu sein, habe ich mich entschlossen, diese Mitteilung dem Herrn Minister für das staatliche Erziehungswesen einzureichen, statt sie an die Akademien zu richten oder sie in den Zeitungen zu veröffentlichen, weil es mir vorteilhaft erschien, das Ziel dieser Maßnahmen zu verbergen, um es leichter zu erreichen.

Änderungsvorschläge für die Schlafsäle der staatlichen Erziehungsanstalten

Ich wurde vor einigen Jahren zur Behandlung eines jungen Mannes von siebzehn Jahren gerufen, den man krankheitshalber aus dem Internat genommen hatte. Ich bemerkte schon bald, daß die Onanie die Ursache des ganzen Übels war. Ich richtete meine Überlegungen danach aus, aber trotz meiner Warnungen, meiner Ratschläge und meiner sehr aktiven Aufsicht während des Tages gab sich der Kranke in der Nacht weiter seinen schändlichen Gewohnheiten hin. Ich schlug vor, sein Bett neben dem seines Vaters aufzustellen und die ganze Nacht über eine Lampe brennen zu lassen, so daß der junge Kranke keine verdächtige Bewegung machen konnte, ohne entdeckt zu werden. Dieser Notbehelf brachte ein ausgezeichnetes Ergebnis; ich wollte ihn einige Zeit beibehalten, ihn dabei jedoch weniger umständlich für die Familie machen.

Ich kam auf den Gedanken, den unteren Teil einer Zwischenwand, die zwei Wohnräume trennte, in einem ausreichenden Maß entfernen zu lassen, damit sich durch diese Öffnung ein Bett in seiner Länge hindurchschieben ließ; zwei Drittel des Bettes befanden sich in einem Wohnraum, das andere Drittel (Kopfseite) befand sich im anderen: ein gepolsterter Streifen wurde auf der einen Seite an den Rändern der in der Zwischenwand angebrachten Öffnung festgemacht und auf der anderen an die oberste Bettdecke genäht; auf diese Weise war es unmöglich, vom ersten Zimmer in das zweite zu sehen: nachdem diese Vorkehrungen getroffen waren, schlief der junge Kranke in diesem Bett, Kopf und Brust befanden sich so in einem Raum, der Rest des Körpers im anderen; letzterer war ständig erleuchtet und nachts von einer Vertrauensperson besetzt, die über das Bett und die Bewegungen des Kindes eine sehr aufmerksame Aufsicht ausübte. Es war ein voller Erfolg, nach einigen Monaten war die Gesundheit zurückgekehrt, die Onaniegewohnheiten waren verschwunden. Ich habe das gleiche Mittel in anderen Fällen und stets mit dem selben Erfolg angewandt. Ich bräuchte im übrigen nur die von ihm selbst erzählten Eindrücke eines dieser Kranken wiederzugeben, um die Wirksamkeit dieser Maßnahme verständlich zu machen.

Wenn ich über diesen Fall mit einigen Einzelheiten berichtet habe, so deshalb, weil ich glaubte, durch diese Darstellung jene einsehbarer und einfacher zu machen, die ich von dem gleichen Mittel, angewendet in einem großen Maßstab, machen werde.

Es bedarf keiner langen Ausführungen, um die Wichtigkeit verständlich zu machen, den nächtlichen Onaniegewohnheiten vorzubeugen und sie zu verhindern. Tatsächlich nämlich geschieht es in der Nacht, daß die Masturbanten sich aller Art von Berührungen, von unerlaubten Machenschaften hingeben, die von der Dunkelheit und dem Mangel an Aufsicht begünstigt werden; weiter trägt auch die Wärme des Bettes dazu bei, auf die Geschlechtsorgane eine gewisse Erregung auszuüben, die auf jene glühenden, auf laszive Gedanken im übrigen begierigen Vorstellungskräfte zurückwirkt.

Was ich für ein Kind getan habe, schien mir leicht für hundert zu tun, und der Vertrauensmann, der eins beaufsichtigt, hätte mit derselben Wirksamkeit einen Schlafsaal von hundert Schülern beaufsichtigt, die man in den gleichen Verhältnissen untergebracht hätte.

Ich übersende beiliegend einen Plan, der sicher hinsichtlich der Anfertigung viel zu wünschen übrig läßt, der aber, so hoffe ich, als Vorlage genügen und die Einrichtung der Schlafsäle, so wie ich sie entworfen habe, verständlich machen wird. Ich beeile mich indessen, darauf aufmerksam zu machen, daß es keinen Saal gibt, der sich für die Änderungen, die ich vorschlage, nicht mehr oder weniger gut eignen sollte.

Jeder Schlafsaal muß aus zwei Abteilungen bestehen, voneinander getrennt durch eine Holzwand, die ungefähr zwei Meter vom Fußboden aufhören soll; am unteren Rand dieser Trennwand wird ein gepolsterter Streifen von einem Meter Breite angebracht, der die ganze Länge des Saales einnimmt; die Betten werden unterhalb von dieser Trennwand aufgestellt, so daß sie in beiden Abteilungen des Schlafsaales zugleich stehen; in der einen befindet sich der Kopf des Bettes, in der anderen befinden sich die Füße. (Ich nenne Kopf des Bettes den Teil, der dem Kopf entspricht, und Fuß des Bettes den Teil, der den Füßen des Kindes entspricht.) Der freihängende Rand des Polsterstreifens soll so ausgeschnitten werden, daß er jedes Bett in der Quere umfaßt und durch diesen Rand an der obersten Bettdecke angenäht werden, so daß es von dem Teil aus, in dem sich der Kopf befindet, unmöglich ist, in den Teil, in dem sich die Füße befinden, zu sehen: in dem letzteren wird die mit der Aufsicht betraute Person untergebracht.

Ist ein geräumiger Saal vorhanden, errichtet man in der Längsrichtung an jeder Seite des Saals eine Zwischenwand: diese beiden Zwischenwände teilen den Saal in drei Abteilungen, zwei seitliche und eine zentrale, die sich zwischen den beiden Zwischenwänden befindet. Auf der Seite des Haupteingangs soll dieser Zwischenraum durch eine querlaufende Trennwand abgeschlossen werden, die vom Eingang ausreichend entfernt ist, um einen Vorraum zu lassen, von dem aus man die seitlichen Abteilungen und die zentrale Abteilung betritt; die letztere soll Licht und Luft erhalten, sei es durch Öffnungen, die an der Rückwand des Saals angebracht werden, oder durch Windfänge.

Die seitlichen Trennwände werden wie ich es vorgängig angegeben habe und gemäß dem Plan, den ich dieser Arbeit beigefügt habe, errichtet. Die Betten werden unterhalb der Trennwand aufgestellt, mit dem Kopf im seitlichen und den Füßen im mittleren Raumteil. Nur ein Drittel der Länge des Bettes soll sich im ersten, zwei Drittel im zweiten befinden. Ein Nachttisch wird neben das Bett gestellt und trennt es vom Nachbarbett; dieser soll ebenfalls vom unteren Rand der gepolsterten Zwischenwand umfaßt werden, oder besser noch sollte die letztere ihn um einige Zentimeter überragen; diese Tische sollten von zwei Seiten offen sein, damit sie von beiden Abteilungen des Schlafsaales aus erkundet werden können.

Durch diese Anordnung kommen die Schüler zum Schlafengehen in den seitlichen Abteilungen an, die während des Restes der Nacht nicht mehr beleuchtet oder beaufsichtigt werden müssen. Das Kind legt sich in sein Bett, der Kopf und der Oberkörper befinden sich im ersten und der übrige Körper im zweiten Abschnitt, der die ganze Nacht über erleuchtet bleibt und in welchem eine mit der Aufsicht betraute Vertrauensperson untergebracht wird. Diese Aufsicht kann, ohne die Nachtruhe der Kinder im geringsten zu beeinträchtigen, von einem einzigen Mann über mehr als hundert Betten ausgeübt werden. Ferner erlaubt diese Anordnung, die Schüler auf frischer Tat zu ertappen, die sich schuldigen Handlungen hingeben sollten, die Gespräche mitzuhören, die von einem Bett zum anderen entstehen könnten, sowohl verdächtige Bewegungen als auch ungesunde und unanständige Stellungen im Bett festzustellen und zu unterbinden, sich zu versichern, daß die Kinder ihre Betten nicht verlassen, um mit einem Kameraden zu gehen, daß, wenn sie aufstehen, um ihre Notdurft zu verrichten, sie sich keiner schlechten Tat hingeben; und im übrigen befinden sich die Schüler, da sie die Person, die sie beaufsichtigt, nicht sehen können, in der ständigen Furcht, bei der geringsten Abweichung überrascht zu werden. Die ausgemachten Schuldigen sollten Gegenstand einer besonderen Maßnahme sein, und die Verdächtigen werden, ohne daß man sie zusammenlegt, ebenfalls einer besonderen Aufmerksamkeit unterliegen.

Es gibt Kinder, die die strengste Aufsicht von ihren verhängnisvollen Gewohnheiten nicht abbringen kann. So hielt ich es für nützlich, Strafschlafsäle beziehungsweise Strafbetten zu entwerfen, deren allgemeine Anordnung sich von der der gewöhnlichen Betten wenig unterscheidet. Nur wird der Rand der Polsterwand nicht an der obersten Bettdecke angenäht, sondern am Gestell des Bettes selbst befestigt; dieses ist in Wirklichkeit sogar in zwei Abschnitte geteilt; die über dem Bett verlaufende Wand weist eine kreisförmige Öffnung von dreißig bis fünfunddreißig Zentimetern auf, die im übrigen je nach Bedarf verbreitert oder verengt werden kann. Der Körper des Schülers gelangt in diese Öffnung, die man genügend zusammenzieht, damit die Arme nicht über die Trennwand hinaus, wo der Rest des Körpers untergebracht ist, durchgeschoben werden können. Jeder Teil des Bettes wird mit einem Bettuch und den nötigen Decken versehen. Ich denke, daß man auf dieses letzte Verfahren selten wird zurückgreifen müssen, außer zur Strafe oder als Disziplinarmaßnahme.

Abgesehen von den Vorteilen, die ich bereits genannt habe, bietet diese Änderung der Schlafsäle noch weitere in bezug auf die Gesundheitspflege:

1) Im Winter könnte der Abschnitt, der die *Fußenden der Betten* enthält, mit Hilfe von Öfen oder Heizkörpern beheizt werden, so daß von einem beträchtlichen Gewicht an Bettdecken abgesehen werden könnte;

2) da alle Betten gerollt oder geschoben werden können, um in denselben Abschnitt *getan zu werden,* wird der Staub, der Geruch von schmutziger Wäsche, von Schweiß, Transpiration oder Urin nur in diesem Teil spürbar, während der Abschnitt, der die Kopfenden der Betten enthält, von all diesen gesundheitsschädigenden Ausdünstungen frei bleibt, und die Luft, die den Kindern zur Atmung dienen soll, wird von keinem ungesunden Element verpestet.

Ich hätte nicht daran gedacht, die Anwendung dieser Maßnahme vorzuschlagen, oder ich hätte mich zumindest von selbst davon abgewendet, wenn sie mir schwierig erschienen wäre und wenn sie beträchtliche Ausgaben erfordert hätte, zum Beispiel wenn neue Konstruktionen errichtet, neues Bettmaterial angeschafft oder nur zahlreiche Veränderungen hätten vorgenommen werden müssen.

Wie ich schon erwähnt habe, gibt es keinen Saal, der sich nicht für die von mir vorgeschlagenen Änderungen mehr oder minder eignet: alle Betten können so, wie sie sind, mit ihrem gesamten Zubehör benutzt werden; die Nachttische scheinen mir nützlich, aber nicht unentbehrlich zu sein. Das Personal jeder Anstalt scheint mir ausreichend, um die Aufsicht auf wirksame Weise auszuüben. Allein die Beleuchtungs- und Heizkosten würden etwas erhöht. Tatsächlich besteht die einzige Ausgabe, die in Betracht gezogen werden muß, in der Errichtung der Trennwände.

Änderungsvorschläge für die Kleidung der Schüler

Ich mache einen einzigen Änderungsvorschlag für die Anfertigung der Kleidung der Schüler: *die Abschaffung der Hosentaschen.* Diese Abschaffung ist von höchster Bedeutung, denn die Taschen erlauben den Kindern, sich häufigen Berührungen zu jeder Tageszeit und an jedem Ort, im Unterricht, in der Pause und beim Spaziergang hinzugeben und die genaueste Aufsicht zunichte zu machen; manchmal beflecken sich die Schüler durch eine zerrissene Tasche sogar vor den Augen des Lehrers, der sie beaufsichtigt.

Möge man die Taschen aller Hosen abschaffen, und man verhütet allein durch diese Tatsache drei Viertel der schuldigen Machenschaften, die im Laufe des Tages verübt werden. Was die Anwendung dieser Maßnahme betrifft, habe ich nichts anzumerken.

Aborte

Es erscheint mir sehr vorteilhaft, daß die Aborte, sowohl auf den Schulhöfen als auch in anderen Teilen der Anstalt, ständig offen bleiben, so daß der Schüler sich an diesem Ort den Blicken einer Person, die ihn beobachtet, nicht entziehen kann; die Scham ist ein Vorwand, der dazu beiträgt, schändliche und verhängnisvolle Gewohnheiten zu begünstigen.

Untersuchung der Schüler in nacktem Zustand zu verschiedenen Zeitpunkten des Jahres

Das letzte Mittel, das ich die Ehre habe vorzuschlagen und das ich dem Herrn Ministerpräsidenten als Chef der Exekutivgewalt in meinem Brief vom vergangenen 5. November bereits mitgeteilt habe, scheint mir vielleicht vorteilhafter und wirksamer zu sein und vor allem auf die jungen Leute eine heilsamere sittliche Wirkung auszuüben als jene, die zuvor dargestellt worden sind.

In meinem Brief vom 5. November hatte ich die Anwendung folgender Mittel vorgeschlagen:

1) Die Musterung eines jeden Schülers in nacktem Zustand zu verschiedenen Zeitpunkten des Jahres vorzunehmen. (Diese

Zeitpunkte dürfen nicht im voraus festgelegt werden.)

2) Das Alter, die Größe, die Veranlagung, die Entwicklung der verschiedenen *Systeme* und insbesondere der Geschlechtsorgane festzustellen.

3) Diese verschiedenen Auskünfte in ein Verzeichnis einzutragen und so auf einen Blick die absolute und relative Entwicklung des Körpers und der geistigen Fähigkeiten einschätzen zu können.

Diese Untersuchungen zu unbestimmten Zeitpunkten, die die Schüler nicht erfahren und von denen sie vermuten können, daß sie von einem Tag auf den anderen stattfinden müssen, können die günstigsten Ergebnisse erzielen. Ein etwas erfahrener Arzt wird immer mit Leichtigkeit bei der Musterung des Gesichtes, der Augen, der Gesichtsfarbe, des *Habitus* des Körpers und vor allem der Geschlechtsorgane erkennen, ob das Kind sich der Onanie hingibt. Seitdem ich mich ernsthaft mit diesem wichtigen Thema beschäftige, habe ich festgestellt, daß ein erfahrener Arzt sich selten, selbst bei ausdrücklichem und energischem Leugnen seitens des betroffenen Individuums, irreführen läßt. Die Schuldigen und die Verdächtigen werden also durch diese Untersuchung enthüllt und Gegenstand einer eingehenderen Überwachung und angemessener Ratschläge und Ermahnungen. Es läge auch in der Pflicht der Verwaltung, diese Auskünfte an die Familien weiterzuleiten, die ihrerseits die Vorkehrungen ergreifen und ihren Kindern die Warnungen erteilen würden, die sie für geeignet hielten, und durch dieses letztere Mittel würde die Verwaltung, für den Fall, daß alle Schutz- und Strafmaßnahmen, über die sie verfügen sollte, unwirksam bleiben, eine große Verantwortung an die Eltern abtreten.

Allein die Furcht vor der Musterung könnte eine gewisse Anzahl davon abbringen, denn ich bin zu der Überzeugung gelangt, daß der junge Mensch, der sich der Masturbation hingibt, am meisten die Nacktheit fürchtet. Ich könnte mehrere Beispiele von Gemusterten nennen, die, seit Jahren der Onanie ergeben, sich zwei oder drei Monate lang bei Herannahen einer Musterungssitzung jeder schuldigen Handlung enthalten haben aus der Furcht heraus, entdeckt zu werden. Das äußerst starke Schamgefühl dieser jungen Knaben, die schlechten Gewohnheiten unterworfen sind, und die Vorkehrungen, welche sie ergreifen, um die Organe, die ihrer Meinung nach ihre Schandtaten offenbaren könnten, allen Blicken zu entziehen, sind im übrigen allen Ärzten aufgefallen.

Diese Maßnahme erlaubt es, gleichzeitig die Entwicklung des Körpers und des Geistes zu verfolgen und zu beobachten, die eine wie die andere auf eine absolute und eine relative Weise einzuschätzen, mit größerer Sicherheit und Genauigkeit die Veranlagung und die Gesundheit der jungen Kinder zu berücksichtigen, um ihre Ernährungsweise und ihre Übungen festzulegen und manchmal auch, um die Laufbahn, die sie ergreifen sollen, zu bestimmen. Sie erlaubt Mißbildungen oder andere Körperfehler wie Brüche oder Krampfaderbrüche im Hodensack festzustellen, die die Kinder selbst ihren Eltern mit der größten Sorgfalt verheimlichen und die anfangs leicht zu heilen wären, während sie später zu Gebrechen werden, die manche jungen Leute sogar untauglich oder gar unfähig werden lassen können, der Laufbahn nachzugehen, für welche sie besondere Studien gemacht haben. Diese ganz individuellen Untersuchungen, die unter Schweigepflicht vorgenommen werden und daher das Selbstgefühl und die Empfindlichkeit der Familien schonen, werden mit Befriedigung von den Eltern angenommen, die glücklich sein werden, eine zusätzliche Garantie für die Gesundheit und die Sittlichkeit ihrer Kinder zu besitzen.

Die Maßnahme, die ich gerade dargestellt habe und deren Vorteile mir unbestreitbar erscheinen, weist in ihrer Anwendung keine größeren Schwierigkeiten auf und zieht keine namhaften Ausgaben nach sich.

Zwei oder drei Ärzte, die sich mit dieser Frage besonders befaßt hätten und von den zur jeweiligen Anstalt gehörenden Ärzten und höheren Angestellten der Anstalt unterstützt würden, reichten aus, um die Regelmäßigkeit dieses Dienstes zu sichern. Jede Anstalt sollte ein großes Verzeichnis besitzen, in dem eine ganze, in mehrere Spalten unterteilte Seite jedem einzelnen Kind gewidmet wäre: das Ergebnis jeder Untersuchung mit dem Datum würde vom Eintritt des Kindes in das Haus bis zu seinem Abgang sorgfältig eingetragen. Es wäre sinnvoll, daß man eine besondere Spalte für Angaben über den gegenwärtigen Stand der geistigen Entwicklung bei jeder Untersuchung vorsähe, so daß man mit einem Blick die fortschreitende Entwicklung des Körpers und der Intelligenz vom achten oder zehnten Lebensjahr bis zum achtzehnten oder zwanzigsten Lebensjahr einschätzen könnte.

Wegen der allgemeinen Betrachtungen, die ich am Anfang der Arbeit angestellt habe, kann ich es mir ersparen, auf den besonderen Einfluß hinzuweisen, den die Geschlechtsfunktionen sowohl in körperlicher als auch geistiger Hinsicht auf das Leben des Menschen ausüben, und im übrigen würden diese Einzelheiten mich zu weit führen: diese Tatsache ist überdies von mehreren Autoren bewiesen worden, insbesondere von Professor Lallemand. Die Anwendung der obengenannten Maßnahme erlaubt sozusagen, dem Erwachen der Pubertät beizuwohnen, alle ihre Phasen zu verfolgen, und je nach der Entwicklung, der Tätigkeit, der Frühreife der Zeugungsorgane wird man in der Lage sein, die Grundlagen der Gesundheitspflege, der Ernährung, der Übungen, der Aufsicht, der Leitung, in einem Wort, dieses im Leben des Menschen so wichtigen Zeitabschnitts zu legen.

Turnen

Ich habe in diesem Bericht nichts über das Turnen zu sagen, dessen Vorzüge von einigen Autoren so sehr gerühmt worden sind und dessen Nutzen ich selbst anerkenne. In einer anderen Arbeit werde ich sorgfältig die guten Wirkungen darstellen, die man ihm meiner Meinung nach zuschreiben kann. Ich werde mich in dieser darauf beschränken zu erklären, daß die günstigen Ergebnisse, die man vom Turnen erwarten darf, nicht solcherart sind, daß man darauf verzichten könnte, nach anderen Mitteln zu suchen, den verhängnisvollen Folgen der Onanie vorzubeugen, die jenes allein unfähig wäre zu bekämpfen.

Reinigungsbäder

Es gibt eine weitere Maßnahme der öffentlichen Gesundheitspflege, die sich nicht auf die Frage der Onanie, die Hauptgegenstand dieser Arbeit ist, bezieht und auf welche ich trotzdem mit allem Nachdruck die Aufmerksamkeit der Verwaltung lenken möchte; ihr Nutzen scheint mir unbestreitbar und ihre Anwendung einfach und wenig kostspielig.

Bis zum heutigen Tage haben die öffentlichen Erziehungsanstalten über keine Baderäume verfügt, die für das bestimmt sind, was man gewöhnlich als Gesundheitsbad oder vielmehr Reinigungsbad bezeichnet. Die Umstände und die beträchtlichen Ausgaben, die der Betrieb eines Baderaums für eine große Anzahl von Schülern unvermeidlich mit sich bringt, schienen bis zum heutigen Tage das Fehlen einer jeden Maßnahme in dieser Frage zu rechtfertigen. Man hatte sich damit begnügt, den Kranken Bäder zu verabreichen und im Sommer Flußbäder nehmen zu lassen, wenn die Jahreszeit günstig war. Jedoch versteht ein jeder die Bedeutung, ich würde fast sagen die Notwendigkeit, äußerster Sauberkeit, vor allem in diesem Alter, wo die Haut so rege arbeitet, wo der Schweiß so reichlich ist. Die ausgeschiedenen Stoffe entwickeln auf der Haut eine gewisse Schärfe, die oft zur Ursache von Hautkrankheiten wird.

Ich habe die Ehre, ein Mittel vorzuschlagen, das, wie mir scheint, gleichzeitig die Gesundheitspflege der Schüler und die Interessen der Verwaltung vereinen kann.

Jede Erziehungsanstalt sollte einen Baderaum besitzen, dessen Anordnung ich beschreiben werde, so wie ich sie mir vorstelle. Ich füge allerdings hinzu, daß eine räumliche Anordnung, wie ich sie angeben werde, nicht unbedingt notwendig ist und daß jeder Raum durch einige leichte Veränderungen diese Bestimmung erhalten kann.

Der Baderaum soll aus einem einzigen, ungefähr drei Quadratmeter großen Raum bestehen, der im Erdgeschoß gelegen und mit großen Steinplatten in schiefer Ebene ausgelegt ist, so daß das Wasser von allein ganz mühelos abfließt. Dieser Raum soll zwei anderen, geräumigeren benachbart sein; diese beiden letzteren sind nur durch eine Trennwand geschieden, welche eine Öffnung von einem Quadratmeter aufweist, die zwischen ihnen eine Verbindung herstellt; jeder dieser Räume ist durch eine Tür mit dem Badezimmer verbunden, während es eine weitere zum Hinein- und Hinausgehen geben sollte: der eine dieser Räume ist dazu bestimmt, die Schüler vor dem Bad aufzunehmen, damit sie sich ausziehen, sobald sie an die Reihe kommen; der andere dazu, sie nach dem Bad aufzunehmen, und in diesem letzteren sollen sie sich wieder ankleiden. Dieser Raum sollte, aufgrund seiner besonderen Bestimmung, angemessen beheizt werden, damit die Schüler keine Kälte verspüren und nicht der Gefahr ausgesetzt sind, sich Krankheiten zuzuziehen. Die in der Trennwand angebrachte Öffnung ist dazu bestimmt, die Kleider vom ersten Raum in den zweiten zu reichen. Jeder Schüler wird mit einem Bademantel ausgestattet sein, mit welchem er sich beim Verlassen des Baderaumes bedeckt.

Die Bäder sollen in Form einer Dusche verabreicht werden. Aus einem in einer Höhe von einem Meter und achtzig Zentimetern angebrachten Hahn, der das Wasser aus einem auf eine angenehme Temperatur erhitzten Sammelbecken empfängt, wirft sie einen Strahl auf den Körper des darunterstehenden Schülers. Es wäre angebracht, daß es auch einen Hahn gäbe, der kaltes Wasser abgibt. Ein speziell mit dem Badedienst betrauter Mann, der über einen Schwamm verfügte und je nach Wunsch des Schülers abwechselnd den einen oder den anderen Hahn aufdrehte, würde unter starkem Strahl den Körper des Schülers waschen. Ich habe berechnet, daß man etwa 15 Liter Wasser pro Person und ungefähr eine Stunde für 60 Schüler bräuchte. Diese Wassermenge ist bei vernünftiger Verteilung während einer Minute ausreichend, um jenen Grad an Sauberkeit aufrechtzuerhalten, der der Gesundheit nützlich ist.

Ich hätte den obigen Bericht in engerem Rahmen abhandeln wollen; die Fülle der Themen hat mich weiter geführt, als ich dachte. Ich hätte mich gern kurz und klar gefaßt. Ich fürchte, lang und weitschweifig zu erscheinen. Ich mache diese letzte Bemerkung deshalb, damit man nicht dem Thema die Fehler zur Last legt, die dem Autor, der es behandelt, zur Last gelegt werden müssen. Falls irgendein Teil weitere Erklärungen und weitere Ausführungen von meiner Seite erfordern sollte, würde ich mich beeilen, sie zu übermitteln.

Demeaux, Doktor der Medizin
in Puy-l'Evêque (Lot)

Auslegungen

Der gequälte Leib

In der Schule kommt alles ins Rollen. Nach so vielen anderen schlägt Professor Lallemand, der Bürge von Dr. Demeaux, Alarm: »Wenn ich nach meiner eigenen Beobachtung urteile, kommt man bei zehn Masturbanten, deren Gesundheit sich sofort oder anschließend verschlechtert hat, auf neun, die im Kolleg oder im Internat verdorben worden sind (...). Das Kind findet bei seiner Ankunft einen Ansteckungsherd vor, der sich bald bis zu ihm erstreckt; denn das Übel hat sich in endemischer Weise festgesetzt und überträgt sich ohne Unterbrechung von den Älteren auf die

Neuankömmlinge. Wenn einige bevorzugte Individuen diesen hinterlistigen Initiationen zunächst entgehen, so deshalb, weil sie dabei zunächst keine Lust empfinden; doch ihre Zeit wird später kommen.«[3] Jenseits des Ärmelkanals und jenseits des Rheins dieselbe Bilanz. Bensemann vergleicht die *public schools* mit den Hurenhäusern des kaiserlichen Rom oder des antiken Griechenland.[4] Doktor Johann Peter Frank, Autor eines *System[s] der medizinischen Polizei* berichtet im Jahre 1780: »Das onanistische Laster ist in manchen Kollegien, Erziehungshäusern und Schulen vieler Gegenden so eingerissen, daß man von seiten der Obrigkeit nicht genug Mittel treffen kann, einer solchen Pest überall zu begegnen.«[5] Zwischen 1864 und 1868 untersucht Dr. Hermann Cohn über 10000 Schüler: »Alle Beobachter sind sich darüber einig, daß in der Zeit der Pubertät am meisten onaniert wird. Infolgedessen begegnet man den meisten Onanisten unter den Schulkindern.«[6]

Soll man sich darüber wundern? Eine unverbesserliche Tradition bestimmt die Schüler zu Gefangenschaft und Langeweile: »Ich beschreibe den Ort nicht; er ist allen Besuchern zugänglich. In Paris und unseren großen Städten sind es vier hohe, von vergitterten Fenstern gesäumte Mauern und zwölf kümmerliche Platanen, das ist die Landschaft. Ein Geruch von Schimmel und mit Salpeter überzogenem Mauerwerk, je nach der Jahreszeit die Temperatur eines Kellers oder eines Backofens, das sind die Luft und der Lebensduft, den diese zarten Lungen atmen.«[7] Womit beschäftigt man sich in diesen Kasernen? Damit, diese armen Köpfe mit Griechisch und Latein vollzustopfen. Unerbittliche Vorschriften, die Buben von zehn, vierzehn oder achtzehn Jahren zu elf Stunden Schweigen und Konzentration verdammen: »Glauben Sie nicht, daß ich übertreibe; diese elf Stunden, während denen der Körper des Kindes erstarren muß (...), machen nur den kleinsten Mittelwert seiner täglichen Gefangenschaft aus. Die Strafarbeiten, das Nachsitzen, die Strafen, die wegen Unaufmerksamkeit, Faulheit, Mangel an Scharfsinn und Gedächtnis verhängt werden, erhöhen den Anteil der Muskeluntätigkeit um ein oder zwei Stunden für ein Viertel, ein Fünftel, mindestens ein Sechstel der Schüler.«[8] Guizot, bis 1837 Minister für das staatliche Erziehungswesen, bezeugte öffentlich seine Begeisterung für die Reformen von Rabelais. Wer hätte es sonst geglaubt? Im Jahre 1838 hatte sich nichts geändert: »Es werden immer noch sieben oder acht Jahre dem Studium der alten Sprachen geopfert, und noch immer beginnt man mit den Regeln. Der geringste Verstoß gegen das Elementarbuch wird mit einer jener Strafen belegt, die dafür erfunden worden zu sein scheinen, die Vorstellungskraft und die Urteilskraft abzutöten: man läßt ein armes Kind hundertmal, drei- oder vierhundertmal denselben Satz, dasselbe Wort schreiben, und nagelt es so, in den kurzen Augenblicken, die es der Bewegung hätte widmen können, auf seiner Bank fest.«[9]

Eine traurige Ordnung, aus der Muskelzucken, Gebrechen, ein Hang zur Verstellung, oft sogar verborgene und schlimmere Fehler, die mit der Vorherrschaft des Nervensystems zusammenhängen, resultieren.[10] Lesen Sie bei Lallemand nach: »Längere Reglosigkeit auf einer Sitzgelegenheit gleich welcher Art erhitzt nur schon zu sehr erregte Organe.«[11]

Noch verhängnisvoller sind die Pflichtversäumnisse, da sie Sanktionen nach sich ziehen. Hat der Schuldige Anzeichen der Ungeduld zu erkennen gegeben oder seinem Übermut freien Lauf gelassen, beeilt man sich, ihn einzusperren. Merkwürdige Bestrafungen sind das, denkt sich der Arzt, die schlimmere Unordnungen herbeiführen als das Vergehen selbst. Dr. Heinrich Robbi will nicht, daß man die Schüler an einem dunklen Ort einschließt, wo sie nur noch mit ihrem Körper zu tun hätten.[12] Wie nämlich entschädigt sich Ihrer Meinung nach ein Gefangener für Einsamkeit und Untätigkeit? Und zwei Gefangene zusammen? Unterhalten sie sich etwa über Ethik oder lateinische Verskunst? »So wenig man auch immer über die unvermeidlichen Folgen einer solchen Gefangenschaft in diesem Alter nachdenkt, man wird leicht begreifen, daß nur selten eine Unschuld ihr widerstehen kann; daß diese Strafe bald verachtet und sogar gewünscht, herausgefordert wird von denen, die sie am meisten gefürchtet hatten, und fast immer *zur gleichen Zeit*. Sollte dieser Umstand allein nicht genügen, um die Augen zu öffnen?«[13]

Der geräderte Leib

Das Eingesperrtsein und das lange Sitzen erwecken trübe Lüste, der Sport dagegen bringt von solchem Vorhaben ab, darin stimmen die Erzieher überein. Ist die stolze Enthaltsamkeit der Athleten des Altertums im Gegensatz zur Verkommenheit der Hirten nicht ein *topos* der bürgerlichen Ideologie? Aber wenn die Leibeserziehung, die ihr glorreicher Vorkämpfer, Oberst Amoros, wie um sie heimisch zu machen, die erste der schönen Künste nennt, mehr kommentiert als praktiziert wird*, so sicher deswegen, weil das 19. Jahrhundert ihr ihre spezifische Würde abstreitet, um sie auf etwas anderes zu richten: Mut, Gesundheit, Tugend. »Ich habe von *Leibeserziehung* gesprochen«, erläutert Louis-Gabriel Taillefer. »Jedoch muß ich von vorneherein klarstellen, daß ich, wenn ich den Gebrauch der sie betreffenden Übungen fordere, dies nur insofern tue, als sie immer einen moralischen Zweck haben sollen. Andernfalls sehe ich in ihnen nurmehr rein mechanische Vorgänge.«[14] Es gibt also ein schlechtes und ein gutes Turnen: das erste zum Gebrauch für Akrobaten und Abenteurer, das zweite zur Anregung zu heldenhaften Taten: ein fünfzehnjähriger Schüler springt in die Seine, um einen Ertrinkenden herauszuziehen; ein anderer wirft sich rasenden Pferden entgegen, die beinahe eine ganze Familie in einen Abgrund gerissen hätten. Im Februar 1837 führt die *Gazette des Enfants* (Kinderzeitung) ihre Leser zur *Bürgerlichen orthosomatischen Turnhalle* in der rue Jean-Goujon: »Was sind das nun alles für Skulpturen und Inschriften, die die Fassade des Gebäudes schmücken? Zunächst sieht man auf dem Fries einen jungen Mann, der eine Frau und ihr Kind aus der Gefahr rettet; an seiner Seite tragen zwei andere Jünglinge, die über einem Abgrund schweben, einen kranken Greis auf einer Bahre, während junge Mädchen arme Waisenkinder pflegen. Die unterhalb des Reliefs angebrachte Inschrift liefert uns die Erklärung dieser schönen Taten: Der Hauptzweck des Turnens ist die Wohltätigkeit.«**

* Wie Victor de Laprade hier bezeugt: »Ich suche auf dem Hof der *Großen* den Anschein einer Kraftübung, eines Spiels, irgendeiner Zerstreuung. Ich sehe Gruppen von Spaziergängern, wie ich sie in der Gesetzgebenden Körperschaft oder in der Wandelhalle des Justizpalastes finden könnte. Kaum, daß mich von Zeit zu Zeit einmal ein wenig parlamentarischer Stimmausbruch, ein plötzlicher und übergangsloser Sprung von einer Gruppe zur anderen – was in politischen Versammlungen mit etwas mehr Ernst ebenfalls geschieht –, ein kurzes Rennen während einiger Sekunden, gefolgt von einer Rempelei zweier gegnerischer Plauderer, daran erinnern, daß ich mich auf dem Hof eines Kollegs und nicht auf dem eines Klosters oder des Instituts befinde.« (*L'Éducation libérale*, Paris Didier et Cie, 1873, S. 32.)

** Als Bouvard und Pécuchet sich ans Turnen machen, begeistern sie sich für die Lebensrettung und die Hilfeleistung für Verletzte. (Flaubert, *Œuvres*, Gallimard. Bibl. de la Pléiade, t. 2, S. 881.)

In einer weniger ehrgeizigen Hinsicht dient die Kraftübung, vorausgesetzt, sie wird »bis zur Ermüdung getrieben« – ein Motiv, das aus der Schweiz und anderen Gebirgsgegenden stammt –, als Schutzmittel gegen die Masturbation und die Angriffe der Wollust. »Ich bin von dieser Wahrheit so durchdrungen«, schreibt Lallemand, »daß, wenn es nach mir ginge, keine Erziehungsanstalt eröffnet werden könnte, ohne eine vollständige Turnanlage zu besitzen ...«[15] Man weiß aus dem *Émile,* welch sanfter und tiefer Schlaf die ermatteten Körper ergreift und daß es besser ist, den Kampf zu meiden, als zu siegen versuchen. Die Gesundheit der Erwachsenen gehorcht demselben Prinzip. Daher predigt Jean-Jacques dem auf hübsche Mädchen zu neugierigen Du Peyron ein Fasten, das durch erschöpfendes Bergsteigen erleichtert wird: »Wenn man den ganzen Tag über in den Felsen Kräuter gesammelt hat, ist man nicht böse, abends allein schlafen zu gehen ...«[16]

Empfohlen werden außerdem Umschläge mit kaltem Wasser oder zerstoßenem Eis auf den Geschlechtsteilen, kalte Sitzbäder, um erschöpfende Erektionen zu unterbrechen, und, besser noch, das Schwimmen, dessen hauptsächlicher Vorteil es ist, »Flüssigkeiten, die zu einem anderen Organsystem geleitet wurden«, in die Gliedmaßen zurückzurufen.[17]

In Ermangelung eines Flusses oder eines Badezimmers schlägt Tode vor, eine einfache Gießkanne zu benutzen, um sich von Kopf bis Fuß zu besprengen. Dies ist ein wenig kostspieliges, praktisches und kräftigendes Verfahren, unter der Voraussetzung, daß sich die Knaben nicht gegenseitig abduschen, sondern diese Aufgabe einem unbestechlichen Diener anvertrauen.[18]

Das Sandmännchen

Die Bestimmungen über das Zubettgehen erlegen einen Zeitplan, einen Stil, ein Material auf. Erste Vorschrift: Bei völlig erloschener Vorstellungskraft augenblicklich einschlafen. Auf dem Land herrscht der Schlaf, vor allem, wenn er von der Anstrengung der Arbeit und der Müdigkeit der Muskeln hervorgerufen wird.[19] Aber in der Stadt! Und, was noch schlimmer ist, während der schönen Jahreszeit! Werden diese geknechteten Körper, einmal sich selbst überlassen, nicht wieder hochkommen? Dr. Vallée aus Le Mans macht sich »als Arzt, als Moralist« darüber Gedanken und schlägt dem Großmeister der Universität und Minister für das staatliche Erziehungswesen, Herrn de Salvandy, über eine Reform der Ernährungsweise (»ohne die Ausgaben zu erhöhen«) hinaus eine Überarbeitung des Stundenplans vor: »Das Zubettgehen der Internatsschüler müßte verschoben werden, denn es ist wirklich gefährlich und lächerlich, dieses Zubettgehen, besonders im Sommer, auf halb neun Uhr festzulegen. Indem man es auf neun Uhr für die Kleinen und auf zehn Uhr für die Großen hinausschiebt und nach der Pause, die auf das Abendessen folgt, eine eigens der heutzutage in den Kollegien so vernachlässigten Lektüre gewidmete Stunde einrichtet, nützte man einen heute verlorenen Teil der Nacht und wäre sicherer, daß die sieben oder acht im Bett zugebrachten Stunden ausschließlich einem wiederaufbauenden Schlaf gewidmet wären.«[20] Immer wieder dieselben Kriterien: Gewinne, Verluste, Rückgewinnung.

Zweite Vorschrift: Gemäß dem Beispiel Émiles und nicht dem Gargantuas, welcher »sich reckte, streckte und noch einige Zeit lang im Bett hin- und herwälzte, um seine Lebensgeister zu ermuntern«[21], sofort beim Erwachen mit einem Sprung aufstehen. Niemals und unter keinem Vorwand bis in den Tag hinein schlafen: »Es ist wichtig, daß er keine Minute länger im Bett bleibt. (...) Zuviel Schlaf ist äußerst schädlich. (...) Die meisten Onanisten verweilen in ihrem Bett und geben sich unreinen Gedanken hin; das Laster siegt über die Vernunft; alle Versprechen sind vergessen ...«[22]

Wie ist diese Nacht verbracht worden? Auf dem Rücken, auf dem Bauch? In Übereinstimmung mit Tissot schließt Lallemand die Rückenlage aus, die heftige Erektionen begünstigt. Und um zu vermeiden, daß man sie, nachdem man einmal eingeschlafen ist, wieder einnimmt, hat er den folgenden kleinen Apparat entwikkelt: Man befestigt an einem Zwillichgürtel, der unterhalb der Rippen angebracht ist, einen Keil aus Kork oder sehr leichtem Holz; da der Rücken auf der Kante dieses Keils nicht im Gleichgewicht bleiben kann, ist er, so tief der Schlaf auch sein mag, unwiderruflich verurteilt. H. Kaula hat erlebt, wie dieser Apparat in mehreren Fällen unerwünschte Erektionen beseitigte und der Rückkehr von nächtlichen Samenergüssen vorbeugte.[23] Man soll die Körperlage auf einer der beiden Seiten, vornehmlich der rechten, solange wie möglich beibehalten, schreibt Pater Debreyne.[24] Hingegen behauptet Robbi, daß man sich um jeden

Preis mit hochliegendem Kopf auf dem Rücken ausstrecken muß, damit das Blut nicht ins Gehirn steigt.[25] Andere vertreten die Meinung, daß man in der Bauchlage seine Hände entmutigt. Um noch sicherer zu gehen, empfiehlt Vogel, sie jede Nacht zu binden, ja sogar, sie zu fesseln.[26] Und G. S. Rötger schilt die unwürdigen Mütter, die lehren, die Arme unter die Bettdecke zu stecken.[27]

Bei der Wäsche steht man vor einem Dilemma: Tuch oder Flanell? Das 19. Jahrhundert hat darüber viel gestritten; der eine meinte hü, der andere hott. Bald führen die Plüschstoffe zur Lüsternheit, bald schützen sie vor Erkältungen und Epidemien: Pécuchet erschrickt bei der Vorstellung, er müsse seine Gesundheitsweste ausziehen. Beim Wiederausbruch der Cholera im Jahre 1849 übt der Minister für das staatliche Erziehungswesen, vermittelt über Schulmeister und Schuldirektoren, auf die Familien Druck aus, um den Flanell durchzusetzen.[28] Dies ist nun eine außergewöhnliche Vorkehrung. Die Epigonen Rousseaus – das heißt die Mehrheit – führen einen Kreuzzug für das Tuch, das Anzeichen von Ernst und Männlichkeit ist. Ein vom Flanell verdorbener Körper läßt sich weder aufrichten noch wiederaufrichten; es ist ein flaumiger und heimtückischer Stoff, von dem Robbi uns befreit sehen will: »Das gilt um so mehr für die sehr kleinen Kinder, denen man zu warme und zu enge Unterwäsche aufzwingt, die die Geschlechtsteile entzündet.«[29] Pavet de Courteille plädiert für lange Tuchunterhosen, die bis unter die Wade hinabreichen: »Die kurzen Unterhosen, die eine in jedem Alter schlechte, kreisförmige Zusammenschnürung an den Kniekehlen bedingen, müssen verworfen werden.«[30] In seiner *Gesundheitspflege der Kollegien* weist er den Verdächtigen Hemden zu, die bis auf die Erde fallen und die »unten mit einem Schnürsaum versehen sind, den man abends zuziehen könnte, nachdem man die Notdurft hat verrichten lassen«.[31]

Nach der Kleidung kommt das Bettzeug. Rousseau verweigerte seinem Émile kuschlige Lager, in denen sich der Körper asiatisch im Federbett auflöst. Von Tissot bis hin zu den Zeitgenossen von Demeaux untersagt man Feder und Wolle zugunsten von Roßhaar, Stroh oder Leder, »mit dem besonderen Zweck, ein Übermaß an Wärme zu vermeiden«.[32]

»Laßt ihn weder tags noch nachts alleine, schlaft zumindest in seinem Zimmer...«[33] *Zumindest:* das Ideale wäre natürlich, sich an die Seite der Taugenichtse zu schleichen, die einem unter ihren Decken entgehen, oder, falls sie einen bleiernen Schlaf vortäuschen, sie roh daraus hervorzureißen, was in den meisten Fällen erlauben sollte, sie zu stellen. Ob sie mit ihren Kameraden spielen oder ob sie das Hemd wechseln, überwacht sie, schreibt 1786 Samuel Gottlieb Vogel.[34] Michel Lévy rät 1850: Eure Fürsorge möge Tag und Nacht gleich sein.[35] Schon die Hauslehrer waren voll in Beschlag genommen. Was soll man von den Schulaufsehern sagen, die sich bereits bei Tagesanbruch an die Schritte der Schüler heften und darüber wachen – das ist der allgemeine Grundsatz –, daß sie nie sich selbst überlassen sind*. »Sie gewähren niemals die Erlaubnis, im Bett bleiben zu dürfen... Dann machen sie diejenigen aus, die versuchen, sich zurückzuziehen, und bringen sie unter aller Augen zurück. Sie lassen niemals zwei von ihnen gleichzeitig hinausgehen; und sie verlangen, daß die Zeit des Hinausgehens kurz ist. (...) Sie erlauben niemals, daß ein Schüler auf Anfrage eines anderen Schülers hinausgeht...«[36] Schließlich leiten sie den anständigen Ablauf des Zubettgehens, indem sie damit warten, sich zurückzuziehen, bis alle eingeschlafen sind. Ein einziger Ungehorsamer, und das Haus ginge den Bach hinunter.

Über die Anordnung der Schlafsäle und die baulichen Vorrichtungen besitzen wir genaue Auskünfte, besonders dank der Medizinischen Akademie, die, um dem Typhus vorzubeugen, Ende 1847 beim Minister für das staatliche Erziehungswesen eine Umfrage über die Gesundheitspflege in den Anstalten und über die epidemischen Erkrankungen in Auftrag gibt. Im März 1848 werden die Gymnasialdirektoren und Internatsvorsteher aufgefordert, einen langen Fragebogen auszufüllen, dessen Artikel 43 die räumliche Verteilung der Schlafenden betrifft.[37] Wir wissen, daß die Entfernung von einem Bett zum anderen 0,70 m in Maubeuge beträgt, 0,75 m in den kleinen Räumen des Gymnasiums von Douai, mindestens einen Meter für die am nächsten stehenden in Aire-sur-l'Adour in den Landes; 1 m in Vesoul,

* Siehe *Règlement de police pour les lycées* (Polizeiverordnung für die Gymnasien) (1809).

Cambrai, Tourcoing, Valenciennes, Poitiers, Tarbes, Bordeaux, Périgueux usw.; 1 m bis 1,30 m im Gymnasium Napoléon von Bourbon-Vendée, 1,11 m in Dax; 1,20 m im Kolleg von Cateau (Nord); 1,35 m in Dôle, 1,50 m in Chinon, 2 m in Lure, 2,20 m im Kolleg von Bailleul, 2,50 m in Argelès.

Frage 44: Bestehen diese Schlafsäle aus einem einzigen Raum? Ja, im Falle von Lille, Tarbes, Dax, Argelès usw.... Nein, im Falle von Vendôme, Dôle, Luxeuil, Bailleul, Aire, wo sie in zumeist oben offene Kammern unterteilt sind. Doch wie soll man nun das beängstigende Problem der Belüftung lösen, das an verschiedenen Stellen des Formulars aufgeworfen wird? Vergessen Sie nicht, daß das 19. Jahrhundert einhellig nach *Luft* schreit, zu ersticken fürchtet und in seiner Forderung nach Gesundheitspflege das Sittliche nicht vom Biologischen trennt. Dr. J.-B. Fonssagrives wünschte »wegen der Sauberkeit und der Reinheit der Luft«, daß die Internatsschüler nicht mehr alle 14 Tage, sondern alle 10 Tage ein Fußbad nehmen: »Eine recht einfache Vorkehrung, die doch auf die Gesundheitslage der Schlafsäle besonderen Einfluß hat, besteht darin, schon beim Schlafengehen der Schüler Schuhe und Strümpfe ausziehen zu lassen, die sie am Fuß ihres Bettes ablegen, und sie an einem offenen, aber belüfteten Ort aufzubewahren. Ich bin von einem Schuldirektor, dem der Gedanke dieses kleinen Details gekommen war, unterrichtet worden, daß dank seiner Einhaltung der Geruch, den die Schlafsäle am Morgen ausströmen, fast völlig verschwunden war.«[38]

Wie kann man die Atmosphäre bereinigen? Indem auf die abgeschlossenen Schlafkammern verzichtet wird, die Unordnung hervorrufen und auch die Aufsicht erschweren: »Wenn man sich auf Vorhänge einigt, was angemessener ist, so glaube ich, daß sie einfach zur Trennung der Betten dienen sollen. Ich habe Kollegien besucht, wo eine Vorkehrung getroffen wurde, die mir sehr vernünftig erschien: jedes Bett ist auf der zum Nachbarbett parallel verlaufenden Seite mit einem Gitter versehen. Die Vorhänge sollen das Fußende des Bettes niemals völlig abschließen, damit die Beaufsichtigung ungehindert und einfach bleibt...«[39] Im königlichen Kolleg von Poitiers hätte Dr. Pavet de Courteille den Blick glücklich umherschweifen lassen: »Die Anzahl der Betten überschreitet nicht die gewünschte Zahl, und die gut erneuerte Luft läßt keine unangenehme Ausströmung verweilen... (...) Das System der offenen Betten ohne Vorhänge, das für die Aufsicht so günstig ist, wird in sämtlichen Schlafsälen angewandt, die mit Parkett ausgelegt und gebohnert sind. (...) Die Wäschekammer ist sehr gut geführt, und die Wäsche duftet angenehm nach Waschmittel.«[40] Die Beschreibung des Kollegs von Tours verbreitet ein ähnliches Glück: »Ziel aller Einrichtungen sind hier die Gesundheitspflege und die Aufsicht, und nichts deutet auf Quacksalberei hin. Das System der absoluten Trennung, das für die verschiedenen Abteilungen gewählt wurde, d. h. die Absonderung der Schüler jeder Abteilung nicht nur in den Unterrichtssälen und den besonderen Höfen, sondern auch im Schlafsaal und sogar im Speisesaal scheint für die Aufsicht und die Disziplin sehr günstig; nur in der Kapelle kommen alle Schüler zusammen; überall sonst sind sie nach dem Grad an Fortgeschrittenheit getrennt, wobei jede Abteilung einen Unterrichtsraum, einen Hof, einen Speisesaal, einen Schlafsaal und Aborte besitzt, die ihr ausschließlich zugeteilt sind und keinerlei Verbindung mit den anderen haben.«[41]

Die Abtritte, auf die man sich jederzeit begeben kann, ohne sich dafür rechtfertigen zu müssen, erfordern, wie man sich denken kann, eine ununterbrochene Wachsamkeit. Schauen Sie sich in dieser Hinsicht die Modellschule an, die ein erfahrener Architekt gezeichnet hat: der Lehrer kann von seinem Platz aus die ganze Breite der Abtritte überblicken; die List hatte darin bestanden, in der Wand, die sie vom Saal trennt, eine oder mehrere mit einer verglasten Fassung versehene Öffnungen anzubringen.[42] Dr. Pointe mißbilligt dies: zuviele Vorkehrungen erzeugen bei den Unschuldigen schließlich eine Neugier, die sie sonst nicht gehabt hätten. Was die üblen Kerle angeht, genügt es nicht, sie abzuschrecken? Möge man sich also, bei geringeren Kosten, mit Türen begnügen, die den Eingang der Klos nicht vollständig verschließen, so daß »derjenige, der sich auf diesen Ort zurückzieht, mit Recht befürchten kann, aus mehr oder weniger großer Entfernung erblickt zu werden«.[43]

Betreffs des nächtlichen Aufstehens ist es besser, wie in Tours, den Gebrauch von Nachtstühlen wieder zu Ehren zu bringen: »Eine Klingelschnur verbindet jeden Schlafsaal mit der Kammer der Wache, die, unabhängig von den Lehrern und Bedienten, die in jedem Schlafsaal schlafen, mit der Nachtaufsicht betraut ist, und sobald ein Schüler irgendein Bedürfnis hat, steht die Wache sofort zu seiner Verfügung.«[44]

Was bleibt bei dieser Aufwallung von Interventionen und Utopien vom *Onanisme* des Jahres 1760? Um das Jahr 1824 beginnen, wie Sie sich erinnern, manche Ärzte, sich von Tissot freizumachen. Er war einmal der große Steuermann gewesen. Doch welche Übertreibung in seinen Darstellungen! Schon 1817 macht Friedländer darüber die Bemerkung: »Die Zeit der Pubertät beider Geschlechter verdient vielleicht, daß man sie mit mehr Unvoreingenommenheit untersucht, um zu beurteilen, was daran wahr ist, um die von der Übertreibung erschreckten Gemüter teilweise zu beruhigen und vor allem, um überspannte Maßnahmen zu verhindern, die, anstatt dem Laster vorzubeugen, nur größere Aufmerksamkeit darauf lenken. Die populären Werke haben nur allzuoft den lesenden Teil der Öffentlichkeit unvernünftiger gestimmt, indem sie ihn wie ein Kind behandelt haben, dem man Angst machen muß ...«[45] Die gleiche Zurückhaltung bei Lallemand, dann im *Traité d'hygiène publique et privée* (Abhandlung über die öffentliche und private Gesundheitspflege) von Michel Lévy. Es stimmt, daß 1842 der Priester und Arzt J.-C. Debreyne den alten Apparat des Schreckens zur Unzeit hervorholt: »Man muß ihnen mit Ehrlosigkeit, Niedertracht, Schande, mit allen Schrecken der schmerzhaftesten, erniedrigendsten und schimpflichsten Krankheiten drohen, und schließlich mit einem vorzeitigen Tod, gefolgt von ewiger Strafe.«[46] Vielleicht ist Tissot hie und da zu weit gegangen, doch hat, so folgert Debreyne, die Lektüre seines kleinen Buches mehr als einen Heranwachsenden gebessert. In *Bouvard und Pécuchet* macht sich Flaubert über das Für und Wider lustig. Nachdem Pécuchet die Überzeugung gewonnen hatte, daß sein Victor eine schlechte Gewohnheit pflegte, »nannte er ihn einen Verbrecher und wollte ihm zur Behandlung Tissot zu lesen geben. Dies Meisterwerk war nach Bouvard eher schädlich als nützlich.«[47]

Jedoch beherrscht der veraltete Tissot noch lange die Bühne wie der Vater, von dem sich keiner befreit hat. Er ist von der Sache her um so weniger umstritten, als viele eine Ausbreitung der Onanie anerkennen. Indessen drückt sich die Verworfenheit von nun an anders aus: nicht mehr in der Schreibweise des Melodrams, sondern der medizinischen Wissenschaften. In diesem Sinne haben wir von Entdramatisierung gesprochen. Sie galt es zu leben, nachdem man sie in dantesker Art in Szene gesetzt hatte. Zwischen 1864 und 1894 kommt ein Augenarzt, Dr. Hermann Cohn, der die Übertreibungen Lallemands und Tissots in dieselbe Schublade einordnet und von der Statistik begeistert ist, auf den Gedanken, einen Fragebogen auszuteilen, der 21 000 Ärzten und 8 000 Medizinstudenten ermöglichen würde, in anonymer Form ihre Masturbationserinnerungen wachzurufen.[48]

Und Dr. Demeaux?

Was denkt er im Jahre 1849 von den Funden seiner Vorgänger? Daß sie lächerlich, empirisch, geringfügig und inkonsistent sind. »Ich habe mich nicht damit begnügt, Einzelpersonen zu beobachten, mit mehr oder weniger Übertreibung die Geschichte einiger Personen zu beschreiben, die Opfer ihrer verhängnisvollen Neigung wurden.« Der Ton ist angezeigt, gleichfalls Umfang und Ausmaß des Unternehmens. Wittern Sie in diesem Vorwort nicht nur den Apostel, sondern auch den selbstsicheren praktischen Arzt, der seine Laune bezähmt und der es nicht verstehen würde, wenn jene ihn abweisen, die bloß die Macht besitzen? Die Zeit der Beichtabnahme ist vorbei. Was nützt es, im Singular abzuhorchen, wenn die Onanie zu einer Seuche ausgeartet ist und fast keine Zeit mehr zum Handeln bleibt? Als Mann des 18. Jahrhunderts, dessen Eifer er teilt und dessen Sprache er spricht (»seinen Beitrag an Aufklärung liefern«), trägt Demeaux das um so viel schwerere Kreuz des 19. Jahrhunderts.

Als man ihn rief, einen siebzehnjährigen Masturbanten zu pflegen, war er ein wenig in der Art von Rousseau vorgegangen, indem er das Bett des Kindes neben das des Vaters stellte. Dann war ihm durch vieles Nachsinnen über das nationale Interesse der Gedanke einer Abschreckungsmaschine gekommen, die – das sei nebenbei gesagt – unendlich weniger lästig ist als die Gurte und Korsetts von Dr. Jalade-Lafond[49]: ein Zusammenspiel von Trennwänden und Hüllen, das den Körper gefangen hält und gewissermaßen teilt, indem es jegliche Verbindung zwischen dem Kopf und dem Unterleib abschneidet, so daß das Kind nachts sein Geschlecht weder berühren noch gar wahrnehmen kann. Diese Ausrüstung hat nichts Irreales; sie existiert, sie wirkt, sie hat gesiegt. Es handelte sich nur darum, sie zu vergrößern und ihre

Zellen zu vermehren: »Was ich für ein Kind getan habe, schien mir leicht für hundert zu tun ...«

Dieser Doktor ist ein Einzelgänger. In erster Linie fällt seine Unabhängigkeit auf. Er gehört keiner Schule an und untersteht nur sich selbst. Wenn er sich auf Prof. Lallemand bezieht, so nur, um aus allen seinen Arbeiten eine einzige Feststellung zu übernehmen: Noch nie hatte sich das Laster mit einer solchen Schnelligkeit verbreitet.

In den Lösungen, die er vorschlägt, darunter die Neugestaltung der Schlafsäle, sind die Risikofaktoren (Irrtum, Unachtsamkeit usw.) auf ein Minimum reduziert. Nur Einfaches und Schlichtes; viel gesunder Menschenverstand; die Kunst der Schreinerei – zusammenwirkende Öffnungen und Trennungen – vereitelt die Versuche.

Der Bericht von Dr. Demeaux liest sich wie der Prozeß der Aufsicht und ihrer Illusionen. Das Traurige ist, daß sie notwendig war; sie ist es fast nicht mehr in dem System, das er in solchem Maßstab errichtet, daß sie dort in jedem Fall ihren Platz verlöre. Worauf zielt er ab? Auf das absolute Hindernis. Kurz gesagt: Führt Neuerungen ein, anstatt zu züchtigen. Zerteilt eure Schlafsäle wirklich mit Trennwänden, und ihr werdet in Frieden schlafen. Schafft alle Kontaktmöglichkeiten ab: der Schüler untereinander, der Schüler mit ihrem Körper. Schafft die Hosentaschen ab, und ihr werdet geknetete oder durchbohrte Taschen verhindern. Schafft die Türen der Abtritte ab, und ihr werdet keine Vermutungen mehr darüber anstellen müssen, was sich dort abspielt.

Dr. Demeaux bemüht sich weniger darum, die Schuldigen zu entlarven, als sie dazu zu zwingen, ohne Verstellung zu leben. Alles wird gesehen und gehört. Die Hausordnung tritt hinter der Beobachtung zurück. In der Mitte seines Berichts sieht Demeaux eine »Untersuchung der Schüler in nacktem Zustand zu verschiedenen Zeitpunkten des Jahres« vor. Das wäre die Stunde der geistigen und körperlichen Bilanz; und man versäume bei dieser Gelegenheit nicht, die Entwicklung der Geschlechtsorgane zu beurteilen. Wohl gibt es jene Bedingung, die Nacktheit, an der die Familien Anstoß nehmen werden. »Die Scham«, antwortet Demeaux, »ist ein Vorwand, der dazu beiträgt, die schändlichen und verhängnisvollen Gewohnheiten zu begünstigen.« Er hätte sich auf Jean-Jacques berufen können: »Die Scham entsteht erst mit der Erkenntnis des Bösen ... (...). Wer errötet, ist schon schuldig; die wahre Unschuld kennt keine Scham.«[50]

Diese Musterungen wären ein Mittel der Gesundheitspflege und der Erkenntnis. Der Erkenntnis und nicht mehr der Mutmaßungen. Man erinnert sich an den Mythos Diderots in den *Elements de Physiologie* (Grundzüge der Physiologie) oder der *Question d'anatomie* (Frage der Anatomie): vom Körper, der unfähig ist zu lügen und sich dem sachkundigen Blick darbietet.[51] Doch Demeaux sieht um sich herum nur Kollegen, die mit mehr oder weniger Glück, und um den Preis welcher Komödie, verbissen darum bemüht sind, die Wahrheit auszupressen. Lesen Sie zu diesem Thema noch einmal eine Seite aus Pater Debreynes *Essai sur la théologie morale* (Versuch über die Moraltheologie): »Es ist also für den Moralisten und den Beichtvater ebenso wie für den Arzt sehr wichtig, geschickt ihr Geständnis zu erlangen; und dazu darf man über den Hauptpunkt oder den Kern der Sache nicht im Zweifel scheinen. Man darf nur nach den Umständen oder nebensächlichen Dingen fragen. So könnte man, jedoch mit Autorität und im Ton der Gewißheit und der Überzeugung, sagen: Ich zweifle nicht daran, daß irgendein verdorbener Kamerad oder irgendein *liederlicher Kerl* Sie das Übel gelehrt hat, d.h. die schlechte Gewohnheit, deren Opfer Sie sind und die Sie sonst nie angenommen hätten. In welchem Alter haben Sie damit angefangen? Und wieviel Mal am Tag oder in der Woche begehen Sie diese verabscheuungswürdige Tat? Zwanzigmal? Fünfzigmal? Man soll darauf achten, eine beträchtliche, sogar unwahrscheinliche und über der wirklichen liegende Zahl zu nennen, damit der Masturbant ermutigt wird, sogleich eine geringere Zahl einzugestehen.«[52]

Was für ein Getue um zufällige Ergebnisse, während Demeaux die blitzschnelle Untersuchung durch einen Blick und statt des Geständnisses die Selbstrezitation des Körpers vorschlägt. Es wäre natürlich widersinnig, die Termine dieser Untersuchungen bekanntzumachen, was die Schuldigen veranlassen würde, ihre Lust zu programmieren und sich vor der Musterung zu beherrschen. Wenn sie dagegen täglich damit rechnen und in der Furcht leben, morgen entlarvt zu werden, so werden sie in der Mehrzahl auf den Weg der Einsicht zurückkehren.

Angenommen, diese Beweisführungen fänden bei den Regierenden Gehör, wird der Staat dann nicht von Ausgaben erdrückt werden? Nein, erwidert Demeaux, der sogleich auf die Verwaltungssorgen der herrschenden Gesellschaft eingeht. Die Schlafsäle? »Ich beeile mich indessen, darauf aufmerksam zu machen, daß es keinen Saal gibt, der sich für die Änderungen, die ich vorschlage, nicht mehr oder weniger gut eignen sollte.« Die Zahl der Aufseher? Ein einziger Mann für über hundert Betten. Das medizinische Personal? »Zwei oder drei Ärzte, die sich mit dieser Frage besonders befaßt hätten und von den zur jeweiligen Anstalt gehörenden Ärzte und den höheren Angestellten dieser Anstalt unterstützt würden, reichten aus, um die Regelmäßigkeit dieses Dienstes zu sichern.« Die Reinigungsbäder? »Jeder Raum kann durch einige leichte Veränderungen diese Bestimmung erhalten.« Die Wasserkosten? »Ich habe berechnet, daß man etwa 15 Liter pro Person und ungefähr eine Stunde für 60 Schüler bräuchte.«

Der Unverstandene

Am 27. Februar 1849 kommentiert der Rat der Université de France, den man um seine Ansicht gebeten hat, die Erfindung von Dr. Demeaux:

»Das erste dieser Mittel erforderte gewisse Veränderungen bei der Einrichtung der Schlafsäle. Diese recht komplizierte Vorrichtung besteht aus einer Trennwand, die sich über die ganze Länge des Schlafsaales erstreckte, und (in diese) Trennwand wäre jedes Bett so eingefügt, daß sich zwei Drittel des Bettes auf der einen Seite der Trennwand und ein Drittel auf der anderen Seite befänden... (...). Die auf dem Gebiet der Gesundheitspflege sachverständigen Personen werden darüber urteilen, inwieweit diese den Gliedern des Kindes auferlegte Reglosigkeit seiner körperlichen Entwicklung schädlich sein kann und inwieweit diese Reglosigkeit überhaupt möglich ist. Auch wenn wir einräumen, wie Herr Dr. Demeaux behauptet, daß er mit diesem Mittel in einem Einzelfall Erfolg gehabt hat, halten wir es für überflüssig, auf den Schwierigkeiten und Nachteilen zu insistieren, die bei einer Anwendung in großem Maßstab auftreten würden.

Das zweite von Herrn Dr. Demeaux vorgeschlagene Mittel soll die Untersuchung der Schüler *in nacktem Zustand* zu verschiedenen Zeitpunkten des Jahres sein: er macht den Vorteil geltend, der darin läge, ›das Alter des Kindes, seine Größe, seine Veranlagung, die Entwicklung der verschiedenen Systeme und insbesondere *der*

Geschlechtsorgane festzustellen‹!!! Wir befürchteten sehr, daß hier das Heilmittel schlimmer als das Übel wäre. Liefe die Regelmäßigkeit einer solchen Maßnahme nicht darauf hinaus, bei den Schülern das Schamgefühl abzustumpfen, das der erste Schutz der Jugend ist?

Was die zusätzlichen Mittel betrifft, die Herr Dr. Demeaux vorschlägt, wie die Beaufsichtigung der Aborte, die Abschaffung der Hosentaschen, das Turnen und die Reinigungsbäder, so scheint er nicht zu wissen, daß all dies in unseren Gymnasien in die Praxis umgesetzt ist.«[53]

Aufgrund der Erwägung, daß die besagten Mittel mit schwerwiegenden Nachteilen und sogar Gefahren verbunden wären, erklärt der Rat, daß ihnen nicht stattzugeben ist.

Dr. Demeaux gibt sich nicht geschlagen, denn er gehört zu denen, die, wie Sartre sagen würde, meinen, »sie hätten ein Mandat«. Am 6. September 1849 schreibt er an den Präsidenten der Republik, um ihm seine Leiden und seine Hoffnungen zu erzählen: »Diese dem Rat für das staatliche Erziehungswesen unterbreitete Arbeit war Gegenstand einer recht lebhaften Diskussion, an der mehrere herausragende Männer teilnahmen, die sich meinen Vorschlägen gewogen zeigten, und unter welchen ich mich sehr freue, Herrn Prof. Dumas, den heutigen Handelsminister, erwähnen zu dürfen; der Rat beschloß trotzdem, allerdings mit knapper Mehrheit, daß die Ausführung der von mir vorgeschlagenen Maßnahmen aufgeschoben werden sollte. (...) Die Überlegungen, die mir meine neuen Forschungen nahegelegt haben, die Ratschläge und die Ermutigungen, die ich von hochgestellten Männern erhalten habe, haben mich veranlaßt, sehr geehrter Herr Präsident, erneut Ihre hohe Weisheit anzurufen...«[54]

Im Jahr darauf geht er in der unveränderten Überzeugung, daß die Onanie »die Jugend dezimiert, die unsere Kollegien besucht, ihr gleichzeitig die Körperkraft, die sittliche Kraft, die Befähigung, in einem Wort, die Intelligenz entzieht«[55], von neuem den Minister für das staatliche Erziehungswesen an. Würde der Minister bereit sein, sein *Exposé* einer medizinischen Kommission zur Beurteilung vorzulegen? »Wenn Sie zu der Überzeugung gelangen, sehr geehrter Herr Minister, daß die von mir vorgeschlagenen Maßnahmen im Großen in den staatlichen Erziehungsanstalten nicht angewendet werden könnten, werde ich meine Arbeit demnächst der Akademie einreichen, weil ich davon überzeugt bin, daß jeder

Arzt durch ihre Anwendung in seiner eigenen Praxis günstige Ergebnisse erzielen könnte.«[56] Niederlage? Eher Bitterkeit und Kriegslist. Denn Demeaux will der ganzen Menschheit Abhilfe leisten und nicht nur den Patienten einiger großer Chefärzte.

Der Dickkopf

Dr. Demeaux taucht im September 1857 wieder auf, und zwar in der Rubrik »Originelle Arbeiten« des *Moniteur des Hôpitaux* (Krankenhausanzeiger) mit einer *Notiz über die Onanie und über die Mittel der Verhütung bzw. Bekämpfung ihrer Mißstände in den staatlichen Erziehungsanstalten.*[57] Nur mit Bedauern, so denke ich mir, macht er, vom Manuskript zum Gedruckten übergehend, seine Maßnahmen bekannt.

Es schien mir, schrieb er im Jahre 1849 an den Minister für das staatliche Erziehungswesen, vorteilhaft, »das Ziel dieser Maßnahmen zu verbergen, um es leichter zu erreichen«.[58]

Um sich das Gehör seiner Kollegen zu sichern, beruft er sich erneut auf die feierlichen Warnungen Lallemands und vervielfacht die apokalyptischen Vorstellungen. Das Laster der Masturbation hat nicht abgenommen, sondern, im Gegenteil, die Ausmaße einer gewaltigen Epidemie angenommen und »droht, bald zu einer äußerst aktiven Ursache der Entartung innerhalb des Menschengeschlechts zu werden, falls es dies nicht schon geworden ist«.[59]

Nun sind aber die drei Klassen von bis dahin erprobten Hilfsmitteln – mechanische, hygienische und medizinische – nur in einer kleinen Zahl von Einzelfällen sinnvoll anwendbar, wo doch »an Millionen von Menschen« zu denken wäre. Das Turnen? Im Jahre 1849 hatte er bloß ein einziges Wort darüber verloren. Ausgezeichnet, unbestritten und die Organe kräftigend, würde es nur wahre Dienste leisten, wenn es ganze Tage ausfüllte, was die Erschöpfung der Schüler zur Folge hätte und sie paradoxerweise von ihren Studien fernhielte. Vergessen Sie bei dieser Ausführung nicht, daß die Schulen nicht allein in Frage stehen. Da das Übel weltweit verbreitet ist, muß das Heilmittel in einem weltweiten Maßstab und zunächst in ganz Frankreich angewandt werden. Nichts wäre leichter, als ein- oder zweimal jährlich im ganzen Land am Hauptort eines jeden Bezirks hygienische und moralische Musterungsausschüsse einzurichten.

»Eines ist mir bei allen Gelegenheiten aufgefallen, bei denen ich Vorfälle beobachten konnte, die in Beziehung zu der Frage stehen, die Gegenstand dieser Arbeit ist. Das ist die Schüchternheit, die scheinbare Unschuld, die äußerste Schamhaftigkeit des Wesens, das sich der Masturbation hingibt; es wagt nicht, einem ins Gesicht zu schauen, wohl in der Furcht, daß man in seinem Blick, seinen Gesichtszügen das Zeugnis seiner schuldigen Machenschaften findet. Vor allen Dingen fürchtet es den Zustand der Nacktheit; es scheint ihm, daß die Untersuchung seines Körpers seine verborgenen Gewohnheiten enthüllen wird.«[60]

Der Ehrgeiz von Dr. Demeaux: das Übel an seinem Ursprung zu beseitigen; es zu bremsen, wenn schon nicht aufzuhalten, indem man den Schleier fortreißt, mit dem sich die Niederträchtigen bedecken.

September 1857: eine zweideutige Konjunktur für die allgemeine Verbreitung seines Programms. Die allerbeste, weil einige Wochen zuvor die Verurteilung Baudelaires wegen Beleidigung der öffentlichen Moral erfolgte; die schlechteste, wenn man sich daran erinnert, daß der Dichter wiederholt von Herrn Pinard beschuldigt worden war, alles entblößen zu wollen. H. de Castelnau, Chefredakteur des *Moniteur des Hôpitaux* versäumt es nicht, in seiner Einleitung anzudeuten, welche Hindernisse man zu überwinden hätte: »Sie begreifen diese Hindernisse, jedermann begreift sie so wie ich. Aber ich bin der Überzeugung, daß sich genug Einsicht in der Verwaltung und sogar in der Öffentlichkeit finden würde, nachdem die Wirksamkeit Ihrer Prophylaxe einmal erwiesen ist, um der wahren Moral entgegengesetzte Skrupel zum Schweigen zu bringen, da sie der öffentlichen Gesundheit entgegengesetzt wären.«[61]

Die letzte Boje: der *Moniteur des sciences médicales et pharmaceutiques* (Anzeiger der medizinischen und pharmazeutischen Wissenschaften)[62], wo Demeaux im Jahre 1861 seinen Ruf von 1857 an die bedauernswerten und skeptischen Kollegen wiederholt: »Es schien mir, daß eine so wichtige Neuerung, die den hohen Eingriff des Staates erfordert, niemals in einem günstigeren Augenblick als heute eingeführt werden könnte, unter einer Regierung, die, trotz der so zahlreichen Schwierigkeiten, die unser Zeitalter belagern, mit soviel Energie die Initiative aller großen, vom Genie der Zivilisation inspirierten Maßnahmen ergreift.«[63]

Die Verhängnisse des Körpers

Wieviel Schwächlinge gehen doch auf ein paar Hünen! Die Ärzte jammern, und die in den Musterungsausschüssen sitzenden Majore klagen: die Bevölkerung verkümmert, die Rasse verarmt, die Nation ist in Gefahr: »Es ist unbestreitbar, daß die Zahl der ausgemusterten Einberufenen jedes Jahr in erschreckendem Maße ansteigt. Die Regierung sah sich gezwungen, die geltende Norm für die Körpergröße zu senken, um das vom Gesetz vorgeschriebene Kontingent vervollständigen zu können, und trotzdem kann man in manchen Städten die von der Truppenaushebung geforderte Zahl an Männern kaum erreichen. Von denjenigen, die als tauglich für den Dienst erklärt werden, brechen viele in den ersten Tagen nach der Ankunft in ihren jeweiligen Truppenabteilungen unter den Anstrengungen ihres neuen Standes zusammen. Die Schwäche ihrer Konstitution zeigt sich überall, vor allem aber tritt sie in Afrika hervor. Unsere Soldaten gehen dort, erschöpft durch Anstrengungen, die in keinem Verhältnis zu ihren körperlichen Kräften stehen, in großer Zahl zugrunde. Erlitten die römischen Heere, die Numidien eroberten, Verluste, die denen vergleichbar sind, die unsere Armee gegenwärtig in dem gleichen Land erleidet? Es ist erlaubt, daran zu zweifeln!«[1]

Die Individualität

Epiphanie

Die Biologie – zurückgeblieben hinter der Philosophie, die schon vor 1700 das Recht der Menschen auf die Universalität der Vernunft vorträgt, sträubt sich, die Individuen einzuführen. Als Abbild einer anachronistischen Feudalherrschaft denkt sie die Lebenden innerhalb eines Systems, in dem ein jedes dem Ganzen untergeordnet ist. Die 150 Jahre währende Auseinandersetzung über die Fortpflanzung illustriert diese Vorurteile. Die Präformationisten stellen sich vor, daß der elterliche Keim, das Ei oder das Samentierchen, in Miniatur die Anordnung des Nachkommen enthält. Manche fügen diese verkleinerten Modelle kühn so ineinander, daß jeder Erzeuger das seit ewigen Zeiten durch ein Programm vorgesehene Erbgut der Wesen in seinem Samen birgt. Nicht eine Sommersprosse genießt somit noch Autonomie. Von daher ergeben sich unlösbare Rätsel. 1) Die Ähnlichkeiten: außer, wenn man mit den Leibnizianern annimmt, daß die göttliche Vernunft den Luxus soweit treibt, ihre Erzeugnisse im voraus zu nuancieren, indem sie zwischen ihnen diskrete Verbindungen und unmerkliche Übergänge schafft, begreift man nicht, daß in Einheiten das Selbe neben dem Anderen steht. 2) Die Zwitter, die die Gattung und die Bestimmung der Keime herausfordern.

Die Epigenetiker wollen aus der Sackgasse herauskommen. Jeder aus einem reinen Stoff entspringende Organismus baut mit der Zeit seine eigentümliche Beschaffenheit auf. Doch durch welche Zauberei geht aus einer Stechfliegenlarve eine Stechfliege anstatt eines Menschen und aus dem menschlichen Embryo ein Menschenkind anstatt einer Stechfliege hervor? Blumenbach und Wolff berufen sich auf das Eingreifen einer Entelechie, *nisus formativus* oder *vis essentialis,* die den Individuen das Siegel ihres Ursprungs aufprägt. Folge: hin- und hergerissen zwischen Zufall und Notwendigkeit bilden sie ihre Selbständigkeit nur zur Hälfte aus.

Lamarck, der von Napoleon und den Notabeln wenig geschätzt wird, paßt sich ihnen dennoch an. Er erklärt, daß es keine Klassen, sondern nur Individuen gibt. Doch diese haben kein authentisches Dasein: von einem Plan der Natur, einer Schimäre des 18. Jahrhunderts, erhalten sie ihre allgemeinen Fähigkeiten, von der Wirkung der Umstände ihre untergeordneten Merkmale. Man könnte sagen, daß sie sich im Auftrag äußern.

Paradoxerweise ist es Cuvier, der sie innerhalb einer traditionellen Taxonomie endgültig befreit. Hier gibt es keine Hierarchie mehr, sondern gleichwertige Unterschiede. Ein Insekt unterrichtet über seine Artgenossen wie die Verzweigung der Wirbeltiere über das Leben.

Apotheose

Der Mensch stellt zumindest einen Erfolg dar, auch wenn er nicht das Primat besitzt. Sehen Sie nur, wie der bürgerliche Leib sich im Krieg am Tod erprobt. Daher versteifen sich die Triumphatoren, die Lamarck näher stehen als Cuvier, darauf, ihr Auftreten als einen Fortschritt zu interpretieren. Die Dynamik ihrer Kraft wird weder durch Verrat noch durch Enttäuschungen gefährdet. Bei friedlichen Aufgaben funktioniert sie in der Art der Dampfmaschinen. Nichts hält ihrer Entfesselung stand: »Sie unterbrachen ihn nicht mehr, sie schlossen ihren Kreis noch enger; den Mund in einem vagen Lächeln ein wenig geöffnet, saßen sie mit vorgestrecktem, angespanntem Gesicht da, als stürzten sie mit ihrem ganzen Wesen auf den Verführer ein. Ihre Augen wurden glanzlos, ein leichter Schauer lief ihnen über den Nacken. Er aber bewahrte inmitten der verwirrenden Gerüche, die aus ihren Haaren aufstiegen, die Gelassenheit eines Eroberers. Er fuhr fort, zwischen jedem Satz ein Schlückchen Tee zu trinken, dessen Duft jene schärferen Gerüche, die eine leichte Beimischung von der Ausdünstung wilder Tiere hatten, milderte. Angesichts einer Verführungskunst, die sich so in der Gewalt hatte und stark genug war, derart ihr Spiel mit der Frau zu treiben, ohne sich von dem Berauschenden, das ihr entströmt, einfangen zu lassen, fühlte Baron Hartmann, der ihn nicht aus den Augen ließ, seine Bewunderung wachsen.«[2]

Diesen tapferen Männern eignet eine gewaltige Schönheit. Doch erhält man sie nicht als Erbteil, man nährt sie, man stärkt sie. Als General Valentigny im Jahre 1815 im Gefolge der Verbündeten nach Paris zurückkehrt, läßt er sich eines Tages zum Mittagessen – ein Notimbiß zu Beginn des 19. Jahrhunderts – zwei Brathähnchen, ein Rehfilet, Rühreier, Schinken und fünf Teller Nachspeise servieren. Sie können wohl annehmen, daß der Finanz- und der Geschäftsmann dahinter nicht zurückbleiben: »Der Mann, der gehaltvoll gefrühstückt hat, ist zehn Tee- und Kaffeetrinker wert. Er handelt schneller und tatkräftiger, seine Wahrnehmungen sind schärfer und kühner, und mancher Börsenspekulant, den ein Börsencoup reich machte, hatte sein Vermögen nur seiner Beherztheit und seine Beherztheit seinem Frühstück zu verdanken.«[3]

Wohltätig mäßigt das Turnen den Fettansatz. Durch Förderung der Verdauung bereitet es den Appetit auf neue Schlemmereien vor und erhält das Gleichgewicht der Ökonomie aufrecht. Darum wird es gepriesen. Eine substitutive Sprache, die ständig wiederholt, wovon sie befreit, und einen Wunsch mit Hilfe von Symbolen erfüllt. Die am Ende der Julimonarchie wieder stark auflebende katholische Ideologie überläßt sie nicht dem Freigeist. Indem sie den Leib von seinen Sünden reinwäscht, besiegelt sie von neuem das Bündnis des Tempels und der Händler:

»Ich betrachte«, schreibt Dr. Dally, »die Einführung regelmäßiger und methodischer Übungen in die Gewohnheiten der Familie als eine Angelegenheit von höchstem humanitären Interesse, nicht nur vom materiellen, sondern auch vom geistigen und sittlichen Standpunkt her.

Und warum?

Weil man im Kern dieser Frage auf das christliche Dogma in seinem belebenden Prinzip trifft.

Das Leben der Muskeln, sagt die Schrift, ist die Gesundheit der Seele. Mit anderen Worten: Die Schönheit des Menschen liegt in der Vollkommenheit seiner Organe und in der harmonischen Tätigkeit seiner beiden Naturen.

Indessen ist behauptet worden, daß die christliche Idee aus der Herabwürdigung des Fleisches ein Verdienst macht (...): dies ist ein Widersinn und eine Lästerung zugleich.

Jedes Fleisch ist gut in seiner Art, und Gott hat jedes Fleisch gesegnet.«[4]

Die lasterhaften Körperanlagen

Ansteckung

Nachdem die Jubelzeit vorüber ist, entdecken die Bourgeois unter dem Konsulat und dem Empire, wenn sie sich genauer beobachten, Beweggründe zur Entmutigung. Ihr Körper zieht aus der politischen Immunität keinen Nutzen. Die Seuchen steigen aus den niederen Vierteln bis in die höchsten Sphären hinauf. Es gibt wohl eine Ungleichheit der Widerstandskräfte: »Der Cholera-Morbus ist in unserer Stadt. Gestern ist ein Mann in der rue Mazarine gestorben. Vorgestern sind acht Personen in das Hôtel-Dieu gebracht worden, von denen vier bereits gestorben sind. Alle Menschen, die von diesem Leiden befallen sind, das zwar epidemisch ist, das aber nicht für ansteckend gehalten wird, gehören der Klasse des Volkes an. Es sind Schuster, Arbeiter, die in der Wolldeckenherstellung beschäftigt sind. Sie wohnen in den dunklen und engen Straßen der Cité und des Viertels von Notre-Dame.«[5] Doch die Plage hat keine feste Anschrift. Ein offizieller

Bericht mag gerne herausstellen, daß Eigentümer weniger betroffen sind als Straßenkehrer, Fluß- und Binnenschiffer und die anderen lohnabhängigen Handarbeiter; er kann wohl hervorheben, daß die Wohlhabenden nur zweitausenddreiundsiebzig Sterbefälle in die Akte der Katastrophe eingebracht haben, anstelle von zweitausendsechshunderteinundfünfzig, die die Wahrscheinlichkeitsrechnung festgestellt hat; es ändert nicht, daß sich die Pestilenz, die von den schmutzigen Straßen ausgegangen ist, in den vornehmsten Häusern ausbreitet, daß ihr Cuvier in Paris, Hegel in Berlin sowie Tausende von angesehenen Persönlichkeiten erliegen.

Wissen Sie, daß diese Ansteckungen chronisch sind? Daß in Paris und in den großen Städten jeden Tag rechtschaffene Leute an der Unzucht des Volkes zugrundegehen? Dieses Gemetzel wird auf dem Trottoir angezettelt: Novizen werden dort zur Beute von Hetären, bei denen sie sich die Syphilis zuziehen. Da sie dem Arzt ihren Schanker verheimlichen, stecken sie unschuldige Ehegattinnen an, die Impotente zur Welt bringen.

Die Bordelle schonen noch das Schamgefühl der Familien: die guten Ehemänner erleichtern sich dort aus Achtung vor ihren Frauen. Nieder mit den besonderen Umarmungen, die der Pakt des Schmutzes mit der Herabsetzung sind! »Einer von diesen aus einer gehobenen Stellung auf die letzte Stufe der Verdorbenheit hinabgestiegenen Männern lockte dreckige Straßenkinder zu sich, vor denen er sich hinkniete, deren Füße er mit leidenschaftlicher Unterwürfigkeit küßte, bevor er von ihnen noch niederträchtigere Genüsse forderte. Ein anderer empfand eine eigentümliche Wollust dabei, sich von einem Wesen der gemeinsten Art kräftige Fußtritte geben zu lassen. Was soll man von solchen Abscheulichkeiten anderes denken, als sie dem traurigsten und schimpflichsten Wahnsinn zur Last zu legen.«[6]

Fehlende Anmut

Prudhommes trügerische Selbstsicherheit. Auf den öffentlichen Plätzen, auf denen er seinen Bauch spazierenträgt, vertreibt er seine Tölpelhaftigkeit. Bei den artigen Mädchen und den hübschen Knaben zeigt sich irgendwo der Sprung:

»Cäsarine war aus ihrem Zimmerchen im Morgenrock getreten und bot, frisch und rosig (...), blond und schlank, mit blauen

Augen, dem Blick des Künstlers jene in Paris so seltene Biegsamkeit dar (...). Ihre Haut, voll und stark wie ein Stoff (...), wies auf eine jungfräuliche Lebenskraft hin (...). Trotz der Feinheit ihrer Formen war sie kräftig gebaut: ihre Füße verrieten die bäuerliche Herkunft ihres Vaters, denn ihre Fehler waren ein Mangel an Rasse und vielleicht auch die Röte ihrer Hände, das Kennzeichen eines rein bürgerlichen Lebens ...«[7]

Nicht, daß die Überlegenheit der Adligen unfehlbar in ihrem Äußeren läge. Bei Hofe finden sich Gnome und Riesen, Muskelprotze und Schwächlinge zusammen. Doch sie sind von sich selbst bezaubert:

»Madame Elisabeth von Frankreich, die später Königin von Spanien wurde, begann einen sprühenden Geist und jene unvergleichliche Schönheit an den Tag zu legen, die ihr zum Verhängnis geworden ist. (...) Der Vizegraf von Chartres, der jenem alten Geschlecht der Vendôme entstammte, dessen Namen zu tragen auch Prinzen königlichen Geblüts nicht verschmäht haben, tat sich im Kriege nicht weniger hervor als in der Galanterie. Er war schön, von gewinnendem Äußeren, tapfer, kühn und großherzig; er wäre schließlich allein (...) würdig gewesen, mit dem Herzog von Nemours verglichen zu werden, wenn ihm überhaupt jemand vergleichbar gewesen wäre. Aber dieser Prinz war ein Meisterwerk der Natur; daß er alle an Wuchs und Schönheit übertraf, war noch einer seiner geringsten Vorzüge.«[8]

Diener, Soldaten und Söldner haben an dieser Ästhetik teil: »Unter der Restauration wurde die Truppenstärke der Armee erheblich vermindert; man verlangte bei der Aushebung nur vierzigtausend Mann pro Jahr, konnte also eine höhere Körpergröße fordern und versuchte im übrigen, zur Tradition der alten Könige von Frankreich zurückzukehren, die ihr Ehrgefühl dareinsetzten, nur schöne Männer in ihrer Truppe zu haben.«[9]

Dieser Stolz lastet auf den Bourgeois wie eine Herausforderung. Je mehr sie wetteifern, desto mehr verstricken sie sich. M. Jourdain* ist der Vorfahr einer ungeschickten Nachkommenschaft, die siegreich ihre herabgesunkenen Feinde um Unterricht ersucht. Sie bringen ihr bei, daß der von der Kunst, den Manieren und der Kleidung verlassene Körper zur Ausdruckslosigkeit verurteilt ist. Mme de Bargeton meint, daß man Lucien hätte

* Anm.d.Ü.: Figur des bürgerlichen Edelmanns in Molières *Bourgeois gentilhomme*.

huldigen müssen: »Doch er war ungeschliffen und nicht in Fassung gebracht.« Und die Marquise d'Espard stimmt ein: »Seine Gestalt war schön, aber...«[10]

Düstere Erbteile

Kaum von der Kultur anerkannt, sät die Individualität in ihr Zwietracht. Die von Dr. Gall sezierten Schädel weisen eine Fülle von Formen auf, die den Elementen des Gehirns entsprechen. Da diese unsere geistigen Fähigkeiten bestimmen, kündigen sie die Dummheit oder das Genie, die Heiligkeit oder die Niedertracht an. Das mag für die Ortskenntnis oder das Wortgedächtnis angehen, die keine allzu großen Einwirkungen auf das Verhalten haben. Stellen Sie sich jedoch die Bedeutung der Variationen vor, sobald es sich um körperliche Liebe handelt: »... die Menschen unterscheiden sich bezüglich der Intensität der Neigung zur Fortpflanzung: bei den einen besteht diese Neigung fast gar nicht, bei anderen macht sie sich in gemäßigtem Grad bemerkbar, in manchen ist sie sehr gebieterisch: nun denn! Die Beobachtung zeigt immer ein wenig entwickeltes Kleinhirn bei den ersteren, einen mittleren Wert bei den zweiten und dagegen ein starkes Hervortreten bei den letzteren.«[11] In Paris untersucht Gall den weniger als drei Jahre alten Sohn einer Mulattin, der plötzlich auftretende Erektionen hatte und der nicht nur Kleinkinder, sondern auch reife Frauen belästigte, die er aufforderte, sich ihm hinzugeben. Nachdem sich ein Schwarm von Mädchen aus Neugier auf seine Begierden eingelassen hatte, starb er an Auszehrung, bevor er das Ende seines vierten Lebensjahres erreicht hatte: »Sein Kleinhirn war außerordentlich entwickelt; der Rest des Kopfes hatte gewöhnliche Ausmaße (...). Auch in anderer Hinsicht war er nur ein verwöhntes und schlechterzogenes Kind.«[12]

Keine Korrelation der Hirntätigkeiten: »In Salzburg zeigte mir Prof. Hartenkeil (...) eine Frau, die derartig mißgestaltet war, daß sie, anstatt zu gehen, auf der Erde kroch: diese Unglückliche befand sich jedesmal, wenn sie einen Mann erblickte, in einer Art von Verzückung. Kaum näherte ich mich ihr, da kletterte sie auf ihr Bett und lud mich durch die laszivsten Gesten ein, ihr zu folgen; sie warf sogar all ihre Kleider ab, um mir die Gastfreundschaft auf eine noch herzlichere Weise zu gewähren. Ihre geistigen Fähigkeiten liegen um vieles unter denen der rohen Tiere, doch ihr Kleinhirn ist sehr entwickelt; daher streben all ihre Bewegungen nur danach, ihre Lüsternheit selbst in der Einsamkeit zu befriedigen.«[13]

Doch treten Synergien auf. Die Perversen schlagen, wenn man so sagen darf, verschiedene Saiten an: die Päderasten »haben ein geringes geistiges Fassungsvermögen und weisen allgemein den Höcker der *Wundersamkeit* auf; das muß so sein. Sind ihre sinnlichen Verirrungen nicht der Beweis der Ausschweifung ihrer Einbildungskraft und einer monomanischen Phylogenitur? Diese beiden phrenologischen Merkmale sind typisch für die Frauen (...), die, was auch immer sie tun mögen, schlechte Mütter, unwürdige Gattinnen und ehrlose Geliebte sind; die sich mit Männern einlassen und ein Kind einen Tag nach der Geburt vergessen«.[14]

Beruhigen Sie sich. Die Natur entwirft Neigungen, deren Kontrolle sich die Gesellschaft vorbehält: »Die Erziehung und die Institutionen (...), die bestrebt sind, die lobenswerten angeborenen Eigenschaften über die schädlichen vorherrschen zu lassen, zielen gleichzeitig darauf hin, die Stimme des guten Gewissens (...) mächtiger als die des schlechten zu machen.«[15]

Die Vererbung

Das Vermächtnis

Hält dieser glückliche Kompromiß den Tücken des Lebens stand? Im Jahre 1748 schlägt die Akademie von Dijon, zwei Jahre, bevor sie Rousseau offenbart, als Thema ihres Preises vor, den Übergang der chronischen Krankheiten von einer Generation zur anderen zu erklären. Allein durch die Fragestellung erklärt sie das Phänomen für gültig. Der Dissertation von Dr. Louis, die behauptet, es sei scheinhaft, gelingt es nicht, sich durchzusetzen.

Die pathologische Vererbung ist nicht nur augenscheinlich, sondern auch ausschließlich. Die Körperstärke kann unmöglich einer Übertragung unterliegen. Die Erbbedingtheit bestreitet den Organismen die Fähigkeit zur Initiative, aus der die Bourgeoisie die Antriebe ihres Erfolgs schöpft: »Oft haben die Eltern sehr begrenzte intellektuelle Fähigkeiten, sagt Burdach, und alle ihre Kinder lassen die erfreulichsten Anlagen erkennen; Virey hat die gleiche Beobachtung gemacht, Lyonnet hat sie fast übertrieben, indem er es als eine gewöhnliche Tatsache ansah, daß wahnsinnige Väter vernunftbegabte Kinder haben (...). Diese geistigen Unterschiede nehmen andere Male eine eigentümliche Gewalt an, nämlich die einer Erneuerung; ebenso wie aus Samen, die von einer selben Blume gesammelt worden sind und wie aus Kernen einer Frucht desselben Obstbaumes die unerwartetsten und manchmal kostbarsten Obst- und Blumenarten entstehen, erlebt man (...), wie Söhne und Töchter von einer in der Familie neuen Geistes- und Wesenshaltung geboren werden (...). Nehasius und Burdach haben mit Recht die Tatsache verallgemeinert: Oftmals gehen aus einfachen Eltern, sagt der letztere, jene überlegenen Menschen, jene Geister hervor, deren Einfluß über Tausende von Jahren spürbar ist und deren Gegenwart in dem Augenblick, als sie ins Leben getreten sind, für die Menschheit ein Bedürfnis war. Die größten Männer gehörten gewöhnlichen, armen oder unbekannten Familien an.« Und hier nun der Schrei des Herzens, das Bekenntnis des Selbstvertrauens: »Der andere Autor beweist dies durch einen kurzen Abriß der berühmten Persönlichkeiten des Altertums, doch keine Geschichte bestätigt es besser als die Geschichte Frankreichs, und keine Epoche besser als die große Epoche unserer Revolution.«[16]

Es hat nicht viel zu sagen, daß die Erzeuger Überlegenheit besitzen: »Menschen, die sich durch geistige Gaben oder seelische Tugenden wie auch körperliche Anmut auszeichnen, zeugen Kinder, die dieser Vorzüge entbehren und mit den schlechtesten Neigungen geboren werden: (...) der Sohn des großen Scipio, der auf einen solchen Grad der Schande und Verkommenheit herabgesunken war, daß ihm seine empörten Eltern den Ring mit dem Bildnis seines berühmten Vaters vom Finger rissen; der Sohn des Curio, des genügsamsten aller Menschen, der in der gemeinsten Verdorbenheit verkam; der Sohn des Cato von Utica, der gleichermaßen ehrlos durch seine Sitten wie durch seine Feigheit war.«[17] In jedem Fall nehmen die Individuen ihr Schicksal in die Hand. Das Erbe ist ein Werk. In einen Determinismus verwandelt, setzt die Vererbung Untergang und Betrübnis fest.

Um sich Kummer zu ersparen, verzichtet das 19. Jahrhundert darauf, sie zu analysieren. Mediziner und Biologen suchen nach einem »sichtbaren Beweis der Art und Weise, wie in das organische Prinzip Elemente von Gesundheit und von Krankheit eindringen, je nach dem, ob diese Elemente uns aus einer reinen oder unreinen Quelle zukommen«.[18] Von 1847 bis 1850 entwickelt Prosper Lucas eine ehrgeizige Theorie der physiologischen Vererbung in ihren beiden Dimensionen des Individuellen und Spezifischen und die sich unterscheidet von der Abstammung, die sie nicht erschöpft, und der Übertragung der Krankheiten, die nur eine ihrer Versionen darstellt. Doch niemand untersteht sich, ihren Ablauf zu erklären: »Dies ist ein Problem, an das keine Lösung heranreicht, eine Tatsache, die man hinzunehmen gezwungen ist, aber deren erste Ursache uns entgeht; dies ist eine weitere jener Grenzen, die zu überschreiten dem menschlichen Geist nicht gegeben ist.«[19] Die genialen Experimente von Mendel bleiben im Jahre 1865 in der gelehrten Öffentlichkeit unbeachtet. Zu deren Beschränktheit trägt vielleicht die Ideologie bei, die im Laufe des 19. Jahrhunderts überhand nimmt und ein bedeutendes Hindernis für das Fortschreiten des Wissens darstellt. Um die Geschichte der elterlichen Merkmale in der Nachkommenschaft zu verfolgen, müssen Kreuzungen durchgeführt werden, die gemäß statistischer Voraussagen die Dominanz bestimmter Züge und die Latenz der anderen verraten. Die Biologie, die die Individuen in einer Feier der Verschiedenheit inthronisiert, entzieht ihnen jedoch deren Gebrauch unter dem Vorwand der Identität. Die herrschende Klasse, die durch die Abschaffung der Privilegien entstanden ist, wacht eifersüchtig über die Ihrigen. Wie konnte sie unter Napoleon III., der Königin Victoria oder Franz-Josef ohne Verärgerung billigen, daß aus der Befruchtung von Zwergerbsen und Riesenerbsen derart verdächtige Produkte hervorgehen, die trotz ihres schönen Aussehens, wenn sie untereinander erneut gekreuzt werden, zu einem Viertel Mißgeburten entstehen lassen? Zumindest hatten Koelreuter in Deutschland Ende des 18. Jahrhunderts oder Naudin in Frankreich im 19. Jahrhundert, als sie sich an Mischungen versuchten, aus diesen zweifelhaften Machenschaften nichts gewonnen. Noch der Genfer Apotheker Colladon aus der Zeit des Ersten Kaiserreichs, auf den seine Zeitgenossen sicherlich deswegen große Stücke hielten, weil er beim Kreuzen von Mäusen fälschlicherweise, aber befriedigt feststellte, daß keine Bastarde entstanden. »Er begann eine lange Reihe von Versuchen, bei denen er immer eine weiße und eine graue Maus paarte.

Welches Ergebnis erwarten Sie? Daß es oft Mischungen gab? Nein, niemals. Jedes Einzelwesen (...) war entweder ganz grau oder ganz weiß mit den übrigen Merkmalen der reinen Rasse: keine Mischlinge, keine Buntscheckigkeit, kein Zwischending, kurz, der vollkommene Typus der einen oder der anderen Art.«[20]

Die Vorherbestimmung

Der bürgerliche Leib fordert die Unverletzlichkeit. So daß sich zwischen seinen Krankheiten und den Makeln ein Netz von Phantasmen spinnt, das allmählich die gesamte Pathologie einschließt. Portal lehrt in seinem klassischen Werk, daß Rachitis, Manie, Epilepsie, Krämpfe, Zahnleiden, Schlaganfall, Kropf, Nierensteine, Wassersucht, Krebs, Taubheit, Stummheit, Graustar und Asthma Teil eines höllischen Vermächtnisses sind.[21] Petit wiederholt diese Aufzählung. Dann folgt eine Flut konvergierender Arbeiten: die Abhandlung von Piorry, die ein wenig weitschweifigen Dissertationen von Lustreman im Jahre 1835, von Aymé und Allari im Jahre 1855, von Lafond im Jahre 1856 und von Mitivié im Jahre 1860; aber auch die Texte von Récamier (über Krebs), von Lugol, Bazin und Baudelocque (über Tuberkulose und Skrofeln), von Diday, Ricord und Vidal (über Syphilis), von Esquirol, Baillarger, Parchappe, Morel und Moreau de Tours (über das Nervensystem), um nur die allgemein bekanntesten zu nennen.

Es empfiehlt sich, bei den Nerven stehenzubleiben. Die Biologie macht sie für die Autonomie der Lebenden verantwortlich. Als Quelle von Aktivität und Irrtümern übertragen sie, zerbrechlich und verletzlich, ihre Unregelmäßigkeiten: »Der Vater des Ehemannes einer Dame X, einer einfachen Frau von sehr ruhiger Lebensart, war ein sehr schöner Mann von prächtiger Gesundheit, aber zügelloser Leidenschaft für den Wein und die Frauen. Sein heranwachsender Sohn betrieb diese beiden Laster bereits bis zum Äußersten. Den Anfang machte er damit, seinem Vater eine Geliebte wegzunehmen, was dieser ihm selbst im Augenblick des Todes nicht verziehen hat.«[22] Ein Junge, der seinen Vater nicht kennt, ist auch nicht besser geschützt: »Ein Koch von einem in seinem Beruf seltenen Talent fühlte sich sein Leben lang und sogar noch heute, mit über 60 Jahren, rasend zu den Frauen hingezogen.

Mit dieser Leidenschaft verband sich eine abscheuliche Verderbtheit des Geschlechtstriebes, nämlich die Neigung zum analen Koitus. Einer seiner außerehelichen Söhne, der von ihm getrennt lebt und noch keine neunzehn Jahre alt ist, ließ fast noch in der Kindheit alle Merkmale einer lüsternen, übersteigerten Sinnlichkeit erkennen; und, was sehr bemerkenswert ist, er hat wie sein Vater die Neigung, sich dem einen wie dem anderen Geschlecht zu nähern.«[23] Die alte Geschichte ist reich an derlei betrüblichen Tatsachen: »Wir sehen Leonia, die berühmte Kurtisane und Freundin Epikurs, Mutter von Danaë, die selbst Kurtisane und die Geliebte Sophrans war, Augustus, den Vater Julias; Julia, die Mutter einer Tochter gleichen Namens und gleicher Unkeuschheit, die laszive Poppäa, die, so berichtet Tacitus, keinen Unterschied zwischen Eheschlüssen und Ehebrüchen machte, die Tochter jener Poppäa, deren Liebschaften soviel Aufsehen erregt hatten; unter der Herrschaft des Claudius, Messalina, selbst Tochter der Lepida, der Schwester des Vaters von Nero, einer Prostituierten, die des Inzests mit ihrem Bruder angeklagt wurde ...«[24]

Der Jansenismus lebt in bezug auf die louis-philippischen Händler wieder auf. Wer nun, welcher Schamlose, welcher Unschuldige, entdeckte hinter diesen Analogien nicht eine Fügung? »Karl der Große verschloß die Augen vor den Liederlichkeiten seiner Töchter, weil ihre Fehler die gleichen waren wie seine.«[25]

Man käme noch billig davon, wenn die erbliche Reizbarkeit sich auf den sexuellen Bereich beschränkte. Doch die zerrütteten Nerven führen entweder zu Geilheit oder Genie oder Wahnsinn. In einer beeindruckenden freskenhaften Darstellung versammelt Dr. Jacques Moreau de Tours die Helden der Weltgeschichte unter dem Zeichen des pathologischen Vorlebens. Keiner ist ausgenommen. Weder Mohammed noch Balzac.[26] Die Zeitgenossen folgen dem Psychiater auf dem Fuße:

»Wir stoßen in einer neueren Studie von Herrn de Lamartine über J.-J. Rousseau auf ein interessantes Beispiel dieser Art von Verwendung der Lebensgeschichte. Der bewundernswerte Schriftsteller hat mit wenigen Worten, besser als man es jemals vor ihm getan hatte, das Porträt dieses so berühmten Mannes gezeichnet, indem er ihn nach den Einflüssen der Vererbung des geistigen Wesens beurteilte:

›Die Mutter von J.-J. Rousseau war die Tochter eines calvinistischen Pfarrers. Diese junge Person hatte von der Natur ein zartfühlendes Gemüt erhalten. Sie ließ sich ohne falsche Scham zu den bescheidensten Tätigkeiten des Haushalts herab, sie gab sich ohne Eitelkeit den anspruchsvollsten und anmutigsten Lektüren der gebildeten Welt hin. Man darf annehmen, daß diese Mutter ihrem Kind mit der Muttermilch jene Vorherbestimmung für die Dinge des Geistes und jene leidende Empfindsamkeit der Seele eingab, die den Kern von Rousseaus Wesen bildeten. Sie starb unglücklicherweise, bevor sie ihm ihre Tugenden mitteilen konnte.

Sein Vater, ein Nomade, gab seinem Sohn sicherlich seinen Hang zu Abenteuern und Unordnung. Diese beiden Abstammungen machten später aus Rousseau ein empfindsames Kind, einen erhabenen Schriftsteller, einen phantastischen Träumer und einen mangelhaften Philosophen.‹«[27]

Das Leid der Familien

Bei der Fortpflanzung sind die Wege der Bourgeois nicht völlig vorgezeichnet. Stück für Stück bauen sie ihren Stamm auf und laufen dabei Gefahr, Verbrecher und Verschwender hervorzubringen. Und nun stellt sich auch das Leben, eine wahre Rabenmutter, zu ihren Plänen quer, indem es in die Fötusse Keime der Zerrüttung einpflanzt. Durch die Verbindung von Hinterlist und Grausamkeit teilt es nicht das reine Böse mit, sondern eine heimtückische Veranlagung, die ihre Fänge in der Stille der Organe schärft, um sie dann zu zerreißen, wenn sie mit ganz anderen Dingen beschäftigt sind: »In einigen Familien ist auch eine Veranlagung zur Plethora, zu gewissen Entzündungen beobachtet worden. Man kann folglich die Annahme nicht zurückweisen, daß die Eltern manchmal ihren Kindern eine Prädisposition für diese oder jene akute Krankheit übertragen. (...) Lange Zeit hat man aus diesen Krankheiten gänzlich organisierte Wesen gemacht, die die Eltern vollständig in Form eines Keimes übertragen würden und der dazu bestimmt ist, zu wachsen und sich zu entwickeln. Lange Zeit haben die Humoristen sie aus einem im Augenblick der Fortpflanzung übertragenen Virus bestehen lassen (...). Diese Viren haben so viele und so verschiedene Rollen gespielt, daß sie sich wohl auch zur Erklärung eignen konnten.«[28]

Diese aufschiebenden Praktiken haben ihre Bedeutung. Es kommt vor, daß die Krankhaftigkeit eine oder mehrere Generationen überspringt, da sie Anreize zu ihrer Auslösung bedarf. An uns ist es also, uns zu schützen, unsere Ernährungsweise, unsere Sinne, unsere Gewohnheiten und die gesundheitlichen Auswirkungen unseres Berufs zu überprüfen. Wir sind selbst schuld, wenn wir uns unbewußt oder selbstmörderisch in die Höhle des Löwen begeben. Indessen gibt es zu dieser aussetzenden Pathologie einen Gegenpart: die schlechten Veranlagungen haben, mit Ausnahme der Syphilis, kein besonderes Kennzeichen. Aus einer nervösen Mutter gehen hypochondrische oder rachitische Töchter hervor. Das Spektrum der zirkulären Vererbung, nach dem drastischen Ausdruck von Dr. Buchez, ist so breit, daß die Natur unschlüssig scheint, darin, wie auf der Speisekarte, das Leiden auszuwählen, das sie uns zuteilt.

Die Schwindsucht jedoch genießt ihre Vorliebe. Ihr Eintreten kann man hinausschieben, niemals aber vermeiden. Die Glücklichsten enden schließlich im Midi, denn Sonne und gute Luft sind die Linderungsmittel bei einer nicht möglichen Therapie. Börsenmaklern und Ladenbesitzern wird ihre Nachkommenschaft geraubt: »Die Krankheit, die die größte Zerstörungsquelle der Familien ist, nämlich die Lungenschwindsucht (Tuberkulose), ist (...) meistens eine Zusammenfassung, wir können sogar sagen eine Synthese aller angeborenen Leiden, die wir uns gerade der Reihe nach angesehen haben (...). Der Tuberkel entwickelt sich unter dem Einfluß aller schwächenden Ursachen; er ist das deutlichste und hervorstechendste Ergebnis der Verringerung der Lebenskraft.«[29]

Vielleicht ist er nur eine dramatische Metastase. Dr. Portal, der das Studium der Familienunglücke vertieft, führt sie auf eine gemeinsame Ursache zurück, nämlich die Skrofulose, die die Knochen angreift, die Eingeweide verstopft und die Lymphdrüsen anschwellen läßt. Dieses Gebrechen neigt zu Verwandlungen: »Das Gehirn der manisch Besessenen, der Epileptiker und Apoplektiker (...) ist immer mehr oder minder durch zystenartige Stoffe verhärtet, wie es bei den Skrofulosekranken der Fall ist. Diese Verhärtung macht sich vor allem am verlängerten Mark bemerkbar (...). Ähnliche Veränderungen finden sich in den Lungen derjenigen, die an der Lungenschwindsucht zugrundegehen. Die Leber- und Gekröseschwindsucht wird ebenfalls durch

Knotenbildungen der gleichen Art hervorgerufen.«[30]

Ironie des Schicksals: die Vererbung bleibt mit ihrem Überträger stehen. Wenn die Skrofulose ihre Tarnungen aufgibt, um ihre eigene Symptomatologie zu entwickeln, macht sie bald die Fortpflanzungswerkzeuge unfruchtbar: »Nicht selten begegnet man jungen Leuten von achtzehn bis zwanzig Jahren, deren Geschlechtsorgane wie die von sieben- bis achtjährigen Kindern aussehen (...). Die geschlechtlichen Begierden äußern sich nicht zur gegebenen Zeit, die Stimme bleibt kindlich; kurz, es kommt zu einem Fehlschlagen der Pubertät.« Und die schönen Glieder sind auch nicht mehr wert: »Einige Skrofulosekranke sind indessen die Ausnahme von der Regel (...), und ihre Geschlechtsorgane haben eine beachtliche Größe. Doch ist dies dann eine minderwertige Entwicklung, die bei weitem nicht mit einer kraftvollen Tätigkeit in Verbindung steht.«[31]

Die Entartung

Sündenböcke

Und wenn dieses Unglück ein weiterreichendes Elend bekanntmachte, einen Passivstand des Lebens, den Ärzte und Philanthropen vergeblich wettmachten? Betrachten Sie in den modernen, von den Fabriken verpesteten Städten die Männer, die Frauen, die Kinder, diese fahlen Gesichter, gebrochenen Rücken und krummen Beine. Das ist eine Brut, die die Grenzen der Familien überschreitet. Die wohlgenährte und gutgekleidete herrschende Klasse entgeht gewöhnlich den Rückschlägen des Körpers, doch sie erschaudert beim Anblick der Krankenhäuser, in die ihre monomanischen oder tabeskranken Angehörigen sich zurückziehen. Gott sei Dank verflüchtigen sich diese Schreckgespenster unter den von der Wissenschaft beigebrachten Enthüllungen: die Lebenskraft der Bourgeois ist ihren Ambitionen gewachsen. Die Entartung wütet anderswo, am Rande, in den Vorstädten, im Staub der Überreste.

Im 18. Jahrhundert sterben die Privilegierten, durch eine tausendjährige Vorherrschaft verbraucht, in der Unzucht aus; ihr Herz, ein Symbol von Tapferkeit, verweichlicht; ihr Blut, ein Überträger von Vollkommenheit, verarmt. Sie erschöpfen sich durch das Sperma, das sie verschwenden: »Man darf weder den Gebrauch mit dem Mißbrauch verwechseln noch die freimütige Kraft der Sinne bei den starkgebauten Männern, die eine kräftige Ernährung weiter anregte, mit den krankhaften Begierden und einer zügellosen Ausschweifung.«[32] Während sich die Aristokraten hinter ihre Eitelkeit verschanzen, bieten sie das deprimierendste Bild: in Spanien erlebt man, bei Ankündigung eines Granden, den Auftritt von einem Knirps; in Frankreich meinen, laut Moheau, gesunde Menschen, bei den Adligen unter den Siechen zu sein.[33] Der Marquis de Mirabeau, ein Edelmann alter Abstammung, bezeichnet sie in seinem *Ami des Hommes* (Menschenfreund) als Pygmäen, als vertrocknete und schlecht gehegte Gewächse. Schlechtgeborene, hätte er zum Spott hinzufügen können. Werden sie nicht bereits in der Wiege mit Zuvorkommenheiten, die sie verweichlichen, und Künsteleien, die ihren Elan brechen, umgeben: »Die übertriebenen Befürchtungen, die man bei den geringsten Unpäßlichkeiten einer kleinen Hoheit hat, lassen auf Arzneimittel und Vorkehrungen zurückgreifen, die sie oftmals töten; der Mangel an Freiheit und Bewegung, an Möglichkeit, frische Luft zu atmen und sich nach und nach an die Unbilden der Witterung zu gewöhnen, der Mißbrauch von Süßigkeiten, von Fleischsäften verderben ihre Leibesverfassung; heikle Vergnügen schwächen ihre Kräfte (...). Daraus entsteht oft jene unmerkliche Entartung der oberen Klassen der Gesellschaft, die, da sie zudem unstandesgemäße Heiraten vermeiden, ihre Stämme nicht genug kreuzen.«[34]

Eine ähnliche Unvorsichtigkeit hat die Juden in den Abgrund gestürzt, aus dem auch die rechtliche Gleichstellung sie nicht hat reißen können. Vom Anfang bis zum Ende des 19. Jahrhunderts trägt ihr Körper, gemäß Medizin und Anthropologie, Mißbildungen zur Schau. Das Fett, das er ansetzt, sein grober Wuchs und die Leiden, die ihn niederdrücken, sind nur die Stigmata eines verallgemeinerten biologischen Mangels: »Niemand bestreitet es, der israelitische Typus hat an Kraft und an Schönheit verloren (...). Daher sieht man stets mit Verwunderung, wenn in den gleichen Familien, in denen Gemeinheit und Häßlichkeit die Regel sind, hin und wieder jene Typen weiblicher Schönheit auftreten, die unvermeidlich an die Frauen der Bibel und die schönsten Schöpfungen der Gegenden des Orients erinnern.«[35]

Über das Volk verbreitet sich eine Legende. Verloren in

romantische Nebel schreiben Dichter der Milch der Arbeiterin oder dem einfachen Leben reinigende Eigenschaften zu. Sie stellen die Fruchtbarkeit der Proletarier der mittelmäßigen Zeugungskraft der Bourgeois gegenüber. Wissen sie nicht, daß die Vermehrung der Armen sich nach der der Kaninchen ausrichtet? Daß sie sich in schmutziger Weise vollzieht, weil sie weder den gesellschaftlichen Gesetzen noch den Prinzipien der Religion Rechnung trägt? Daß die Produkte dieser barbarischen Bevölkerungskreise schwächlich, asthenisch und zu einem vorzeitigen Tod verurteilt sind? Von der Geburt bis zum Alter von einem Jahr, so zeigt die Statistique de la France, belief sich, wenn die Sterblichkeit der ehelichen Kinder zur Bezugseinheit gemacht wird, die der unehelichen Kinder auf 1,90, das heißt auf fast das doppelte für ganz Frankreich während der Jahre 1857-1860[36]: »Es war uns verschiedenenorts möglich, die körperliche Gestalt von Findelkindern zu begutachten, und niemals konnten wir uns eines Gefühls von Traurigkeit erwehren, wenn wir diese oft mißgestalteten Körper, diese niedrigen Stirnen, diese kränklichen und düsteren, abstoßenden Mienen, wo nicht bei allen, so doch zumindest bei der sehr großen Mehrzahl dieser Unglücklichen, gesehen haben.«[37]

Da steht es den Sophisten frei, sich mit Worten abzugeben: »Man sieht (...) die Ziffer der durchschnittlichen Lebensdauer fast beständig sinken, wenn die Zahl der ehelichen Kinder steigt.«[38] Die blendende Klarheit der Tatsachen vereitelt Ausflüchte: »Die durchschnittliche Lebenserwartung der Franzosen, die von 31,8 Jahren zwischen 1817-1824 allmählich angestiegen war und im Jahre 1855 40 Jahre betrug, beginnt jetzt stark zu sinken. Nach der Bevölkerungsentwicklung der Jahre 1856-1858 beträgt unsere durchschnittliche Lebenserwartung nur noch 35,5 Jahre.« Nun aber hat die Demographie seit langem festgestellt, daß die Sterblichkeit im Kindesalter, die von schwerwiegenden Folgen auf die Ziffer der Lebensdauer ist, die unehelichen Kinder grausamer traf. Ihr Verhältnis steigt an: 1 zu 12,95 ehelichen Kindern in den Jahren 1817-1853; 1 zu 12,27 in den Jahren 1857 und 1858.[39]

Daß das Volk unter die Stufe des Menschen hinabsinkt und sich den Tieren annähert, von denen es die hervorstechendsten Züge, die Triebhaftigkeit und die Wildheit, annimmt, wer zweifelte daran? Soll man seine Natur oder die Wirkung der ungesunden Verhältnisse anklagen? »Um die Entartung des Volkes in den großen Städten zu erklären, hat man viel Nachdruck auf den

Einfluß des Syphilisvirus, auf die (...) Erbkrankheiten, auf den Mangel an Kreuzung der Familien und der Rassen gelegt; wenn jedoch die Wirksamkeit dieser Ursachen für unsere Verkümmerung auch nicht abgestritten werden kann, führt nicht ein ständiger Aufenthalt in einer vergifteten Luft das gleiche Ergebnis noch schneller herbei (...)? Werfen Sie andererseits einen Blick auf die Bewohner der Sumpfgebiete, und Sie werden bei ihnen die Blässe, das vorzeitige Altern, die Symptome von Skorbut, Skrofeln usw. wiederfinden, die Sie in den großen Bevölkerungszentren auf Schritt und Tritt feststellen.«[40]

Die Perversen

Wenn man jedoch den äußerlichen Faktoren anlastet, was man gegen 1850 in der Lamarckschen Tradition weiterhin die *Degenerierung* nennt, so rechtfertigt man Abd-El-Kader, die Juden[41] und das Volk, von dem Michelet im Jahre 1848 allen Ernstes erklärt, daß es die Speerspitze der Menschheit sei! Es ist besser, sich auf sichereres Gebiet zurückzuziehen. Im Jahre 1857 eröffnet Dr. Tardieu, indem er den Invertierten zu Leibe rückt, die Lehre von den Mißbildungen der Perversion. Diese Wissenschaft hat ihre Laufbahn nicht beendet. Im Jahre 1974 findet sie sich in einer medizinischen Doktorarbeit aus Nancy bei der Päderastie ein:

»Beobachtung Nr. 20. C... Michel (geboren 1946):

Er ist homosexuell, verkehrt aber mit Erwachsenen nur in Form der Prostitution in den Toiletten der öffentlichen Anlagen. In Wirklichkeit interessiert er sich nur für kleine Kinder und zögert nicht, Gewalt anzuwenden, um seine Zwecke zu erreichen; er läßt sich masturbieren, begeht den analen Koitus, muß sich jedoch schließlich selbst masturbieren, um zu ejakulieren (er besitzt übrigens eine dicke, glockenschwengelförmige Rute, wie sie für Masturbanten recht charakteristisch ist); er hat (...) immer größere Schwierigkeiten, zum Orgasmus zu gelangen.«[42]

Klippe: dem anatomischen Vorurteil nachzugeben, die Penisse erstarren zu lassen, die Arbeit der Zeit, die sie ihrer Zeugungsfunktion entzieht, zu verwischen: »Die mit der vorzeitigen Senilität schlecht entwickelter Menschen verbundene Rückbildung oder die mit Ernährungsstörungen verbundene vorzeitige Senilität können ähnliche Zustände sexueller Apathie hervorrufen, die unter Umständen mit Störungen der Ovulation und Azoospermie zusammenfallen. Bei allen Infektionen wird die sexuelle Potenz beeinträchtigt; Pellagra, Ergotismus, Alkoholismus, Morphinomanie usw. liefern zahlreiche Beispiele zu dieser Regel. Venturi macht mit Recht darauf aufmerksam, daß sich im Wahnsinn noch niemand im normalen Sinne des Wortes verliebt hat, daß ein Irrer seine Freilassung selten unter einem erotischen Vorwand fordert.«[43]

Die Perversion ist mit dieser Form des Schwachsinns nicht unvereinbar. Sie resultiert keineswegs, wie eine fälschlicherweise verbreitete Auffassung will, aus einer Überfülle der Begierde: »Venturi führt einen berühmten italienischen Philosophen an (...), der in aller Ruhe vor Personen, die ihn besuchten, masturbierte und sich dabei mit ihnen weiter unterhielt.«[44] Selbst in dem Fall, daß Empfindungen auftreten, liegt eine Auflösung des Instinkts vor, das heißt phylogenetische Regression, Verlust menschlicher Identität, paläokortikaler Hedonismus, *Entartung*, die im Jahre 1857 von Dr. Bénédict Auguste Morel als die absolute Stufe der Gehirnzersetzung und des sittlichen Verfalls bezeichnet wurde. Ein Glücksfall für die Gerichtsmediziner: »Jouy ist ein uneheliches Kind, und er ist von Geburt an verdorben worden. Die geistige Fehlentwicklung lief gleichzeitig mit der organischen Entartung einher (...). Da er keine guten Beispiele zur Nachahmung vor Augen hatte und niemanden, der ihm den Weg wies (...), fehlt ihm das, was man braucht, um die Neigung zum Bösen auszugleichen und siegreich den Tyranneien der Sinne zu widerstehen.«[45]

Reise ans Ende der Nacht

Sterben in Frankreich, in Europa die Völker nur an der Ausschweifung? Und die Spelunken, von denen es in Paris wimmelt? Die Haschischhöhlen? Sehen Sie sich die Schweden an, diese Kaufleute, diese Reisenden, die ihre Schiffe auf alle Meere sandten, die sich durch Gustav-Adolf und Christine auszeichneten, Linné und Berzelius hervorbrachten: sie sind dabei, sich zum Tierzustand zu erniedrigen. »Im Jahre 1785 fielen dem Provinzarzt von Oesthergothland, Dr. Hagström, bereits die verhängnisvollen Auswirkungen des Alkohols auf, und er wandte sich nachdrücklich an seine

Zeitgenossen, um sie über die Folgen eines Lasters aufzuklären, das nicht nur eine Beleidigung der Religion und der Moral war, sondern auch die Zukunft der Generationen gefährdete. Seit Dr. Hagström lassen sich Hunderte von Stimmen in gleichem Sinne vernehmen; indessen hat das Übel ein so beträchtliches Ausmaß angenommen, daß Dr. Magnus Huss sich nicht zu sagen scheut: ›Die Dinge sind heutzutage an einem Punkt angelangt, daß das schwedische Volk von unabsehbaren Übeln bedroht ist, wenn nicht energische Mittel gegen eine solch verhängnisvolle Gewohnheit angewendet werden.‹«[46]

Betrachten Sie unsere schwächlichen Bauern. Lesen Sie die Liste der Selbstmorde in den Zeitungen. Besuchen Sie die Spitäler: die Entartung breitet sich über das Abendland aus: »Während Irrenärzte diese Beobachtungen auf dem besonderen Gebiet ihrer Studien verfolgen, enthüllen uns die Männer, die sich nicht nur in Frankreich, sondern in Europa oder den Vereinigten Staaten mit der Sittenstatistik der Kriminalität befassen, Tatsachen, die leider unsere eigenen Voraussagen bestätigen.«[47] Wenn Morel allgemeine Paralytiker, Epileptiker und Hysteriker mit Schwachsinnigen, Alkoholikern, Morphinisten, Dörflern, die von Mais und Roggen vergiftet, Arbeitern, die von Kupferausdünstungen verseucht sind, vergleicht, gewinnt er die Überzeugung, daß eine geheime Verwandtschaft diese Wracks verbindet, die in Pathognomik und Beruf einander fernstehen. Die gleiche Beeinträchtigung der adaptiven Funktionen; der gleiche Ausgang: Ausfall des Fortpflanzungsinstinkts durch sexuelle Impotenz oder Sterilität. Wie ist die ausgezeichnete klinisch-anatomische Methode getrübt, die über fünfzig Jahre vorherrschend war und die die Symptome auf gebührend differenzierte und lokalisierte Verletzungen der Organe zurückführt![48] Man sollte meinen, daß die Mediziner von 1800 die in der Gesellschaft ausgerotteten Privilegien in der Intimität der Körper wiederhergestellt hatten!

Worum geht es? Wir besitzen im Nervensystem eine hervorragende Streitmacht. Gerät sie ins Stocken oder eckt sie an unüberwindlichen Hindernissen an, nimmt sie bis zur Erschöpfung ihrer Reserven und zum Zapfenstreich ab. Überprüfung des Zusammenwirkens von Angeborenem und Erworbenem bei der Organtätigkeit: die Entartung braut sich im Herd des Lebens zusammen, wobei sie sich der vorzüglichen Empfindlichkeit des Gehirns bedient. Aber sie tritt nur unter den Einwirkungen der äußeren Umgebung ein: moderiger Boden, ethnische Giftmittel (Tabak, Alkohol, Opium), übertriebene Arbeitsteilung.

Einmal in Gang geraten, verschlingt das Übel seine Beute. Nichts kann es mehr eindämmen. Bald tritt in uns das Tier an die Stelle des Bürgers. Manchmal scheint als zusätzliche Niedertracht die Maschine intakt, während die Seele verdorben ist: »Dominique R. ist seit mehreren Jahren in der Irrenanstalt. Seine Körperverfassung ist gut. Ich habe ihn niemals bettlägerig erlebt. Sein Gesicht kann nur mit dem eines Affen verglichen werden. Es hat dessen fratzenhaften Ausdruck und die ganze Beweglichkeit.«[49]

Frage: Sind die Unsrigen in Sicherheit, ich meine damit die, die durch ihre Stellung und ihr Vermögen stolz die Farben der Art zur Schau tragen, die siegreichen Bourgeois von 1789, Austerlitz und 1830?

Antwort: »Die Tochter dieser verrückten Mutter war von einem lebhaften Wesen und hat durch ihre Schönheit und die Originalität ihres Geistes einen hervorragenden Rang in der Pariser Gesellschaft innegehabt (...). Diese Frau, die sieben Kinder besaß, hatte sich in keiner Weise jemals um ihre Erziehung gekümmert. Die weltlichen Vergnügungen und die Kleidung waren ihre einzige Beschäftigung geworden, sieht man davon ab, daß sie die Gewohnheit hatte, höhere Ausgaben für unnütze oder eitle Dinge zu machen, und daß sie durch Exzentrizitäten auffiel, für die sie hätte entmündigt werden sollen. Ihre Hauptbeschäftigung bestand darin, Kunstraritätenhändler aufzusuchen, bei denen sie Schmuck und chinesische Nippsachen kaufte, die um so mehr ihre Vorliebe erweckten, je häßlicher diese Gegenstände waren. Der allzu entgegenkommende Ehemann war dann gezwungen, bei den Händlern die Rechnungen zu begleichen, um nicht eine Frau zu verärgern, die stets bereit war, skandalöse Szenen zu machen und das Familienoberhaupt vor seinen Kindern und vor Fremden ungerechtfertigt anzuklagen.«[50]

Plural

Sollten wir besiegt werden, ohne zu reagieren?

Die von Dr. Morel verhöhnte Art ist nur eine Abstraktion. Das Wahre tritt in Narbonne, in Limoges, in Valenciennes aus den kleinen Eigentümlichkeiten hervor, die uns unsere Rasse eingibt: »Wenn man an die Bedeutung denkt, die manche aristokratische Familien der Gestaltung der Nase und der Füße bei ihren Ahnen und ihren Nachkommen beimaßen; wenn man diese in die gemeine Sprache eingegangenen Ausdrücke (...), wie die der *rassigen Nase,* der *Plattfüße*, vergleicht, so sieht man darin nicht nur ein kindisches und dummes Vorurteil.«[51] Wie es die Arbeiten der französischen Militärmedizin im Zweiten Kaiserreich mit ihrem unermüdlichen anthropologischen Eifer bezeugen.[52]

Zwischen den in autonome Untergruppen aufgeteilten Menschen gibt es unerbittliche Ungleichheiten. Die südafrikanischen Buschmänner entsprechen nach Bory de Saint-Vincent nicht unserer Definition: bestenfalls verbinden sie die Gattung *Homo* mit den Gattungen *Orang* und *Gibbon*. Vielleicht auch mit der Gattung *Makak*.

Und unsere Kropfleidenden aus den Alpengegenden? Unsere Halunken, unsere Prasser? Übertreffen sie die Äthiopier, von denen Virey berichtet, daß sie eine Schnauze anstelle des Gesichts haben?[53] Heben sich die von Humboldt sorgfältig beschriebenen Barbaren, die sich in den Tropen am Schlamm ergötzen und gierig das Blut ihrer Feinde trinken, stark von den Bewohnern unserer Hütten ab? »Zwischen dem geistigen Zustand des Buschmanns und dem des am höchsten zivilisierten Europäers besteht ein weit geringerer Unterschied als zwischen dem geistigen Zustand desselben Europäers und dem jenes entarteten Wesens, dessen geistiger Stillstand auf eine angeborene oder erworbene Gehirnatrophie oder auf diese oder jene andere Ursache zurückgeht, die einen krankhaften Zustand herbeiführt, den wir als Schwachsinn, Idiotie oder Wahnsinn bezeichnen.«[54]

Den Freidenkern, die die Rassentrennung predigen, halten die Mediziner die Gefahren der Endogamie vor. Und daß man sich hier nicht täusche, die Bourgeois sind deren Opfer. Sie zeugen heruntergekommene Wesen ohne Berufung, die sich dem Müßiggang hingeben und der allgemeinen Empörung ausgesetzt sind: »Jene sind es, die den materiellen Ruin von Familien herbeiführen, deren Wohlstand sich dank der Fähigkeit der Vorfahren aufgebaut hatte.«[55] Die göttliche Vorsehung vereinigt sich in einem Hirtenbrief von M. de Viviers mit der Natur, um diese Verschwendung zu mißbilligen: »Sagt den Eltern, daß die Religion diese Ehen nicht gutheißt, daß sie selten den Segen des Himmels erhalten (...). Sagt ihnen, daß Gott in seinem Zorn Winde auf diese reichen Erbschaften blasen wird, die man den nachkommenden Generationen auf Wegen übermitteln will, die die Weisheit verwirft.«[56]

Die Taugenichtse, die ihren Stamm ausplündern und in Verruf bringen, mögen noch angehen. Doch die sechsfingrigen Hände, die Hasenscharten, die Zurückgebliebenen, die man vor den Nachbarn versteckt? Da Sie über die jüdischen Makel auf dem laufenden sind, wissen Sie, wohin die Verblendung einer identitätstrunkenen Bevölkerung, die vom Räderwerk der blutsverwandten Ehen erfaßt ist, führt: zur Rassenintegrität. Was heißen will: zum Tod. »Die Zeit (...) und vor allen Dingen die Fortpflanzungsbedingungen der anderen verfluchten Rassen Frankreichs haben sie verschwinden lassen. So gibt es keine Oiseliers und keine Marranen mehr, Rassen, die durch die Abneigung, die sie hervorriefen, denen der Cagots ähnlich, aber unendlich weniger bedeutend waren.«[57] Unter der Restauration konnten Sie noch Collibert s überraschen, die im Poitou schmutzig, struppig und scheu ihre Tage im Boot auf fauligen Sümpfen zubrachten, abwechselnd völlig abgestumpft oder auf der Suche nach Fisch, ausgeworfene Tiere, die aus ihrer Dumpfheit nur heraustraten, um sich ihre kümmerliche Kost zu sichern.[58]

Singular

Die Mißerfolge der Blutsverwandtschaft rechtfertigen die Mischungen nicht, die Geschichte, Geographie und der gesunde Menschenverstand ablehnen. In Malakka, einer Ansammlung von Engländern, Holländern, Chinesen, Malaien und Portugiesen, haben sich letztere, die Nachkommen der Gefährten Albuquerques und Vasco da Gamas, im Laufe der Jahrhunderte mit den Eingeborenen vermischt: »Man könnte sie mit den Malaien reiner Herkunft nicht verwechseln; sie haben im Blick und in der Haltung nicht die wilde Kraft dieser Menschen. Man sollte eher meinen, sie hätten den sie auszeichnenden Charakter den äthiopischen Stämmen entlehnt; ihre Züge haben etwas Tierisches; in einem Wort, sie tragen auf ihrer engen und schmierigen Stirn das Zeichen eines sittlichen Falls. Diese armen Leute haben keine Vorstellung von ihren glorreichen Vorfahren. Die Überlieferung, die tröstende Erinnerung gefallener Rassen, ist im Gedächtnis des Volkes ausgelöscht. Die meisten tragen berühmte Namen und wissen nicht, wer ihre Väter waren und welcher Lichtstrahl der Vergangenheit ihre Finsternis durchdringt.«[59]

Sie reichen mir Ihre Cagots; ich gebe Ihnen meine Niederbretonen und meine Basken wieder: niemals haben diese beiden Völker mit Fremden Ehen geschlossen, und dennoch haben weder die ersteren etwas von ihrer Körperstärke noch die letzteren von ihrem schlanken Wuchs, ihrer Eleganz, ihrer lianenhaften Geschmeidigkeit, ihren kraftvollen Gliedmaßen verloren. Sie wollten außerdem, »ohne zu dulden, daß man sie im geringsten antastet, ihre Bräuche, ihre Sprachen, ihre Verrichtungen und ihre Sitten (...)« bewahren, »die sie, obwohl sie sich immer nur untereinander verbinden, gesund und stark erhalten, und vielleicht könnten aufmerksame Menschen in ihren Reihen noch irgendein getreues Abbild jener rauhen Gefährten Du Guesclins oder jener verwegenen Seefahrer entdecken, die als erste wagten, den Meeren des Nordens Trotz zu bieten, um dort auf Walfang zu gehen«.[60]

Die Adligen sind über fünfhundert Jahre hinweg nicht denaturiert. Das aristokratische Altern ist neu und auf die Abnutzung und die Lust, das Gegengift der Verzweiflung, zurückzuführen. Wenn man Ihnen abrät, Cousinen zu heiraten, hält man Sie nicht dazu an, von zu Hause fortzugehen, Ihr Volk und Ihre soziale Gruppe zu verlassen. Einige Wegstunden, und Sie werden in Freuden gebären: »Die Verbindungen zwischen Familien ein und derselben Rasse, wenn (diese) zahlreich genug ist, damit die Verbindungen nicht in blutsverwandte Ehen ausarten, und vor allem, wenn die verschiedenen Teile der Rasse eine gewisse Landfläche bewohnen, entfernt voneinander leben und weder die gleiche Lebensweise noch die gleiche Lebensordnung haben; diese Verbindungen können beim Menschen wie beim Tier den Typus der Rasse nur bewahren.«[61] Ein Dorf, eine Stadt, eine Provinz, um so mehr ein Staat, bieten Möglichkeiten der Auffrischung; gewisse gesundheitliche Vorkehrungen vorausgesetzt, kann die Demographie daraus nur gestärkt hervorgehen.

Alsdann, genug der Hirngespinste! Michelet, der empfiehlt, sich der schwarzen Frau zu opfern und überschwengliche Hochzeiten an der Sklavenküste zu feiern, hat gefährliche Nacheiferer, nämlich die philanthropischen Rentiers, die um die Hand einfacher Arbeiterinnen anhalten, und die aus Eigennutz handelnden Väter, die ihre Töchter an jüdische Händler verkaufen. In Konstantinopel entstand zur Zeit des spätrömischen Reiches, als sich fünfundzwanzig Völker aufs Geratewohl vermischt hatten, eine so perverse Generation, »daß die Hauptstadt der christlichen Welt zum Ort der schwärzesten Verbrechen und der abscheulichsten Missetaten wurde. Die Herrscher waren dort Ungeheuer und ihre Untertanen auch.«[62] Dem, der noch an der Unvereinbarkeit verschiedenen Blutes zweifeln sollte, rate ich einen Umweg über das Zuchthaus von Toulon: »Ich werde den zwingenden Blick dieses Arabers, seinen Augapfel, der nach außen drängte, und diese flammende Pupille immer im Gedächtnis behalten. Eine Tatsache, die uns auch während seines heftigen Anfalls aufgefallen ist (...), ist der Geruch, den dieser Mann um sich verbreitete. Diese Ausdünstung erinnerte an ein Raubtier und seine Höhle.«[63]

Die Wissenschaft hat das Schlußwort. Die Stufenleiter der geistigen Fähigkeiten wiederholt die der Lebewesen: »Wenn man«, so bemerkt Victor Courtet de l'Isle, »bei der physiologischen Betrachtung der verschiedenen Rassen über fast unmerkliche Stufen vom schönsten und am besten gebauten Menschen zu dem, dessen Körpergestalt der des rohen Tieres am nächsten steht, übergehen kann; wenn diese Abfolge selbstverständlich nur auf ursprüngliche und spezifische Unterschiede des Baus gegründet ist, darf man dann annehmen, daß es eine gleichlaufende Abstufung im Intelligenzgrad gibt, mit dem jede Rasse begabt ist?«[64]

Aus diesen Prämissen zieht Courtet de l'Isle nicht die Konsequenzen. Dem Geist des Jahrhunderts treu, fügt er sich in die Gemeinheiten des Rassengemischs und die Austauschbarkeit der Stände: »Die Privilegien gehören unterschiedslos den starken Menschen und den Menschen ohne Befähigung. (...) Der Egoismus und die Dummheit bevölkern die Paläste; das Genie ist dem Elend preisgegeben.«[65]

Noch ist nicht alles besiegelt. Im Abendland schäumen sittliche Erneurer vor Ungeduld über, eine prächtige Rasse, deren Heldenleben von Indien bis zum Atlantik Gobineau erzählt, eine bebende Koalition von Kriegern, Künstlern und Herren.[66]

Unser besonderer Reichtum besteht in einer ursprünglichen Vielheit, aus der Soldaten, Hirten und Anführer ihre Kraft schöpfen. Wir haben unsere blonden Kimbern, unsere dunkelhaarigen Kelten, unsere dunkelhaarigen und blonden Kimberkelten.[67] Die Schüler Brocas stecken das Vaterland mit Stämmen ab: »Diese bewundernswerte Rasse (...), welcher man, ohne ein großer Prophet zu sein, ein großartiges Schicksal voraussagen kann, verdankt ihre Vorzüge gleichermaßen der Verschmelzung verschiedener Völker wie auch der Freundlichkeit seines Himmels und der Beschaffenheit seines Bodens (...). So kann man sagen, und jeder Reisende, der mit dem geringsten Beobachtungsvermögen begabt ist, stellt es fest, daß der alte Kelte, der Ligurier, der Berber, der Kimmerier und der Römer noch Vertreter unter uns haben.«[68]

Kehren wir also zu unserem eigentlichen Wesen zurück. Die mit Manufakturen und Profiten vollgestopfte Gesellschaft des Zweiten Kaiserreichs begehrt das Land, dessen Raum sie, so weit das Auge reicht, auf ihren Eisenbahnausflügen entdeckt. Es drängt sie, den Adel an der Wurzel seines Stolzes, auf der Bühne seines Machtantritts, auszustechen. Der Zusammenbruch von 1870 nährt diesen Wunsch nach Verankerung. Im Jahre 1793 machten die Plebejer den Horizont des Heils in Paris fest; jetzt verknüpfen sie ihre Hoffnungen mit dem leidvollen Elsaß-Lothringen. Das koloniale Unternehmen stillt oberflächlich ihren Heißhunger nach Ehre. Doch was nützt es, zehntausend Kilometer entfernt die sklavischen Rassen zu unterdrücken, wenn man sich im eigenen Dorf vor ihnen schützen muß? Gegen die verdienstvollen Menschen, die seit einem Jahrhundert darauf versessen sind, das Ansehen zu gewinnen, das weder die Regierung noch das Vermögen verschaffen, bleibt das Schicksal unnachgiebig. Chronisch an Symbolmangel leidend, werden sie nun auf die Läuterung verwiesen. Ein gemeinsamer Beschluß, den Zola von *Docteur Pascal* bis *Fecondité* (Fruchtbarkeit) übernimmt, lädt sie ein, schöne Kinder zu machen. Die Eugenik überragt die kleinlichen Reibereien; seit der Restauration zeugt sie von der Vorsorge der Kaufleute: »... die Rassen der Menschen wie die der Tiere kreuzen, keine ehelichen Bünde oder Verbindungen in den gleichen Ländern schließen, in entfernten Ländern oder in der

Nachbarschaft (...) Ehemänner und Ehefrauen suchen, wie es der Bauer tut, der anderswo (...) den Samen nimmt, der sein Feld fruchtbar werden läßt, dies sind die nützlichsten Mittel, um die Art zu verbessern (...) und den Keim der Erbkrankheiten zu zerstören oder zumindest zu schwächen.«[69]

Da man sie nicht wegen ihrer selbst anerkennt, benutzen die Bourgeois das Ventil des Hasses und begeben sich auf die Jagd nach modernen Hexen: die Schänder der Nation. Im Jahre 1885 enthauptet man vor dem La Rocquette-Gefängnis einen unbedeutenden Journalisten, den Enkel eines Bauern und Mörder einer reichen Armenierin. Im Jahre 1830 hatte Sorel auf eine Dame der Provinz geschossen, aus Liebe; Racadot tötet die Fremde, die der Spiegel seiner Entwurzelung ist. Der alte Adel bewahrte noch im Abgrund die Gewißheit einer Zugehörigkeit. Ende des 19. Jahrhunderts träumt der enttäuschte Bürgerstand von Verbrüderung. In einer Parodie der aristokratischen Solidarität der *Pléiades*[70] verbindet er die Seinen mit dem Boden zu einer zeitlosen Gemeinschaft. Der letzte Affront: man gönnt ihm nicht seine Lust. In Lothringen, wo jeder Stein eine Geschichte erzählt, schaut sich François Sturel, ein Mitschüler Racadots, der in seine Heimat zurückkehrte, eines Tages Juden an, die in diesem Winter angekommen waren und das gegenüberliegende Haus bewohnten: sie begleiteten Besucher hinaus. Es war vielleicht das zehnte Mal an diesem Morgen, und immer waren es Menschen, die Sturel nicht kannte. Ohne Feindseligkeit verspürt er, als er sie betrachtet, eine gewisse Melancholie. »Wie soll man zu denen eine Bindung haben? Obwohl sie weniger gebildet waren als diese Nomaden, weniger oft die Zeitung lasen, weniger über Paris unterrichtet waren, hatten die Bourgeois von Neufchâteau, die von ihren Horden überschwemmt zu werden drohen, eine Art, das Leben zu empfinden, das Malerische zu genießen, sich zu empören und sich gerührt zu fühlen, die bewirkte, daß ich mich mit ihnen verstand und dadurch gewann. Wir hatten (...) eine gemeinsame Tradition, sie hatte uns ein gleiches Bewußtsein gegeben.«[71]

Anmerkungen

Vorrede

1. Balzac, *César Birotteau,* in: *La Comédie humaine,* Paris, Gallimard, Bibl. de la Pléiade (1948), Bd. 5, S. 364. (Siehe auch: Balzac, *Die Menschliche Komödie,* Bd. 6, München, 1971, übersetzt u. herausgegeben v. Ernst Sander, S. 464 f.).
2. Massillon, *Petit Carême, Sermon sur les Écueils de la Piété des Grands.*
3. Moheau, *Recherches et considérations sur la population de la France,* Paris, Moutard, 1778, 1.2, Kap. VI, S. 98. Cf. Emmanuel Le Roy Ladurie, *Le Territoire de l'historien,* Paris, Gallimard, 1973, troisième partie.
4. Jean-Pierre Peter, *Bulletin de la Société d'histoire moderne,* 1970.
5. Flaubert, *Bouvard et Pécuchet,* in *Œuvres,* Paris, Gallimard, Bibl. de la Pléiade, Bd. 2, S. 879. (Siehe auch: Flaubert, *Bouvard und Pécuchet,* Frankfurt, 1979, übersetzt von Georg Goyert, S. 253).
6. Alexis de Tocqueville, *L'Ancien Régime et la Révolution,* Paris, Gallimard, S. 110. (Siehe auch: Tocqueville, *Der alte Staat und die Revolution,* München, 1978, übersetzt von Theodor Oelckers und Rüdiger Volhard, S. 51).
7. Alexis de Tocqueville, *op. cit.,* S. 159-160. (Siehe auch: Tocqueville, loc. cit., S. 105).
8. Cf. Jean-Paul Aron, *Le Mangeur du XIXe Siècle,* Paris, R. Laffont, 1973.
9. Dr. Ch. Mauriac, Art. *Onanisme,* in *Dictionnaire de médecine et de chirurgie pratiques,* Paris, J.-B. Baillière, 1877, Bd. 24, S. 496.
10. F. Carlier, *Les Deux Prostitutions,* Paris, Dentu, 1887, S. 288.

Über die Empörung

1. *Ordonnance pour la police de la rivière par rapport à la santé,* Paris, 22. Aug. 1703. Cf. N. Delamare, *Traité de police,* Paris, 1722-1738, 4 Bde, Bd. 1, S. 590-591.
2. Jean-Paul Desaive, *Le nu hurluberlu,* in *Ethnologie française,* Bd. 6, 1976, S. 19.
3. *Ordonnance touchant les bains,* vom 12. Mai 1727 (Bibliothèque Nationale, V 9920).
4. P. Cuisin, *Les Bains de Paris et des principales villes des quatres parties du monde,* Paris, Verdrière, 1822, Bd. 1, S. 83 und 88-89.
5. *Gazette des Tribunaux,* 9. November 1828.
6. Dr. Eugène de Salles, *Médecine légale,* in *Encyclopédie des sciences médicales,* Paris, rue Servandoni, 1835, Bd. 9, S. 224.

7. Dr. Cox-Algit, *Anthropophilie ou étude sur la prostitution masculine à notre époque*, Nantes, Morel, 1881, S. 8.
8. Handschriftliche Quelle: A. D. Vendée, 2 U 108.
9. *Gazette des Tribunaux*, 19. November 1835.
10. *Gazette des Tribunaux*, 15. Mai 1836.
11. *Gazette des Tribunaux*, 23. Oktober 1836.
12. *Gazette des Tribunaux*, 26. November 1836.
13. *Mémoires et voyages ou lettres écrites à diverses époques, pendant des courses en Suisse, en Calabre, en Angleterre et en Écosse* von M. de Custine, Paris, A. Vezard, 1830, Bd. 2, S. 88-89.
14. *Gazette des Tribunaux*, 2. Februar 1838.
15. Dr. Fournier-Pescay, Art. *Sodomie*, in *Dictionnaire des sciences médicales*, Paris, Panckoucke, 1821, Bd. 51, S. 447.
16. *Gazette des Tribunaux*, 31. Juli 1829.
17. Dr. Reydellet, Art. *Pédérastie*, in *Dictionnaire des sciences médicales*, *op. cit.*, 1819, Bd. 40, S. 38.
18. Dr. J.-J. Matignon, *Superstition, crime et misère en Chine*, Lyon, Stock, 1899, S. 272-273.
19. Dr. Cox-Algit, *op. cit.*, S. 5.
20. Dr. J.-J. Matignon, *op. cit.*, S. 271-272.
21. Saint-Just, *Rede* vom 13. November 1792, im Nationalkonvent.
22. Dr. Paul Moreau de Tours, *Des aberrations du sens génésique*, Paris, Asselin et Houzeau (1881), 4. Auflage, 1887, S. 14.
23. *Le Droit*, 22. November 1845.
24. Frédéric Soulié, *Les Mémoires du Diable* (1837), Paris, Impr. de Le Clerc, 1876, S. 624.
25. Flaubert, *Madame Bovary*, in *Œuvres*, Paris, Gallimard, Bibl. de la Pléiade, Bd. 1, S. 417. (Siehe auch: Flaubert, *Madame Bovary*, übersetzt von Ernst Sander, München, 1974, S. 165).
26. Dr. J.-J. Matignon, *op. cit.*, S. 260-261.
27. Ibid.
28. Zola, *Pot-Bouille*, in *Les Rougon-Macquart*, Paris, Gallimard, Bibl. de la Pléiade, Bd. 3, S. 95-96. (Siehe auch: Zola, *Ein feines Haus*, übersetzt von Gerhard Krüger, Gütersloh, 1976, S. 149).
29. *Gazette des Tribunaux*, 24. Dezember 1829.
30. Dr. Paul Moreau de Tours, *op. cit.*, S. 168-169.
31. *Gazette des Tribunaux*, 2. Juni 1828.
32. *Gazette des Tribunaux*, 11. September 1829.
33. *Gazette des Tribunaux*, 11. April 1829.
34. *Gazette des Tribunaux*, 2. Oktober 1828.
35. *Gazette des Tribunaux*, 20. September 1828.
36. *Gazette des Tribunaux*, 14. Mai 1829.
37. Dr. Reydellet, Art. *Pédérastie*, *op. cit.*, S. 37.
38. Dr. Brierre de Boismont, *Attentat aux mœurs*, in *Annales médico-*

psychologiques, März 1843, Angers, Impr. de Cosnier et de Lachèse, 1858, S. 2-10.
39. Stendhal, *Le Rouge et le Noir,* in *Romans,* Paris, Gallimard, Bibl. de la Pléiade, Bd. 2, S. 674-675. (Siehe auch: Stendhal, *Rot und Schwarz,* übersetzt von Otto Flake, München, 1976, S. 566 f.).

Canum more

1. Ambroise Tardieu, *Étude médico-légale sur les attentats aux mœurs,* Paris, J.-B. Baillière, 1857.
2. Cf. *Dictionnaire des sciences médicales,* Paris, Panckoucke, 1819, Bd. 40 und 51.
3. François Carlier, *Les Deux Prostitutions,* Paris, Dentu, 1882, S. 445.
4. *Les Tribunaux,* 8. März 1857, S. 74.
5. Friedländer, *De l'éducation physique de l'homme,* Paris, Treutel et Würtz, 1815, S. 407.
6. Dr. Reydellet, Art. *Pédérastie,* in *Dictionnaire des sciences médicales, op. cit.,* Bd. 40, S. 44.
7. Dr. Fournier-Pescay, Art. *Sodomie,* in *Dictionnaire des sciences médicales, op. cit.,* Bd. 51, S. 447-448.
8. D. H., *Maisons centrales de force et de correction,* in *Gazette des Tribunaux,* 23. März 1836.
9. Ambroise Tardieu, *op. cit.,* S. 114.
10. Ambroise Tardieu, *op. cit.,* S. 118.
11. Ambroise Tardieu, *op. cit.,* S. 119.
12. Dr. P. Garnier, *Anomalies sexuelles,* Paris, Garnier, 1889, S. 516-520.
13. Dr. P. Garnier, *op. cit.,* S. 89 ff.
14. Ambroise Tardieu, *op. cit.,* S. 131.
15. Canler, *Mémoires* (1862), Paris, Mercure de France, 1968, S. 319-320.
16. Ambroise Tardieu, *op. cit.,* S. 153.
17. François Carlier, *op. cit.,* S. 276.
18. François Carlier, *op. cit.,* S. 445-450.
19. Ambroise Tardieu, *op. cit.,* S. 127.
20. Ambroise Tardieu, *op. cit.,* S. 126.
21. Villermé, Art. *Prison,* in *Dictionnaire des Sciences médicales, op. cit.,* 1820, Bd. 45, S. 221.
22. Parent-Duchatelet, *La Prostitution dans la ville de Paris,* Paris, J.-B. Baillière, 1836, Bd. 1, S. 134-135.
23. Parent-Duchatelet, *op. cit.,* Bd. 1, S. 193-195.
24. *Mémoire sur la prostitution publique,* von Dr. J. Jeannel, Paris, G. Germer-Baillière, 1862, S. 47.
25. Dr. J. Jeannel, *op. cit.,* S. 152.
26. *L'Onanisme, dissertation sur les maladies produites par la masturba-*

tion, von M. Tissot, Doktor der Medizin, 3. Aufl., Paris, Didot le jeune, 1765, Vorwort.
27. Ambroise Tardieu, *op. cit.,* S. 123.
28. Etienne Geoffroy Saint-Hilaire, Art. *Monstre,* in *Dictionnaire classique d'histoire naturelle,* Paris, Rey und Gravier, Bd. XI, 1827, S. 150-151.
29. Dr. P. Garnier, *op. cit.,* S. 487.
30. Dr. P. Garnier, *op. cit.,* S. 488-489.
31. Cf. René Schérer, *Émile perverti,* Paris, R. Laffont, 1974, S. 21 ff.
32. *L'Onanisme, op. cit.,* S. 119-120.
33. *L'Onanisme, op. cit.,* S. 34.
34. Serrurier, Art. *Pollution,* in *Dictionnaire des sciences médicales, op. cit.,* 1820, Bd. 44, S. 115-116.
35. Serrurier, *op. cit.,* S. 114.
36. Dr. Léopold Deslandes, *De l'onanisme et des autres abus vénériens,* Paris, Lelarge, 1825, S. 280.
37. Parent-Duchatelet, *op. cit.,* Bd. 1, S. 188-189.
38. *Gazette des Tribunaux,* 21. August 1836.
39. Dr. P. Garnier, *op. cit.,* S. 520.
40. F. Carlier, *op. cit.,* S. 286.
41. Canler, *op. cit.,* S. 316-317.
42. Ambroise Tardieu, *op. cit.,* S. 128.
43. Ambroise Tardieu, *op. cit.,* S. 147.
44. Ambroise Tardieu, *op. cit.,* S. 152.
45. Ambroise Tardieu, *op. cit.,* S. 151.
46. Ambroise Tardieu, *op. cit.,* S. 156-157.
47. Ambroise Tardieu, *op. cit.,* S. 151.
48. Ambroise Tardieu, *op. cit.,* S. 156.
49. Ambroise Tardieu, *op. cit.,* S. 150.
50. Ambroise Tardieu, *op. cit.,* S. 147.
51. Ambroise Tardieu, *op. cit.,* S. 156-157.
52. Cf. Jouvaux, *Recherches sur la distribution géographique des pieds plats en France,* in *Recueil de mémoires de médecine, de pharmacie et de chirurgie militaires,* 3. Serie, 1863, Bd. X, S. 260; Lonial, *Essai sur l'épilepsie,* Paris, 1854; Chauffard, *Considérations touchant l'influence des races sur le résultat des opérations chirurgicales,* in *Gazette hebdomadaire de médecine et de chirurgie,* 30. Oktober 1865, S. 713-721; G. Lagneau, *Quelques remarques ethnologiques sur la répartition géographique de certaines infirmités en France,* Paris, J.-B. Baillière et fils, 1871.
53. Dr. Reydellet, Art. *Pédérastie,* in *Dictionnaire des sciences médicales, op. cit.,* Bd. 40, S. 45.
54. Ambroise Tardieu, *op. cit.,* S. 139-140.
55. Ambroise Tardieu, *op. cit.,* S. 136-137.
56. Ambroise Tardieu, *op. cit.,* S. 150-151.
57. Ambroise Tardieu, *op. cit.,* S. 154-155.

58. Dr. Louis Pénard, *De l'intervention du médecin légiste dans les questions d'attentats aux mœurs*, Paris, J.-B. Baillière et fils, 1860, S. 106-107.
59. Canler, *op. cit.*, S. 320.
60. Dr. P. Garnier, *op. cit.*, S. 515-516.
61. Dr. P. Garnier, *op. cit.*, S. 495.
62. Moreau-Christophe, *Le Monde des coquins*, Paris, Dantu, 1863, Bd. 1, S. 203-204.
63. François Carlier, *op. cit.*, S. 286-287.
64. Dr. P. Garnier, *op. cit.*, S. 5-7.
65. Ambroise Tardieu, *op. cit.*, S. 150.
66. Ambroise Tardieu, *op. cit.*, S. 151.
67. Ambroise Tardieu, *op. cit.*, S. 152.
68. Ambroise Tardieu, *op. cit.*, S. 162.
69. Ibid.
70. Dr. Louis Pénard, *op. cit.*, S. 99.
71. François Carlier, *op. cit.*, S. 280-282.
72. Dr. P. Garnier, *op. cit.*, S. 365.
73. Handschriftliche Quelle: A. D. Gers, 2 U 212.
74. Dr. Reydellet, Art. *Pédérastie*, in *Dictionnaire des sciences médicales*, *op. cit.*, Bd. 40, S. 44.
75. Handschriftliche Quelle: A. D. Gers, 2 U 212.
76. Cf. Guy Hocquenghem, *Le désir homosexuel*, Paris, Edition universitaires, 1972, S. 12. (dt.: Hocquenghem, *Das homosexuelle Verlangen*, München, 1974, übersetzt von Burkhart Kroeber, S. 10).
77. *Le Droit*, 16. Juni 1838.
78. François Carlier, *op. cit.*, S. 285.
79. Dr. P. Garnier, *op. cit.*, S. 502.
80. François Carlier, *op. cit.*, S. 283.
81. François Carlier, *op. cit.*, S. 387.
82. Dr. P. Garnier, *op. cit.*, S. 6-7.
83. Ambroise Tardieu, *op. cit.*, S. 125-126.

Darüber schreiben

1. Balzac, *Louis Lambert*, in *La Comédie humaine*, Paris, Gallimard, Bibl. de la Pléiade (1948), Bd. 10, S. 378. (Siehe auch: Balzac, *Die Menschliche Komödie in 12 Bänden*, übersetzt und hg. von Ernst Sander, München, 1972, Bd. 12, S. 501).
2. Balzac, *La maison Nucingen*, in *La comédie humaine*, *op. cit.*, Bd. 5, S. 607-608. (Siehe auch: Balzac, *Die Menschliche Komödie in 12 Bänden*, üb. u. hg. von Ernst Sander, München, 1971, Bd. 6, S. 792 f.).
3. Balzac, *Illusions perdues*, zitiert von Roger Kempf, *Sur le corps romanesque*, Paris, Seuil, 1968, S. 139. (Siehe auch: Balzac, *Die Menschliche*

Komödie in 12 Bänden, üb. u. hg. von Ernst Sander, München, 1971, Bd. 5, S. 1061).

4. Cf. Roger Kempf, *op. cit.,* S. 138-139.

5. Balzac, *Splendeurs et Misères des courtisanes,* in *La Comédie humaine, op. cit.,* Bd. 5, S. 1055. (Siehe auch: Balzac, *op. cit.,* Bd. 7, München 1971, S. 324 f.).

6. Proudhon, *De la justice* (Kap. Amour et mariage), zitiert von Jean Borie, *Le Célibataire français,* Paris, Ed. Le Sagittaire, 1976, S. 119-120.

7. Cf. Jean Borie, *op. cit.,* S. 120-121.

8. Edmond et Jules de Goncourt, *Journal, Mémoires de la vie littéraire,* Paris, Fasquelle-Flammarion, 1956, Bd. 1, S. 433 (3. Januar 1858).

9. Edmond et Jules de Goncourt, *op. cit.,* Bd. 3, S. 453 (12. Mai 1858). (Siehe auch: Goncourt, Jules et Edmond, *Das Tagebuch der Brüder Goncourt* [Auswahl], üb. von Hermann Uhde-Bernays, München 1947, S. 287).

10. Flaubert, Brief an Louis Bouillet, 15. Januar 1850, in *Correspondance,* Paris, Gallimard, Bibl. de la Pléiade, Bd. 1, S. 572.

11. Flaubert, Brief an Louis Bouillet, 2. Juni 1850, in *Correspondance, op. cit.,* Bd. 1, S. 638. Cf. Roger Kempf, *Mœurs: Ethnologie et fiction* (»le double pupitre«), Paris, Seuil, 1976, S. 71-95.

12. H. Lauvergne, *Les Forçats,* Paris, J.-B. Baillière, 1841, S. 288-289.

13. Parent-Duchatelet, *La Prostitution dans la ville de Paris,* J.-B. Baillière, 1834, Bd. 1, S. 170.

14. Parent-Duchatelet, *op. cit.,* Bd. 1, S. 170-171.

15. *Gazette des Tribunaux,* 20. August 1836.

16. Zola, *La Curée,* in *Les Rougon-Macquart,* Paris, Gallimard, Bibl. de la Pléiade, Bd. 1, S. 591. (Siehe auch: Zola, *Die Beute,* München 1974, Anm. Jürgen A. Hess, S. 448).

17. Ernest Charles, in *La Grande Revue,* Juli 1910.

18. Roger Kempf, *Sur le corps romanesque, op. cit.,* S. 142-148.

Jagdszenen

1. *Gazette des Tribunaux,* 9. Juli 1827.

2. Handschriftliche Quelle: A. D. Loire-Inférieure, 5 U 91/1 (Affaire Gautier).

3. Handschriftliche Quelle: A. D. Vendée, 2 U 108 (Affaire Arnaud).

4. Handschriftliche Quelle: A. D. Gers, 2 U 212 (Affaire Esnard).

5. Handschriftliche Quelle: Brief des Inspektors der Grundschulen an den königlichen Staatsanwalt beim Amtsgericht mit Sitz in Bourbon-Vendée, 29. Februar 1836, A. D. Vendée, 2 U 108.

Der Penis und der sittliche Verfall des Abendlands

1. A. Daumard, *La Bourgeoisie parisienne de 1815 à 1848,* Paris, S.E.V.P.E.N., 1963, S. 66.
2. *L'Onanisme,* von M. Tissot, Doktor der Medizin, 4. Auflage, Lausanne, M. Chapuis, 1776, S. XIX, 31, 57, 264.
3. Moheau, *Recherches et considérations sur la population,* Paris, Moutard, 1778, 1.2, S. 101-102.
4. Dr. Fournier und Dr. Bégin, Art. *Masturbation,* in *Dictionnaire des sciences médicales,* Paris, Panckoucke, 1819, Bd. 31, S. 102.
5. Dr. Jalade-Lafond, *Considérations sur la confection de corsets et de ceintures propres à s'opposer à la pernicieuse habitude de l'onanisme,* Paris, Selbstverlag, 1819, S. 4-5.
6. Dr. B. C. Faust, *Sur un vêtement libre, uniforme et national à l'usage des enfants,* verlegt auf Kosten des Autors, 1792, S. 34-35.
7. Vincent, *Du choix du soldat,* in *Recueil de médecine, de chirurgie et de pharmacie militaires,* Paris, V. Rozier, 1861, Bd. 6, S. 273-274.
8. Dr. Pouillet, *Étude médico-psychologique sur l'onanisme chez l'homme,* Paris, A. Delahaye und E. Lecrosnier, 1883, S. 289.
9. Mme de Sévigné an Mme de Grignan, 24. April 1671.
10. Maréchal de Richelieu, *Mémoires,* (von Abbé Soulavie), Paris, Brisson, 1790, Bd. 3, S. 318-319.
11. Michel de Certeau, *L'Écriture et l'Histoire,* Paris, Gallimard, 1975, S. 213-214.
12. Robert Mandrou, *Magistrats et sorciers,* Paris, Plon, 1968.
13. Dr. J.-L. Doussin-Dubreuil, *Lettres sur les dangers de l'onanisme,* Paris, Moreau, 1806, S. 180.
14. Philippe Ariès, *L'Enfant et la famille sous l'Ancien Régime,* Paris, Seuil, 1973, S. 285-290.
15. Dr. B. C. Faust, *op. cit.,* S. 426.
16. Dr. O. du Mesnil, *Les Jeunes Détenus à la Roquette et dans les colonies agricoles,* Paris, J.-B. Baillière et fils, 1866, S. 49.
17. Dr. J.-L. Doussin-Dubreuil, *op. cit.,* S. 63-65.
18. Dr. Pouillet, *op. cit.,* S. 184-185.
19. Dr. Léopold Deslandes, *De l'onanisme et des autres abus vénériens,* Paris, Lelarge, 1835, S. 370.
20. Gaétan X an Herrn Baron X, Chef des 56. Linienbataillons, Paris, École polytechnique, Privatarchiv; zitiert von Pierre Ordioni, in *Le Monde,* 23.-24. Mai 1976.
21. Dr. Fournier-Pescay, Art. *Cas rares,* in *Dictionnaire des sciences médicales, op. cit.,* 1813, Bd. 4, S. 177.
22. Dr. J.-B. Fonssagrives, *L'Éducation physique des garçons,* Paris, Delagrave & Cie, 1870, S. 303.
23. Maurice Blanchot, *Le Règne animal de l'esprit,* in *Critique,* Nov. 1947, S. 406.

24. Dr. J.-L. Doussin-Dubreuil, *op. cit.*, S. 1.
25. *Précis historique, physiologique et moral des principaux objets en cire qui composent le muséum de J.-F. Bertrand-Rival,* Paris, Impr. de Richard, 1801, S. 313-314.
26. Dr. J.-L. Doussin-Dubreuil, *op. cit.*, S. 139.
27. Dr. Cox-Algit, *Anthropophilie ou étude de la prostitution masculine à notre époque,* Nantes, Morel, 1881, S. 12.
28. Dr. J.-B. Téraube, *Traité de la chiromanie,* Paris, bei Béchet jeune, 1826, S. 56-57.
29. Dr. Fournier und Dr. Bégin, Art. *Masturbation, op. cit.*, S. 109.
30. Dr. J.-L. Doussin-Dubreuil, *op. cit.*, S. 109.
31. Dr. J.-L. Doussin-Dubreuil, *op. cit.*, S. 79.
32. Dr. Marc-Antoine Petit, *Onan ou le tombeau du Mont-Cinère,* Lyon, Kindelem, 1809, Vorbemerkung, S. V und VI.
33. *Gazette des Tribunaux,* 4. Mai 1836.
34. Dr. Fournier und Dr. Bégin, Art. *Masturbation, op. cit.*, S. 102.
35. Dr. Marc-Antoine Petit, *op. cit.*, Fußnote, S. 56.
36. J.-F. Bertrand-Rival, *op. cit.*, S. 308.
37. Dr. Georget, Art. *Onanisme,* in *Dictionnaire de médecine,* Paris, bei Béchet jeune, 1826, Bd. 15, S. 426-427.
38. Ibid.
39. *Des pertes séminales involontaires,* von M. Lallemand, Paris bei Béchet jeune, 1838, Bd. 1, S. 630.
40. *Des pertes séminales involontaires, op. cit.*, Bd. 1, S. 286.
41. Dr. Ch. Mauriac, Art. *Onanisme,* in *Dictionnaire de médecine et de chirurgie pratiques,* Paris, J.-B. Baillière, 1877, Bd. 24, S. 525.
42. *Des pertes séminales involontaires, op. cit.*, Bd. 1, S. 290-307.
43. Dr. Ch. Mauriac, *op. cit.*, S. 520.
44. Dr. Ch. Mauriac, *op. cit.*, S. 522.
45. Dr. J. Christian, *Dictionnaire encyclopédique des sciences médicales,* Paris, Masson et Asselin, 1881, Bd. 15, S. 377-378.
46. Dr. J. Christian, *op. cit.*, S. 376.
47. Dr. Cox-Algit, *op. cit.*, S. 120.
48. Dr. J. Christian, *op. cit.*, S. 374.
49. *Des pertes séminales involontaires, op. cit.*, Bd. 1, S. 264.
50. *Des pertes séminales involontaires, op. cit.*, Bd. 1, S. 419-420.
51. Dr. Marc, *De la folie considérée dans ses rapports avec les questions médico-judiciaires,* zitiert von B. Morel, *Études cliniques, traité théorique et pratique des maladies mentales,* Nancy, Impr. de la Vve Raybois, Paris, V. Masson, 1852, Bd. 1, S. 226-228.
52. Handschriftliche Quelle A. N., F^{17} 2647.
53. J.-F. Bertrand-Rival, *op. cit.*, S. 308-310.
54. Dr. Marc-Antoine Petit, *op. cit.*, S. 60.
55. Dr. Marc-Antoine Petit, *op. cit.*, S. 61.

56. Dr. Marc-Antoine Petit, *op. cit.*, S. 77-78.
57. Dr. J.-B. Téraube, *op-cit.*, S. 44-45.
58. Dr. Jalade-Lafond, *op. cit.*, S. 10-13.
59. *Gazette des Tribunaux,* 1. März 1855.
60. *Des pertes séminales involontaires, op. cit.*, Bd. 1, S. 646.
61. *Des pertes séminales involontaires, op. cit.*, Bd. 1, S. 656.
62. *Des pertes séminales involontaires, op. cit.*, Bd. 1, S. 652.
63. *Des pertes séminales involontaires, op. cit.*, Bd. 1, S. 654-655.
64. *Des pertes séminales involontaires, op. cit.*, Bd. 1, S. 647 u. 650.
65. *Des pertes séminales involontaires, op. cit.*, Bd. 1, S. 633-634.
66. *Des pertes séminales involontaires, op. cit.*, Bd. 1, S. 634.
67. Dr. Jacobus X, *L'Amour aux colonies,* Paris, Isidore Lisieux, 1893, S. 17.
68. Dr. Jacobus X, *op. cit.*, S. 68.
69. Dr. Jacobus X, *op. cit.*, S. 76.
70. Dr. Jacobus X, *op. cit.*, S. 58.
71. Ibid.
72. Dr. Jacobus X, *op. cit.*, S. 67.
73. Dr. Jacobus X, *op. cit.*, S. 58.
74. Dr. Jacobus X, *op. cit.*, S. 82.
75. Dr. Jacobus X, *op. cit.*, S. 85.

Eine fixe Idee

1. Baudelaire, *Salon de 1846,* in *Œuvres complètes,* Paris, Gallimard, Bibl. de la Pléiade, 1976, Bd. 2, S. 470. (Siehe auch: Baudelaire, *Sämtliche Werke in acht Bänden,* Bd. 1, *Juvenilia-Kunstkritik,*hg. v. F. Kemp u. C. Piehois, München, 1977, S. 253).
2. Handschriftliche Quelle: A. N., F^{17} 7580 (Hygiène publique).
3. *Des pertes séminales,* von M. Lallemand, Paris, Béchet jeune, 1838, Bd. 1, S. 423-424.
4. Zitiert von Hermann Cohn, *Was kann die Schule gegen die Masturbation der Kinder tun?* Berlin, 1894, S. 7.
5. Cf. Hermann Cohn, *op. cit.*, S. 6.
6. Hermann Cohn, *op. cit.*, S. 6.
7. Victor de Laprade, *l'Education libérale,* Paris, Didier et Cie, 1873, S. 30.
8. Victor de Laprade, *op. cit.*, S. 33.
9. *Des pertes séminales involontaires, op. cit.*, Bd. 1, S. 427-428.
10. *L'Education pratique, journal des familles et des établissements d'instruction publique,* Paris, 1838, Bd. 1, S. 74.
11. *Des pertes séminales involontaires, op. cit.*, Bd. 1, S. 430-432.
12. Dr. Heinrich Robbi, *Die Veranlassungen zur Selbstbeschwächung bei der männlichen und weiblichen Jugend, und ihre traurigen Folgen; nebst*

einer Anweisung, dieses große Übel zu erkennen und die daraus entstehenden schweren Krankheiten gründlich zu heilen, Dresden und Leipzig, 1827.
13. *Des pertes séminales involontaires, op. cit.*, Bd. 1, S. 428-430.
14. Louis-Gabriel Taillefer, *De quelques Améliorations à introduire dans l'instruction publique,* Paris, A.-A. Renouard, 1824, S. 287.
15. *Des pertes séminales involontaires, op. cit.*, Bd. 1, S. 447-448.
16. J.-J. Rousseau, *Correspondance générale,* hg. von P.-P. Plan, XV, S. 334-335.
17. Ch. Londe, Art. *Gymnastique,* in *Dictionnaire de médecine et de chirurgie pratiques,* Bd. 9, Paris, J.-B. Baillière, 1833, S. 338. Und: Georget, Art. *Onanisme,* in *Dictionnaire de médecine,* Paris, Béchet jeune, Bd. XV, Juni 1826, S. 428.
18. G. S. Rötger, *Über Kinderunzucht und Selbstbefleckung. Ein Buch bloß für Eltern, Erzieher und Jugendfreunde von einem Schulmanne,* Züllichau und Freystadt, 1787.
19. Dr. Ch. Pavet de Courteille, *Hygiène des collèges,* Paris, Gabon et Cie, 1827, S. 34.
20. Handschriftliche Quelle: Brief von M. Vallée, Doktor der Medizin in Le Mans, 10. November 1846, A. N., F17 7580 (Hygiène publique).
21. Rabelais, *Gargantua,* Paris, Gallimard, coll. Folio, 1969, S. 187. (Siehe auch: *Gargantua und Pantagruel,* hg. von Horst und Edith Heintze, Frankfurt, 1974, S. 89).
22. Dr. Heinrich Robbi, *op. cit.*
23. H. Kaula, *De la spermatorrhée,* Paris, 1846, S. 214.
24. P. J. C. Debreyne, *Moechialogie,* Paris, Poussielgue-Rusand, 1846, S. 54.
25. Dr. Heinrich Robbi, *op. cit.*
26. D. Samuel Gottlieb Vogel's, *Unterricht für Eltern, Erzieher und Kinderaufseher.* Stendal, 1786.
27. G. S. Rötger, *op. cit.*
28. Handschriftliche Quelle: Brief des Direktors des Gymnasiums Corneille an den Herrn Bildungs- und Kultusminister, 19. März 1849, A. N., F17 7580 (Hygiène publique).
29. Heinrich Robbi, *op. cit.*
30. Dr. Ch. Pavet de Courteille, *op. cit.*, S. 37.
31. Dr. Ch. Pavet de Courteille, *op. cit.*, S. 36.
32. P. J. C. Debreyne, *Moechialogie, op. cit.*, S. 54-55.
33. J.-J. Rousseau, *Emile,* in *Œuvres complètes,* Paris, Gallimard, Bibl. de la Pléiade, Bd. 4, S. 663. (Siehe auch: Rousseau, *Emil oder über die Erziehung,* Paderborn, 1971, übersetzt von Ludwig Schmidts, S. 359).
34. D. Samuel Gottlieb Vogel, *op. cit.*
35. Michel Lévy, *Traité d'hygiène publique et privée,* Paris, J.-B. Baillière, 1850, Bd. 1, S. 176-177.
36. *Règlement pour MM. les maîtres d'étude,* in Louis-Gabriel Taillefer,

op. cit., S. 68, 73-74, 77, 78. Und: Dr. Ch. Pavet de Courteille, *op. cit.*, S. 34.
37. Handschriftliche Quelle: A. N., F^{17} 7580 (Hygiène publique).
38. Dr. J.-B. Fonssagrives, *L'Education physique des garçons,* Paris, Ch. Delagrave, 1870, S. 153-154.
39. Dr. Ch. Pavet de Courteille, *op. cit.*, S. 30-31.
40. Handschriftliche Quelle: A. N., F^{17} 7580 (Hygiène publique).
41. Handschriftliche Quelle: A. N., F^{17} 7580 (Hygiène publique).
42. A. Bouillon, *De la construction des maisons d'école primaire,* Paris, 1834, S. 53.
43. Dr. J. B. Pointe, *Hygiène des collèges,* Paris, J.-B. Baillière, 1846, S. 89-90.
44. Handschriftliche Quelle: A. N., F^{17} 7580 (Hygiène publique).
45. Friedländer, Art. *Education physique,* in *Dictionnaire des sciences médicales,* Paris, Panckoucke, 1815, Bd. II, S. 213.
46. P. J. C. Debreyne, *Essai sur la théologie morale,* Paris, Poussielgue-Rusand, 1842-1843, S. 81.
47. Flaubert, *Œuvres,* Paris, Gallimard, Bibl. de la Pléiade, Bd. 2, S. 974. (Siehe auch: Flaubert, *Bouvard und Pécuchet,* Frankfurt, 1979, übersetzt von Georg Goyert, S. 371).
48. Hermann Cohn, *op. cit.*, S. 5.
49. Dr. G. Jalade-Lafond, *Considérations sur la confection de corsets et de ceintures,* Paris, Selbstverlag, 1819.
50. J.-J. Rousseau, *Emile, op. cit.*, S. 497-498. (Siehe auch: Rousseau, *Emil oder über die Erziehung,* Paderborn, 1971, übersetzt von Ludwig Schmidts, S. 217).
51. Roger Kempf, *Diderot et le roman,* Paris, Seuil, 1976, S. 197.
52. P. J. C. Debreyne, *Essai sur la théologie morale, op. cit.*, S. 80.
53. Handschriftliche Quelle: A. N., F^{17} 7580 (Hygiène publique).
54. Handschriftliche Quelle: A. N., F^{17} 7580 (Hygiène publique).
55. Handschriftliche Quelle: Brief von Dr. Demeaux an den Herrn Minister für das staatliche Erziehungswesen, 25. Oktober 1850, A. N., F^{17} 7580 (Hygiène publique).
56. Ibid.
57. *Moniteur des hôpitaux,* Dienstag, 29. September 1857, S. 930-935.
58. Dans *l'Exposé de quelques mesures hygiéniques*... Cf. *supra,* S. 210.
59. *Moniteur des hôpitaux,* Dienstag, 29. September 1857.
60. Ibid.
61. Ibid.
62. Dr. Demeaux, *Quelques réflexions sur l'onanisme; ses effets sur l'économie; mesures propres à en prévenir les abus dans les établissements destinés à l'instruction publique,* in *Moniteur des sciences médicales et pharmaceutiques,* 8., 10., 12. u. 15. Januar 1861.
63. *Moniteur des sciences médicales et pharmaceutiques,* 12. Januar 1861.

1. Dr. Bertulus, *Considérations sur les causes de la dégéneration physique et morale du peuple dans les grandes villes,* in *Gazette médicale de Paris,* Paris, Bureau de la Gazette médicale, 1847, S. 800.
2. Zola, *Au Bonheur des dames,* in *Les Rougon-Macquart,* Paris, Gallimard, Bibl. de la Pléiade, Bd. 3, S. 464. (Siehe auch: Zola, *Paradies der Damen,* Gütersloh, 1976, S. 129, übersetzt von Hilda Westphal).
3. H. Raisson, *Code gourmand,* Paris, A. Dupont, 1827, S. 100.
4. Dr. N. Dally, *Du traitement rationnel de la phtisie pulmonaire par le traitement gymnastique,* Paris, Selbstverlag, 1850, S. 34.
5. *Journal des débats,* 28. März 1832, Cf. Louis Chevalier, *Classes laborieuses et classes dangereuses,* Paris, Plon, 1958, Einf., S. XVIII.
6. Dr. Ambroise Tardieu, *Etude médico-légale sur les attentats aux mœurs,* Paris, J.-B. Baillière, 1857, S. 127-128.
7. Balzac, *César Birotteau,* in *La Comédie humaine,* Paris, Gallimard, Bibl. de la Pléiade, 1948, Bd. 5, S. 388-389. (Siehe auch: Balzac, *Die Menschliche Komödie,* Bd. 6, Frankfurt 1971, S. 494 f., übersetzt von Ernst Sander).
8. Mme de La Fayette, *La Princesse de Clèves,* in *Romans et Nouvelles,* Paris, Garnier, 1961, S. 242-243. (Siehe auch: Mme de La Fayette, *Die Prinzessin von Clèves,* Zürich, 1954, übersetzt von Ferdinand Hardekopf, S. 8 ff.).
9. P. Broca, *Sur la prétendue dégénérescence de la population française,* communication à l'Académie de médecine, 26. März 1867, in *Bulletin de l'Académie impériale de médecine,* Bd. 23, Paris, J.-B. Baillière, 1866-1867, S. 551.
10. Cf. Roger Kempf, *Sur le corps romanesque* (»Coutumes et hiéroglyphes balzaciens«), Paris, Seuil, 1968, S. 95.
11. *Analyse d'un cours du Dr. Gall,* Paris, Giguet et Michaud, 1808, S. 93-94.
12. Gall, *Anatomie et physiologie du système nerveux en général et du cerveau en particulier,* Paris, Librairie grecque-latine-allemande, 3. Bd., 1818, S. 69.
13. Gall, *op. cit.,* S. 95.
14. Dr. H. Lauvergne, *Les Forçats,* Paris, J.-B. Baillière, 1841, S. 296.
15. *Analyse d'un cours du Dr. Gall, op. cit.,* S. 196.
16. Dr. Prosper Lucas, *Traité physiologique et philosophique de l'hérédité naturelle,* Paris, 1847-1850, Bd. 1, S. 154-156.
17. Dr. Prosper Lucas, *op. cit.,* S. 156-157.
18. Dr. F. Devay, *Du danger des mariages consanguins* (1857), Paris, V. Masson, 1862, S. 31.
19. Dr. G. M. Sersiron, *Essai sur l'hérédité dans les maladies,* Paris, Didot jeune, 1836, S. 18-19.

20. Dr. W. Edwards, *Des caractères physiologiques des races humaines dans leurs rapports avec l'histoire*, Paris, Compère jeune, 1829, S. 25-26.
21. Dr. A. Portal, *Considérations sur la nature ou le traitement des maladies de famille et des maladies héréditaires*, Paris, Brochard, 1814.
22. Dr. Prosper Lucas, *op. cit.*, Bd. 1, S. 479.
23. Dr. Prosper Lucas, *op. cit.*, Bd. 1, S. 480.
24. Dr. Prosper Lucas, *op. cit.*, Bd. 2, S. 4.
25. Dr. Prosper Lucas, *op. cit.*, Bd. 2, S. 15.
26. Dr. Jacques Moreau de Tours, *La Psychologie morbide dans ses rapports avec la philosophie de l'histoire*, Paris, V. Masson, 1859.
27. Dr. F. Devay, *op. cit.*, S. 46.
28. Dr. G. M. Sersiron, *op. cit.*, S. 10.
29. Dr. F. Devay, *op. cit.*, S. 39.
30. Dr. J. Poilroux, *Nouvelles recherches sur les maladies chroniques*, Paris, Crochard, 1823, S. 263-264.
31. Dr. Jules Luys, *Des maladies héréditaires*, Paris, J.-B. Baillière, 1863, S. 16-17.
32. Benoiston de Châteauneuf, *De la durée des familles nobles en France*, in *Annales d'hygiène publique et de médecine légale*, Bd. 35, Paris, J.-B. Baillière, 1846, S. 41-42.
33. Moheau, *Recherches et considérations sur la population de la France*, Paris, Moutard, 1778, l. 1, S. 122.
34. Dr. J. J. Virey, Art. *Enfance*, in *Dictionnaire des sciences médicales*, Paris, Panckoucke, 1815, Bd. 12, S. 255.
35. Dr. F. Devay, *op. cit.*, S. 177, 178, 179.
36. Statistique de la France, *Mouvements de la population pendant les années 1858-1860*, Strasbourg, 1863, Serie II, Bd. XI, S. XXXVI und XXXVII.
37. Dr. J. A. N. Périer, *Essai sur les croisements ethniques*, 4e Mémoire, Paris, Hennuyer, 1870, S. 197.
38. P. A. Defau, Traité de statistique, Paris, Delloye, 1840, S. 236.
39. Dr. F. Devay, *op. cit.*, Einf., S. XVIII-XIX.
40. Dr. Bertulus, *op. cit.*, S. 801.
41. Ibid.
42. Dr. J.-J. Suhner, Pédophiles et sadiques, Diss., Nancy, Nr. 66, 22. März 1974, S. 119.
43. Dr. Charles Féré, *L'Instinct sexuel*, Paris, Alcan, 1899, S. 44.
44. Dr. Charles Féré, *op. cit.*, S. 45.
45. Dr. Henry Bonnets u. Dr. Jules Bulard, *Rapport médico-légal sur l'état mental de Charles-Joseph Jouy*, Nancy, Impr. de la Vve Raybois, 1868, S. 11-12.
46. Dr. B. Morel, *Traité des dégénérescences physiques et morales de l'espèce humaine*, Paris, J.-B. Baillière, 1857, S. 266.
47. Dr. B. Morel, *op. cit.*, Einf., S. VIII.

48. Dr. B. Morel, *op. cit.*, S. 322.
49. Dr. B. Morel, *Etudes cliniques, traité théorique et pratique des maladies mentales,* Nancy, Impr. de la Vve Raybois, Paris, V. Masson, 1852, Bd. 1, S. 27.
50. Dr. B. Morel, *De l'hérédité morbide progressive,* Paris, Asselin, 1867, Extrait des archives générales de médecine, April 67 seq.
51. Dr. F. Devay, *Traité spécial d'hygiène des familles,* Paris, Labé, 1858, S. 308.
52. Dr. Jouvaux, *Recherches sur la distribution géographique des pieds plats en France,* in *Recueil de mémoires de médecine, de chirurgie et de pharmacie militaires,* Paris, V. Rozier, 1863, Bd. X, S. 260.
53. Dr. J. J. Virey, *Histoire naturelle du genre humain,* Paris, Impr. de Dufart, an IX, Bd. 1, S. 150.
54. Dr. B. Morel, *Traité des dégénérescenses, op. cit.*, S. 46.
55. Dr. F. Devay, *Du danger des mariages consanguins, op. cit.*, S. 108.
56. Dr. F. Devay, *op. cit.*, S. 109.
57. Dr. F. Devay, *op. cit.*, S. 184.
58. Ibid.
59. Dr. Yvan, *De France en Chine,* Paris, Hachette, 1855, S. 224.
60. Benoiston de Châteauneuf, *op. cit.*, S. 44.
61. Dr. Prosper Lucas, *op. cit.*, Bd. 2, S. 803.
62. Dr. J. A. N. Périer, *op. cit.*, S. 202-203.
63. Dr. H. Lauvergne, *op. cit.*, S. 188.
64. *Mémoire de M. Victor Courtet de l'Isle sur les questions suivantes:* Déterminer par l'histoire et par les sciences ce que l'on doit entendre par les mots de genre, espèce et races appliqués à l'homme. Déterminer par l'histoire si les diversités physiologiques des peuples sont entre elles comme les diversités des systèmes nerveux auxquels ces peuples appartiennent. Paris, au Bureau de l'Institut historique, s. d., S. 11.
65. *Mémoire de M. Victor Courtet de l'Isle, op. cit.*, S. 41.
66. Gobineau, *Essai sur l'inégalité des races humaines,* Paris, Firmin-Didot, 1853-1855. (Dt.: Gobineau, *Versuch über die Ungleichheit der Menschenrassen,* hg. von Ludwig Schemann. 5. Aufl., Stuttgart, 1939-1940).
67. Dr. F. Sistach, *Etudes statistiques sur les infirmités et les défauts de taille,* in *Recueil de mémoires de médecine, de chirurgie et de pharmacie militaires,* Paris, V. Rozier, 1861, Bd. VI, S. 384.
68. Dr. F. Devay, *op. cit.*, Einf., S. X bis XII.
69. Dr. J. Poilroux, *op. cit.*, S. 321.
70. Gobineau, *Les Pléiades,* Paris, Plon, 1874. (Dt.: Gobineau, *Das Siebengestirn,* übersetzt von Agnes Kretzer, Leipzig, 1909).
71. Maurice Barrès, *Les Déracinés* (1897), Paris, Plon, 1961, Bd. 2, S. 70-71.

edition suhrkamp. Neue Folge

1 Gertrud Leutenegger, Lebewohl, Gute Reise
2 Hans Georg Bulla, Weitergehen
3 Von nun an: Neue deutsche Erzähler. Hg. v. Hans-Ulrich Müller-Schwefe
4 Franz Böni, Hospiz
5 Bodo Kirchhoff, Body-Building
6 Thomas Bernhard, Die Billigesser
7 Sinclair, Der Fremde
8 Octavio Paz, Suche nach einer Mitte
9 Tove Ditlevsen, Sucht
10 Hoffnung auf Frühling. Moderne chinesische Erzählungen. Bd. 1: 1919–1949. Hg. v. Volker Klöpsch u. Roderich Ptak
Hundert Blumen. Moderne chinesische Erzählungen. Bd. 2: 1949–1979. Hg. v. Wolfgang Kubin
11 Paul Feyerabend, Erkenntnis für freie Menschen
13 Stanisław Lem, Dialoge
14 Leo Löwenthal, Mitmachen wollte ich nie
15 William G. Niederland, Folgen der Verfolgung: Das Überlebenden-Syndrom. Seelenmord
16 Politik der inneren Sicherheit. Hg. v. Erhard Blankenburg
17 Der gerechte Krieg. Christentum, Islam, Marxismus. Red.: Reiner Steinweg
18 Darcy Ribeiro, Unterentwicklung, Kultur und Zivilisation
19 Uwe Johnson, Begleitumstände. Frankfurter Vorlesungen
20 Walter Benjamin, Moskauer Tagebuch
21 Dieter Leisegang, Lauter letzte Worte
22 Renate Rubinstein, Nichts zu verlieren und dennoch Angst
23 Hanna Krall, Schneller als der liebe Gott
24 Roberto Calasso, Die geheime Geschichte des Senatspräsidenten Dr. Daniel Paul Schreber
25 Nicolaus Bornhorn, America oder Der Frühling der Dinge
26 Winfried Menninghaus, Paul Celan. Magie der Form
27 Claude Lévi-Strauss, Mythos und Bedeutung
28 Der Neger vom Dienst. Afrikanische Erzählungen. Hg. v. Rüdiger Jestel
30 Roland Barthes, Leçon/Lektion
31 Das kontrollierte Chaos. Die Krise der Abrüstung. Red.: Reiner Steinweg
32 Die Museen des Wahnsinns und die Zukunft der Psychiatrie. Hg. v. Manfred M. Wambach u. a.

33 Alejo Carpentier, Stegreif und Kunstgriffe
34 Ernst Kris/Otto Kurz, Die Legende vom Künstler
35 Horst Antes, Poggibonsi 1979–1980
36 Wolfgang Glöckler, Seitensprünge
37 Manfred Jendryschik, Die Ebene
38 Christian Meier, Die Ohnmacht des allmächtigen Dictators Caesar
39 Das Afrika der Afrikaner. Gesellschaft und Kultur Afrikas. Hg. v. Rüdiger Jestel
40 Aufklärung und literarische Öffentlichkeit. Hg. v. Chr. Bürger, P. Bürger, J. Schulte-Sasse
41 Dalton Trevisan, Ehekrieg
42 Logik des Herzens. Die soziale Dimension der Gefühle. Hg. v. Gerd Kahle
43 Hans-Georg Backhaus, Marx und die marxistische Orthodoxie
44 Versuchungen. Aufsätze zur Philosophie Paul Feyerabends. Hg. v. Hans Peter Duerr
45 Julio Cortázar, Reise um die Tage in 80 Welten
46 Ernst Bloch, Abschied von der Utopie?
47 Karl Marx, Enthüllungen zur Geschichte der Diplomatie im 18. Jahrhundert. Hg. v. Karl August Wittfogel
49 Thomas Brasch, Engel aus Eisen
50 Hans Mayer, Versuche über die Oper
51 Maxime Rodinson, Die Araber
52 Eduard Heimann, Soziale Theorie des Kapitalismus. Theorie der Sozialpolitik
53 Renato P. Arlati, Auf der Reise nach Rom
54 Lao She, Das Teehaus
55 Max Kaltenmark, Lao-tzu und der Taoismus
56 Unsere Bundeswehr? Zum 25jährigen Bestehen einer umstrittenen Institution. Red.: Reiner Steinweg
57 Michael Buselmeier, Der Untergang von Heidelberg
58 Karl Heinz Bohrer, Plötzlichkeit. Zum Augenblick des ästhetischen Scheins
59 Kim Chi Ha, Die gelbe Erde und andere Gedichte
60 Tankred Dorst, Mosch
61 Anselm Glück, Falschwissers Totenreden(t)
62 Dambudzo Marechera, Das Haus des Hungers
63 Soziale Unterstützung und chronische Krankheit. Hg. v. B. Badura
64 Octavio Paz, Der menschenfreundliche Menschenfresser
65 Adolf Muschg, Literatur als Therapie?

66 Hans Magnus Enzensberger, Die Furie des Verschwindens
67 Peter Weiss, Notizbücher 1971–1980. Zwei Bände
68 Versuchungen. Aufsätze zur Philosophie Paul Feyerabends. 2. Bd. Hg. v. Hans Peter Duerr
69 Thomas Bayrle, Rasterfahndung
70 Kevin Casey, Racheträume
71 Gerald Zschorsch, Glaubt bloß nicht, daß ich traurig bin
72 Boris Moshajew, Die Abenteuer des Fjodor Kuskin
73 André Leroi-Gourhan, Die Religionen der Vorgeschichte
74 Dieter Prokop, Medien-Wirkungen
75 Jürg Laederach, Fahles Ende kleiner Begierden
76 Tove Ditlevsen, Wilhelms Zimmer
77 Roland Barthes, Das Reich der Zeichen
78 Manfred Eisenbeis (Hg.), Ästhetik und Alltag
79 Reto Hänny, Zürich, Anfang September
80 Marguerite Duras/Michelle Porte, Die Orte der Marguerite Duras
81 Kindheit als Fiktion. Fünf Berichte
82 Anton Blok, Die Mafia in einem sizilianischen Dorf. 1860–1960
83 Eva-Maria Alves, Neigung zum Fluß
84 Chinua Achebe, Ein Mann des Volkes
85 Erving Goffman, Geschlecht und Werbung
86 Hans Platschek, Porträts mit Rahmen
87 Darcy Ribeiro, Die Brasilianer
88 Georg Lukács, Gelebtes Denken
89 Zur Dichotomie von hoher und niederer Literatur. Hg. v. Chr. Bürger, P. Bürger, J. Schulte-Sasse
90 Martin Walser, Selbstbewußtsein und Ironie. Frankfurter Vorlesungen

edition suhrkamp. Neue Folge